라이프니츠가 만난 중국

라이프니츠가 만난 중국

지은이 / 고트프리트 빌헬름 라이프니츠
편역자 / 이동희
펴낸이 / 강동권
펴낸곳 / (주)이학사

1판 1쇄 발행 / 2003년 10월 25일

등록 / 1996년 2월 2일 (등록번호 제 03-948호)
주소 / 서울시 종로구 안국동 17-1 우110-240
전화 / 720-4572 · 팩스 / 720-4573

값 / 15,000원

ⓒ 이학사, 2003, Printed in Seoul, Korea,
ISBN 89-87350-63-0 03100

라이프니츠 지음 · 이동희 편역

라이프니츠가 만난 중국

이학사

일러두기

1. 이 책은 라이프니츠가 중국에 대하여 쓴 글을 편역자가 모아서 엮은 것이다. 번역은 라이프니츠의 원전을 옮기는 것을 원칙으로 하였으며, 필요한 경우 영어본 등 다른 번역본을 참조하였다. (번역의 기본 텍스트에 대한 자세한 내용은 참고 문헌에 별도로 설명하였다.)
2. 이 책의 제1부에서는 중국의 문화와 종교와 철학에 대해 라이프니츠가 쓴 서신과 소논문을, 제2부에서는 라이프니츠가 중국에 관해 저술한 것 가운데 가장 중요한 작품인 「중국인의 자연신학론」을 소개하였다. 그리고 제3부는 라이프니츠의 중국관을 설명하기 위하여 라이프니츠의 생애와 「중국인의 자연신학론」을 중심으로 라이프니츠의 저술을 해설한 편역자의 해제이다.
3. 본문에 나오는 외국 인명, 지명 등은 현행 외래어 표기법을 따르는 것을 원칙으로 하였으나 표기 원칙이 정해지지 않은 것은 일반적으로 통용되고 있거나 굳어진 표현을 사용하였다.
4. 원서의 이탤릭체는 고딕체로 표기하였다.
5. 본문의 ( )는 라이프니츠가 지웠거나 부가해놓은 단어나 문장, 〔 〕는 편역자의 부연 설명이다.
6. 주석은 전부 편역자의 주석이다. 단 주석 앞에 〔영〕이라고 표시한 것은 영어본 옮긴이의 주석, 〔독〕이라고 표시한 것은 독일어본 옮긴이의 주석을 뜻하며 독자의 이해를 돕는 내용만을 발췌하여 실었다. (참고한 판본에 대해서도 참고 문헌에 별도로 설명하였다.)
7. 제2부 「중국인의 자연신학론」에서는 라이프니츠 당시의 프랑스어 표기 방식과 오늘날의 표기 방식이 다를 경우; 오늘날의 표기 방식을 〔 〕 안에 병기하였다.

라이프니츠의 초상

| 머리글 |

중국과 관련한 라이프니츠의 글을 번역하기로 결심한 것은 편역자의 은사이신 송영배 교수의 주선으로 서울대학교에서 라이프니츠의 「중국인의 자연신학론」을 여러 선생님들과 함께 독해하면서부터였다. 그때 여러 가지 사정으로 끝까지 독해하지는 못했지만, 한 구절 한 구절 읽어가면서 토론하던 기억이 아직도 신선하게 남아 있다. 끝까지 독해하지 못한 것을 아쉬워하다가 혼자서라도 끝까지 독해하여 번역하기로 결심하고 「중국인의 자연신학론」을 읽다가 라이프니츠가 중국과 관련해 쓴 다른 글들도 자연스럽게 찾아 읽게 되었다. 그 글들을 모두 모아 번역했으면 하는 바람이 지금 이 책을 만들어내게 된 것이다.

라이프니츠의 중국에 대한 관심은 그의 광범위한 지적 호기심에 기초한 관심 중의 하나이거나 그 당시의 중국에 대한 열기를 반영하는 것으로 보일 수도 있다. 그러나 라이프니츠의 중국에 대한 관심은 그 당시 유행하던 단순한 이국 취향이 아니라 그의 생애 동안 줄곧 지속되어 온 철학적인 것이었다. 라이프니츠의 중국에 대한 관심은 다음의 네 단계로 나누어 볼 수 있다. 첫 번째는 1660년부터 1670년까지의 시기이다. 이 시기에 라이프니츠는 '보편 문자'에 대한 기대로 상형문자인 중국 문자에 관심을 가지게 되었다. 두 번째는 중국에서 돌아와 로마에 머물고 있던 그리말디 신부를 만난 1689년부터 부베를 만난 1697년 이전까지의 시기로 라이프니츠는 중국 전반에 대해 관심을 기울이게 되며, 중국에 관한 최신의 정보를 모아 1692년에 『최신 중국 소식』의 초판을 펴냈다. 세 번째는 부베와 서신을 주고받던 1697년부터 1707년까지의 시기로 라이프니츠는 부베의 제안에 따라 『주역』에 대해 관심을 기울이다가 이진법 산술과 『주역』의 구성 원리가 일치한다는 주장을 하게 된다. 그리고 1699년에 부베의 『강희제전』이 함께 실린 『최신 중국 소식』의 재판을 펴냈다. 네 번째는 말년의 라이프니츠가 중국철학에 대해 관심을 기울이던 시기로 볼 수 있다. 그는 1716년에 르몽에게 중국철학에 관한 자신의 견해를 담은 서신을 보낸다. 이것을 보면 라이프니츠가 청년 시절부터 말년에 이를 때까지 중국에 대해 지속적으로 관심을 가지고 있었다는 것을 알 수 있다. 라이프니츠가 중국에 대해 이렇게 관심을 가지게 된 근본적인 이유는 무엇인가?

우리는 라이프니츠가 「『최신 중국 소식』의 서문」 §1에서 중국과 유럽의 교류가 운명적인 것이라고 말하고 있는 데서 그 근본적 이유를 찾을 수 있을 것이다. 그가 말하는 운명적인 교류는 상업적인 교역이 아니라 인간의 이성에 기초한 정신적이고 문화적인 교류다. 그는 동서 교류를 통해 유럽은 기독교적 계시신학 및 제일철학을 중국에 제공할 수 있고, 중국은 실천철학과 이성적인 삶의 방식을 당시 종교전쟁의 여파로 도덕적으로 타락하고 황폐해진 유럽에 제공할 수 있다고 주장했다. 그가 철학에 기초한 정신적 교류를 강조한 까닭은, 철학을 통해, 다시 말해 인간의 보편적 이성을 통해 동서양이 서로 대화하고, 근본적인 일치를 이뤄 인류 문명을 발전시킬 수 있다는 가능성을 발견했기 때문이다. 그러나 라이프니츠의 바람과는 달리 동서의 교류는 이성적이지 않았다. 라이프니츠 당시의 전례 논쟁에서 알 수 있듯이, 동서의 교류는 불행하게도 다른 세계의 문화를 인정하지 않는 유럽 중심주의에 의해 결렬되었다. 그리고 그 이후에는 대포와 군함을 앞세운 서양의 야만적인 공세와 침략 때문에 진정한 동서의 교류가 이루어질 수 없었다.

이 책에는 중국과 관련한 라이프니츠의 글이 망라되어 있지는 않지만, 중요한 글들은 대부분 수록되어 있다. 독자들은 이 글들에서 보편적 이성에 기초해 동서양의 진정한 정신적 일치를 꿈꾸고, 객관적인 입장에서 중국의 문화와 정신 세계를 이해하고 유럽에 소개하고자 분투했던 철학자 라이프니츠를 발견할 수 있을 것이다.

편역자의 게으름 때문에 이 책을 내는 데 너무 오랜 시간이 걸렸다. 그동안 인내심을 가지고 기다려준 이학사 강동권 사장님께 죄송하고 고마울 따름이다.

끝으로 이 책의 번역에 지대한 관심을 가지고 항상 편역자를 학문적으로 일깨워주신 송영배 선생님께 감사드린다. 이 책을 선생님께 바친다.

2003년 9월
이동희

차례

머리글 7

제1부 중국의 문화와 종교와 철학

1. 그리말디 신부에게 보낸 서신   15

2. 창조의 비밀   25

3. 『최신 중국 소식』에 관하여   33

4. 『최신 중국 소식』의 서문   36

5. 공적인 공자 제사에 관하여   58

6. 0과 1만을 사용하는 이진법 산술에 대한 해설   64

7. 중국인의 제례와 종교에 관한 소견   72

제2부 중국인의 자연신학론

1. 중국인의 신 관념   85

2. 신의 창조물 혹은 제일질료 혹은 신들에 관한 중국인의 견해   110

3. 중국인의 영혼, 영혼 불멸, 사후의 보상과 처벌론   147

4. 중국 제국의 창시자 복희가 자신의 글과 이진법 산술에서   158
   사용한 문자에 관하여

제3부 「중국인의 자연신학론」을 중심으로 살펴본 라이프니츠의 중국관

1. 라이프니츠의 생애와 중국   169
2. 라이프니츠의 「중국인의 자연신학론」 집필 동기   178
3. 라이프니츠의 서신에 나타난 논쟁의 배경과 그 인물들: 179
   마테오 리치, 롱고바르디, 생트 마리
4. 「중국인의 자연신학론」과 전례 논쟁   186
5. 「중국인의 자연신학론」의 구조와 그 내용   189
6. 라이프니츠와 요하임 부베   198
7. 중국철학과 서양철학의 일치에 대한 진지한 모색   202
8. 라이프니츠와 동서 교류의 가능성   205

주석   207
참고 문헌   273
찾아보기   281

제1부 중국의 문화와 종교와 철학

1 그리말디 신부에게 보낸 서신[1]

예수회 신학자이시자 중국 황제가 임명한 수학위원회[2]의 책임자이신, 존경하는 그리말디Claudio Filippo Grimaldi(1639~1712, 중국명은 閔明我)[3] 신부님께!

하노버의 궁정 고문관 고트프리트 빌헬름 라이프니츠Gottfried Wilhelm Leibniz가 정중하게 문안 인사드립니다.

제가 당신과 당신의 계획을 얼마나 높이 평가하는지 당신은 모르실 겁니다. 저는 당신의 계획으로 말미암아 신앙심과 인류의 계발이 커다란 진보를 이루리라는 희망을 가질 수 있었습니다. 그리고 저는 주변의 친구들에게 말해왔던 것처럼 당신의 여행이 성공할 것임을 믿어 의심치 않습니다. 그런 까닭에 당신이 여러 가지 난관과 고초를 겪고 있다는 소식이 저의 마음을 아프게 했지만, 당신에 대한 희망을 버리게 하지는 못했습니다. 로마에서 당신과 대화를 나눈 뒤로 저는 당신이 수많은 의무를 수행해야 하고 활동을 해야 한다는 것을 알고는 당신이 저의 질문에 대해 생각해주기를 감히 바랄 수 없었습니다. 복잡한 업무를 잠시 벗어나 안락의자에서 쉴 짬이 생길 때, 친구로서 약속하신 대로 제가 했던 몇 가지 질문에 대해 설명해주신다면 저는 그것으로 만족할 것입니다.[4] 이제 우리의 의지에 반하던 운명도 우리에게 호의적으로 되었기 때문에 저는 페르시아에 있는 당신이 이 서신을 받아볼 수 있으리라 생각했고,[5] [이 서신을 통해] 제가 당신을 항상 존경해왔다는 사실과 제 자신과 제 주변의 사람들이 당신의 탁월한 능력에 걸고 있는 기대를 알려드리고 싶었습니다. 제가 당부드리고 싶은 말씀을 요약하자면 이렇습니다. 인류의 선을 위한 위대한 과제가 [신의] 섭리에 의해 당신에게 부과되었으며, 지혜로운 당신이 그 점을 잊지 말아달라는 것입니다. 이제 멀리 떨어진 민족들[유럽과 중국] 사이에 새로운 지식의 교환이 일어나야 합니다. 다른 사람들은 초대받지 않았으면서도 중국으로 들이닥쳤습니다. 그러나 당신은 [중국] 황실의 초대로 입국이 허락되었습니다. 당신은 그들에게 우리의 기량을 가져가는 것입니다. 왜냐하면 당신과 뛰어난 당신의 일행들에게서 유럽 지식의 정수를 보기 때문입니다. 이와 반대로 우리에게 알려져야 할 것은 무엇보다 물리[경험]적 세계에 관한 중국인의 비밀스런 지식입니다. 중국인들은 수 세기 동안 번영을 누려온 [자신들의] 민족적 전통을 통해 이 지식들을 보존해오고 증대시켜왔습니다. 이런 교환의 관계만이 올바른 것입니다. 그들은 관찰에 뛰어나고, 우리는 생각해내는 데 뛰어납니다. 선물을 교환하고 빛을 빛으로 밝힙시다! 그렇지만 [이런 교환 때문에] 우리 유럽인들이 자신의 지식을 포기하고 자신의 우월함마저 완전히 잃어버리지 않게 해달라고 당신에게 주의를 촉구할 필요는 없겠지요. 그리고 저는 피타고라스학파의 관습을 따라 당신이 중국인들에게 알리려는 것을 다소 신비한 채로 놔두어야만 한다고 믿습니다. 그래야 중국인들이 우리의 지식을 금방 바닥이 드러나는 것이라고 경멸하지 않을 것이며, 유럽인들을 더 이상 필요가 없는 먼 지방의 사람이라고 비웃으면서 그들 나라 밖으로 내쫓지 않을 것입니다. 중국인들은 비밀스런 교의를 좋아합니다. 그리고 그들은 소수의 사람들만이 사물에 대한 지식을 지니게 되기를 바랍니다. 그러므로 당신은 거기서 공개적으로 활동하는 것을 삼가는 편이 나을 것입니다. 그렇지만 그러한 것은 당신이 가장 잘 판단할 수 있을 테지요. 무엇보다도 우리가 [중국에 대해] 새롭게 인식할 수 있도록 신경을 쓰셔야 할 것입니다. 수학자를 필요로 하는 일이 많기 때문에 당신은 그들이 일하는 방식을 오래지 않아 터득하게 될 것입니다. 중국인들은 수많은 금속들을 채굴해냈습니다. 그렇기 때문에 저는 그곳 광산에는 우리가 지금 당장 쓸 수 있는 특별한 것들이 있을 것이라고 믿습니다. 당신은 우리에게 새로운 것을 제공해줄지도 모르는, 우리의 것과는 완전히 다른 화학과 마주치게 될 것입니다. 사냥, 목축, 농사, 그리고 원예 분야에서 중국인이 관찰을 통해 이룩한 엄청난 질적인 발전을 우리가 이어받을 수 있으리란 건 의심할 여지가 없습니다. 이국의 식물과 동물을 상세하게 묘사한 것을 구한다면, 그것은 매우 칭찬받을 만한 일일 것입니다. 이 묘사가 실제적인 요구를 충족시키기보다는 단순히 지적인 호기심을 충족시키는 것일 뿐이라 할지라도 절대로 그것을 무시해서는 안 됩니다. 그러나 특정한 인간 집단의 생계를 유지하게 했던, 일상생활에 필요한 기술들은 당장 쓸 수 있을 것입니다. 의술과 고대의 천문학적 관찰도 이런 기술에 포함됩니다. 이 먼 나라에서 나오는 모든 종류의 서적, 식물, 종자, 지도, 기계의 모델, 그리고 그 밖에 가져올 수 있는 모든 것을 유럽으로 가져와야 한다는 것이 제 생각입니다. 그러한 것들과 함께 우리에게 〔중국의〕 물품 및 언어에 대해 생생한 해석을 해줄 수 있는 사람들도 보내야 합니다. 이렇게 한 다면 중국어 역시 아랍어처럼 우리에게 알려지게 될 것이고, 이때까지 우리가 쓸모를 몰라서 그냥 보관해둔 진귀한 서적들도 이용할 수 있게 될 것입니다.

저는 기독교 선교 공의회Congregation de Propaganda Fide Christiana가 중 국어를 우리 유럽에 전하는 것을 자신들의 의무의 일부로 여기고 있다고 확신합니다. 제가 훌륭한 인물인 드 라 셰즈de la Chaise〔1624~1709〕 신 부와 오래전부터 최고의 학식과 지혜를 갖추었다는 칭송을 듣고 있는 그의 비서 베르쥐스Antoine Verjus〔1632~1706〕 신부를 통해 들은 바와 같 이 가장 독실한 기독교도인 전하〔프랑스 국왕〕께서 넓은 도량으로 당신의 계획을 장려하고, 그 계획이 선견지명에 의한 것이라는 사실을 알고 기 뻐하시게 될 것도〔확신하고 있습니다〕. 또한 저는 〔당신이〕 정치적이고 역사적인 일도 소홀하게 취급하지 않을 것이라 믿고 싶습니다. 비범한 인물인 당신의 동료 쿠플레Philippe Couplet〔1623~1693, 중국명은 栢應理〕 는 우리에게 중국 역사에 대해 미리 맛을 보여주었습니다. 그러나 그가 보여준 중국 역사는 우리를 만족시켰다기보다는 더한 갈증을 일으켰습 니다. (당신도 아시다시피) 유럽 사람들은 오래전부터 족장 시대[6]를 둘러싸고 논쟁을 벌여왔습니다. 그리고 70인역 성서[7]의 번역자들은 족 장 시대의 기원을 다른 사람들보다 훨씬 더 이전으로 보았습니다. 중국 의 역사는 70인 번역자들의 이런 견해를 뒷받침하고 있습니다. 견해들 이 서로 갈등한다면, 그 견해들에 대한 믿음은 사그라질 것입니다. 그 러므로 그러한 견해들이 신빙성이 있는가를 비판적으로 조사하는 것은 아주 중요한 일입니다. 중국인들이 기록한 역사가 보다 정확하게 우리에게 알려지면 곧 그러한 연구에 착수할 수 있을 것입니다. 그렇게 될 때 우리는 그들의 역사를 최초로 기록한 사람이 누구인지, 그리고 그들에게 정보를 제공했던 자료가 어떠한 것인지에 대해서도 확실히 알 수 있게 될 것입니다. 어떤 이들은 학문의 적이었던 군주〔진시황〕가 분서를 자행한 뒤로 문헌의 신빙성이 손상되었다고 믿습니다. 우리는 각각의 사람과 관료들의 의무를 세세한 분야까지 지적해놓은 법규가 담긴 문헌을 통해 그에 대한 정보를 입수할 수 있을 것입니다. 가장 훌륭한 책들을 소개하는 간략한 주석을 포함하고 있는 문헌 목록은 가져올 만한 가치가 있습니다. 그리고 유럽의 해설 방식처럼 사물에 관한 그림이 있는 사전도 가져올 만한 가치가 있습니다. 제가 듣기로는 중국인은 이미 그러한 것을 소유하고 있고 그 책〔사전〕의 제목은 '대해大海'8)라고 합니다. 이 사전을 발전시켜 우리의 필요에 맞게 만들 수 있을 것입니다.

뛰어난 학식과 판단력을 지닌 루베르Simon de La Loubère는 최근에 가장 신앙심이 깊은 왕〔프랑스 국왕〕의 특사가 되어 시암Siam〔태국의 옛 이름〕으로 갔습니다. 그는 그곳에서 제게 보고서를 선물로 보내왔습니다. 그는 보고서와 함께 그곳 시암에서 사용되고 있는 천문학적-연대기적 순환 주기9)를 보내주었습니다. 그리고 다행스럽게도 카시니Giovanni Domenico Cassini가 〔순환 주기에 담긴〕 아주 어려운 문제들을 해결했습니다.10) 순환 주기는 아주 뛰어난 사람이 고안한 것처럼 보입니다. 그리고 이 순환 주기는 그곳 사람들이 현재 이해하는 것 이상으로 많은 것을 담고 있습니다. 저는 당신의 중계를 통해서 중국인들이 우리의 지적인 호기심을 채워줄 더 많은 양식을 제공할 것이라고 확신합니다. 중국인들이 시암인들과 그들의 다른 이웃들에게도 스승이었던 것은 분명한 사실이기 때문입니다. 그리고 루베르는 시암의 계산기[11]에 대해 기술記述한 것을 저에게 보내왔습니다. 최근에 저는 러시아인들도 비슷한 물건을 가지고 있다는 것을 알게 되었습니다. 그들은 아마도 그 물건을 중국인들에게서 받았을 것입니다. 제가 무엇보다 중요하게 생각하는 것은 우리가 여러 민족의 거주지와 언어에 대해 보다 정확하게 알게 되어 그들의 친족 관계와 기원을 더욱 잘 식별할 수 있게 되는 것입니다. 저는 당신이 페르시아에서 우즈베키스탄과 아시아의 타타르 지방을 거쳐 중국으로 갈 것이라고 들었습니다. 그 여행은 당신에게 새로운 발견을 할 수 있는 훌륭한 기회를 제공할 것입니다. 여행을 하는 동안 가능한 한 모든 언어로 번역된 주기도문을 수집하는 것이야말로 가장 바람직한 일일 것입니다. 그 일은 모든 언어들을 비교해볼 수 있도록 하는 공통의 기준으로서 기여할 것입니다. 저는 메기제르Hieronymus Megiser가 최초로 〔각국 언어로 번역된 주기도문〕 몇 가지를 수집했었다고 알고 있습니다. 그러나 그 당시에 누가 멀리 떨어져 있는 민족에 관한 정보를 메기제르에게 제공해줄 수 있었겠습니까? 〔여러 민족에 관한 정보를 제공한 것에 대한〕 이 명성은 당신이 누려야 할 것입니다. 당신은 당신이 여행하는 지역에 사는 사람의 언어뿐만 아니라, 당신이 지나가며 머무르게 되는 무역 중심지와 거대한 도시와 그 도시의 궁전을 방문하는 사람들의 언어로 번역된 주기도문을 통역자의 도움을 받아 아무런 어려움 없이 구할 수 있을 것입니다. 당신이 여행 중에 발견한 것들을 될 수 있는 대로 빨리 유럽으로 보내서서 우리의 희망을 더욱 부풀어 오르게 하고, 사람들이 이 큰일에 관심을 쏟게 해주시기를 부탁드립니다. 모스크바 사람들을 통해 폴란드 〔예수회〕 사람에게 보내는 것이 빠른 길로 보입니다. (스스로의 힘으로 권력을 잡았던) 사르마티아의 대왕의 궁정에 당신들〔예수회 회원들〕 가운데 한 사람이자 뛰어난 학식과 어학 능력을 가진 포타Charles Maurice Vota〔1629~1704〕[12]가 살고 있습니다. 저와 여러 해 동안 교분을 맺었던 유명한 아담 코한스키Adam Adamandus Kohanski〔1631~1700〕[13] 또한 그곳에서 머무른 적이 있습니다. 그는 젊었을 때 쇼트P. Gasp Schott의 〔수학에 관한〕 저작을 탁월하게 해석해냈고 그후 자연의 신비를 풀어내는 커다란 진보를 이루었습니다. 당신이 이 사람들에게 보내는 것을 〔당신이〕 제게 보낸 것으로 여길 것입니다. 물론 로마와 파리에도 당신의 호의를 함께 나누어야만 하는 사람들이 없지 않을 것입니다.

테렌츠Johann Terrenz〔1576~1630, 중국명은 鄧玉函〕[14] 신부가 1623년에 중국 항주杭州에서 잉골슈타트의 수학자〔알베르트 쿠르츠Albert Curtz〕에게 서신을 보냈고, 뛰어난 수학자였던 알베르트 쿠르츠[15] 신부가 1627년에 그 서신을 요하네스 케플러Johannes Kepler에게 보여주자 케플러가 답신을 보냈다는 사실을 로마에서 당신에게 말씀드렸던 것이 기억납니다. 그때 저는 그 서신〔케플러의 답신〕을 입수할 수 없어서 독일로 돌아온 다음에야 열람할 수 있었습니다. 그 서신은 1630년 슐레지엔 지방의 자간Sagan에서 발간되었습니다. 〔그 서신에서 케플러는〕 중국의 역법을 개선하기 위한 테렌츠의 질문에 대해 조언해줍니다.[16] 그리고 그는 〔중국의 역법을 개선할 수 있는〕 몇 가지 가능성 있는 방법을 제시합니다. 그는 중국인들의 역법을 개선하기 위해 그들이 어떤 방법을 쓰고 있는지, 즉 행성 운동의 도표만을 사용하는지 아니면 종종 윤년이나 윤달에 의해 교정되는 일반적인 달력을 사용하는지를 묻습니다. 그는 중국인들에게도 헤지라Hegira〔622년〕 시대에 사용한 터키식 시간 계산의 흔적이 있는지 아니면 야즈데게르드Yazdegerd의 페르시아 도표[17]를 전수받은 흔적이 있는지를 면밀하게 살펴보라고 테렌츠에게 부탁했습니다. 그는 이 양자[터키식의 시간 계산과 야즈데게르드의 페르시아 도표]를 루돌핀 도표[18]에서 다루고 있습니다. 테렌츠가 별들의 지름과 거리에 대한 물음과 관련해 혼란을 겪고 있을 때, 케플러는 그에게 루돌핀 도표를 참고하라고 했습니다. 케플러는 유명한 요堯임금으로부터 중국인의 역사가 시작되었다고 추정합니다. 중국인들은 요임금을 자신들의 시조라 믿고 있으며 또한 그때[요임금 당시]부터 4,000년이 지났다고 믿고 있습니다. 케플러는 중국인이 셈의 아들이나 야벳의 아들인 마곡, 메석, 두발(타타르 씨족의 조상)[19]의 후손이 아니라면, 요임금은 야벳의 또 다른 아들인 야완일 것이라고 추정합니다.[20] 그렇지만 저는 중국인의 기원과 타타르인의 기원은 다르다고 생각합니다. 중국인은 60년을 한 주기로 계산한다고 테렌츠가 기록해놓은 것을 보고, 케플러는 갈데아 사람들의 사로스Saros주기는 3,600년,[21] 네로[주기]는 600년, 그리고 소소[주기]는 60년이라고 기록해놓았습니다. 케플러는 테렌츠가 중국인은 이미 4,000년 전에 궁수자리 근처 또는 염소자리가 시작되는 화살촉의 끝에서 지점至點을 관측했다고 쓴 것을 보고 놀라워했습니다. 케플러는 그것이 관측한 것이 아니라, 역산한 것이 아닐까 하고 의심합니다. 그렇지만 저는 테렌츠가 [중국에서] 발견했다는 3,000년도 더 된 열다섯 가지 기하학적 물음이야말로 더 생각해볼 만하고 탐구할 만한 가치가 있다고 여기고 있습니다. 이 기하학적 물음에는 [유클리드의 『기하학원본』] 1권의 마지막에서 두 번째 것[가설]이 들어 있는데, 피타고라스는 이 가설의 해결을 위해 100마리의 황소를 희생시켰다고 합니다. 테렌츠가 다른 임무를 미뤄두고 중국인의 고대 저서에 그러한 증명이 존재하는지 아닌지 [계속해서] 언급했더라면 얼마나 좋았을까요!

〔테렌츠에 따르면〕 그들은 수대獸帶〔12궁〕를 28개의 별자리로 분할하고, 작은곰자리를 왕[22]이라 부른다고 합니다. 왜냐하면 그것은 움직이지 않기 때문입니다. 이 작은곰자리는 다른 이름으로도 불리는데, 케플러는 이 〔별자리〕 이름이 아랍인에게서 온 것이라 추정했습니다.[23] 예전에는 극성極星은 극점에서 멀리 떨어져 있다고 했습니다. 그리고 마르세유의 피테Pythes는 북극에는 별이 없으며, 극점은 이웃하고 있는 세 개의 별과 함께 정사각형을 형성한다고 했습니다. 그러므로 이것은 결코 중국인의 고래古來의 지식이 아닙니다. 끝으로 케플러는 테렌츠가 〔자신의 편지를〕 썼던 장소인 항주가 ("중요한 도시〔항주〕의 그림"을 우리에게 전해준 그리스인 저자) 크리소코카스Chrysococcas가 말한 칸조위Chanzoy이며, 베네치아 사람 마르코 폴로가 말한 퀸사이Quinsai〔Kinsai〕라고 믿습니다. 저는 이 편지에 중국인들이 천문학 법칙뿐만 아니라 귀하의 직무를 통해 그리스도의 부드러운 멍에도 기꺼이 받아들였으면 좋겠다[24]는 〔케플러의〕 소원을 함께 봉해 넣습니다. 케플러가 천체 운동의 물리적 원인과 관련해 시도했던 탐색은 〔천체의〕 조화된 운행에 대한 새로운 이론[25]을 통해 훨씬 더 발전되었습니다. 저는 잡지 『학예 공보Acta Eruditorum』에 발표한 몇몇 논문[26]을 통해 이 이론을 증명했습니다. 저는 새로운 계산기를 완성하기 위해 최선을 다하고 있는 중입니다. 하나님의 도우심으로 이 기계가 언젠가 당신에게도 전달될 수 있기를 바랍니다!

당신의 동행 가운데 제가 알고 있는 유일한 분이신 존경하는 라우레아티Giovanni Laureati 신부에게도 저의 충심 어린 인사를 보냅니다. 라우레아티 신부가 아직 청년이었을 때, 그리고 어떠한 의무도 없었을 때[27] 저는 당신의 지도와 조언을 받아 훌륭하게 되리라고 〔그를〕 격려한 적이 있습니다. 하나님의 명성을 널리 알리고 더 나아가 인류의 복지를 증진시키려는 당신과 당신의 일행에게 하나님의 가호가 있기를 빕니다. 안녕히 계십시오……!

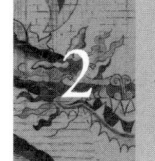

2 창조의 비밀[1]

브룬스비크-뤼네베르크 볼펜뷔텔Brunswick-Lüneberg Wolfenbüttel의
대공 루돌프 아우구스트Rudolph August 전하에게 보내는 신년 서신[2]

브룬스비크-뤼네베르크의 대공 루돌프 아우구스트[3] 전하에게

자비로운 대공, 군주 전하

방금 시작된 신년을 맞아, 관례와 저의 충정에서 우러나온 하례를 받
아주시기를 청하면서, 새해와 또 이 뒤에 이어질 다른 새해에도 전하께
서 늘 무강하신 가운데 전하의 영지領地뿐만 아니라 사유지私有地에도
이로움을 주시려는 전하의 소망이 성취되기를 충심으로 바랍니다.

그리고 이런 때에 빈손으로 인사를 드리지 않으려고 지난번 전하를
알현할 때 전하에게 말씀드렸던 상징물을 보내드립니다. 그것은 기념
주화나 메달 모양을 하고 있습니다. 저의 도안이 비록 하찮고 또한 전

창조의 비밀 25

문가의 식견을 따라 개선해야 하는 것일지라도, 전하의 귀중한 지시만 내려진다면 은으로 주조되어 후세에까지 그 모습을 남길 수 있을 것입니다. 〔신학자가 아닌〕 세속적 학자들은 거의 이해할 수 없고, 또 이교도들에게 전해주기도 어려운 기독교 신앙의 중요한 사항 가운데 하나는 무엇보다 하나님의 전능에 의한 무無로부터의ex nihilo 창조입니다. 수의 기원이 1과 0 또는 무로 간단명료하게 표상되는 것처럼 하나님의 무로부터의 창조를 이 초안보다 더 훌륭하게 보여주고 증명해줄 수 있는 것은 세상에 없다고 말할 수 있습니다. 자연이나 철학에서도 실제로 이 비밀에 대한 보다 나은 표상을 찾아보기 어렵습니다. 그래서 저는 제가 초안했던 메달에 다음과 같은 글을 새겨놓았습니다. 창조의 형상IMAGO CREATIONIS.

또한 우리가 이 창조의 표상에서 두 눈으로 직접 볼 수 있는 것처럼, 하나님이 무에서 만물을 창조했을 뿐만 아니라 만물을 훌륭하게 만드셨으며, 그가 창조한 만물은 선한 것이라는 점을 이 초안이 얼마나 훌륭하게 보여주고 있는가를 고려해볼 만한 가치가 충분히 있습니다. 〔0과 1이라는〕 수의 일반적인 표상에서 문자나 그것을 나타내는 기호의 질서나 어떤 귀결을 볼 수는 없지만, 반면에 수의 가장 내적인 근거와 원래의 상태를 볼 수 있기 때문에 이 표상에는 개선해야 할 필요가 없을 정도로 놀랄 만큼 아름다운 질서와 조화가 존재한다는 것이 드러납니다. 우리가 〔0과 1의〕 지속적인 교대 법칙을 알기만 한다면 그 규칙에 따라 계산이나 암산을 하지 않고서도 우리가 원하는 만큼 〔수를〕 기록할 수 있습니다. 우리는 오른쪽 첫 번째 열, 즉 〔오른쪽〕 가장자리 열에 0, 1, 0, 1, 0, 1, 0, 1 등을 교대로 써넣고, 다음 열, 즉 그 〔오른쪽으로부터〕 옆 열에 0, 0; 1, 1; 0, 0; 1, 1 등을 교대로 써넣으면 됩니다. 그리고 세 번째 열에는 0, 0, 0, 0; 1, 1, 1, 1; 0, 0, 0, 0; 1, 1, 1, 1 등을 써넣고, 네 번째 열에는 0, 0, 0, 0, 0, 0, 0, 0; 1, 1, 1, 1, 1, 1, 1, 1; 0, 0, 0, 0, 0, 0, 0, 0; 1, 1, 1, 1, 1, 1, 1, 1 등을 써넣으면 됩니다. 이렇게 되면 [열을] 교대하는 주기나 순환은 매번 두 배가 되는 셈입니다. 그리고 이 메달에는 32까지 나타낼 수 있는 큰 도표를 그릴 공간이 없기 때문에 16 혹은 17까지 다루고 있는 작은 도표가 들어 있습니다. 그렇지만 이 작은 도표에서도 조화로운 질서나 미를 찾아볼 수 있습니다. 그리고 우리가 무질서하다고 여기는 신의 작품들은 다만 그렇게 보이는 것일 뿐이라는 것을 이 메달의 도표를 통해 알 수 있습니다. 그러나 우리가 올바른 관점에서 사물을 바라본다면, 그 사물에 내재되어 있는 조화가 잘 드러날 것입니다. 이것이 우리로 하여금 최고선—이것에서 모든 선과 미가 흘러나옵니다—의 지혜와 선 그리고 미를 더욱더 찬양하고 사랑하게 합니다. 그래서 지금 저는 로마에서 알게 된, 예수회의 일원이자 수학위원회의 위원장으로 중국에 머물고 있는 그리말디 신부에게 서신을 쓰고 있는 중입니다. 그리말디 신부는 [인도의] 고아에서 중국으로 가는 도중에 저에게 서신을 보내왔습니다. 저는 이 창조의 비밀에 관한 예시가 그 강대한 나라의 군주[강희제]의 눈앞에서 기독교 신앙의 우월성을 보여주는 데 도움이 되리라는 생각으로 이 수의 표상을 알릴 것을 희망해왔습니다. 그리말디 신부를 통해 알게 된 중국 군주는 수학을 대단히 좋아하며, 그리말디 신부의 선임자인 베르비스트Ferdinand Verbiest[1623~1688, 중국명은 南懷仁] 신부에게서 유럽의 계산법을 배웠다고 합니다.

메달의 다른 부분을 설명하기 위해 저는 중요한 곳에, 다시 말해 10 또는 2, 100 또는 8, 10000 또는 16에 별 모양의 * 표시를 해두었습니다. 왜냐하면 이것만 관찰해도 다른 수의 원인을 볼 수 있기 때문입니다.

13 앞에 왜 1101이 있는가를 설명하기 위해 제가 제시하는 증명은 다음과 같습니다.

1	1
00	0
100	4
1000	8
1101	13 그리고 다른 수도 모두 이런 식으로 계속됩니다.

저는 연산의 기초와 일상적인 계산 규칙이 작용하는 방식을 관찰할 수 있도록 메달에 새겨진 산술 도표의 양쪽 옆에 덧셈과 곱셈의 예제 또한 적어두었습니다. 또한 일반적인 계산 규칙이나 가감승제와 관련해서 말하자면 이 계산 방식은 수의 비밀을 관조하고 발견하려는 용도로 만든 것이지, 결코 일상생활에서 사용하려고 만든 것이 아닙니다.[4]

그러나 창조의 형상을 좀더 분명하게 재현하기 위해 메달에 수 이외에 그 밖의 다른 것, 즉 시각적으로 사람의 눈길을 끄는 것이 와도 좋다는 생각으로 빛과 어둠을 스케치해놓았습니다. 〔메달에는〕 수면 위를 운행하시는 하나님의 신Geist Gottes을 인간의 모습으로 묘사해놓은 것이 있습니다. 어둠이 심연과 있었고, 하나님의 신이 이 수면 위를 운행하시더라. (그리고) 하나님이 "빛이 있으라"하시니 빛이 함께 있었다.[5] 공허한 심연과 황량한 어둠은 0과 무에 속해 있는 반면에 하나님의 신은 그 빛과 함께 전능한 하나에 속하기 때문에 이 메달은 창조를 묘사하는 데 더욱더 적절합니다.

상징물에 새겨 넣을 표어를 곰곰이 생각하다가 다음의 행行을 써넣

라이프니츠의 메달 초안

는 것이 좋겠다는 결론을 내렸습니다.

2. 3. 4. 5. etc.

OMNIVUS.   EX. NIHILO. DUCENDIS. SUFFICIT. UNUM

이 행이 전체 상징물이 무엇을 의미하는가를, 왜 창조의 형상imago creationis을 의미하는가를 분명하게 시사하기 때문입니다. 우리는 이 한 행의 문자들을 편리하게 두 부분으로 나누어볼 수 있는데, 이 두 부분을 눈에 띄게 하기 위해 알파벳 문자들의 형태에 차이를 두었고, 그 사이에 작은 공간을 만든 것입니다. 이렇게 해야 그 행의 마지막 부분인 SUFFICIT. UNUM이 오른쪽의 주요한 말로 인식될 것입니다. 대개의

창조의 비밀 29

주요한 구절의 경우처럼 이 구절도 어떤 미묘함argutiam과 깊은 의미를 내포하고 있습니다. 왜냐하면 SUFFICIT. UNUM이 여기서 수를 언급하든지 아니면 수에 의해 암시된 창조를 언급하든지 간에 그것은 더 나아가서 우리의 가르침을 나타내고 그 자체에 우리의 삶과 기독교의 주요한 규칙을 담고 있기 때문입니다. 그리고 유일한 선善은 우리가 그것에 의지하기만 해도 **충분한** 것이 되기 때문입니다. OMNIBUS 위에는 수 2, 3, 4, 5 등이 있습니다. NIHILO 위에는 0이 그리고 UNUM 위에는 1이 들어가는데, 이는 누구나 이 구절의 의미를 〔메달 속의〕 수의 도표를 통해 알 수 있게 하기 위한 것입니다.

메달에서 아직 비어 있는 부분은 다른 모든 것이 그렇듯이 전하를 가장 기쁘게 해드릴 수 있는 것으로 채워져야 합니다. 그것은 〔전하의〕 흉상, 〔전하의〕 친필이 될 수도 있는데 어떤 것이든지 〔전하의〕 기쁨이 될 수 있는 것이어야 합니다. R Φ A처럼 R과 A사이의 Φ는 0에 1이 꽂힌 형상인 Φ 위에 왕관이 놓인 것으로 보아도 될 것입니다. 또한 Φ는 그리스어 Φ〔phi〕 또는 ph를 의미하는데, 이것은 전하의 이름을 이루는 두 단어 중 처음〔Rudolph〕의 끝에 있는 ph를 나타냅니다. 그리스도가 직접 우리에게 명령한 것처럼 UNUM. Autem. Necessarium은 상징이 될 수도 있기 때문에 여기에 그것을 새기는 것도 나쁘지 않을 것입니다. 아니면 그 밖의 다른 것도 나쁘지 않을 것입니다. 마지막으로 이 〔0과 1의〕 표상에는 수의 여러 비밀이 담겨 있기 때문에 원하기만 한다면 우리는 16000까지 아니면, 더 나아가 다음과 같이 16384까지 숫자를 만들어낼 수 있습니다.

10000000000000 // 16384

그러나 이 숫자를 충분히 기록하거나 인쇄할 수 있을 만큼 커다란 책
(종이)은 없습니다. (서신의 여백에 다음의 도표를 적어두었습니다.)

1	1
10	2
100	4
1000	8
10000	16
100000	32
1000000	64
10000000	128
100000000	256
1000000000	512
10000000000	1024
100000000000	2048
1000000000000	4096
10000000000000	8192
100000000000000	16384

필사할 때처럼 오로지 0과 1을 머릿속에 떠올리면서 일정한 질서에
따라 점점 더 빠르게 기입하면 되기 때문에 〔이렇게 수를 써내려가는
것은〕 쉬운 일일 것입니다. 이런 방식으로 수를 쓰게 되면 통상적인 방
식으로 수를 쓰는 시간보다 서너 배 정도 더 걸릴 수 있습니다. 그러나
여기에는 이미 언급했던 것처럼 우리의 학문을 넓혀줄 놀랍고도 유용
한 관찰이 너무나 많이 들어 있기 때문에 칭찬할 만한 근면함과 선한
의도를 지닌 몇몇 함부르크 수학회 회원들이 의욕적으로 〔이진법에〕
몰두했던 것입니다. 저는 그들에게, 그리고 실제로는 독일 민족에게 적
지 않은 명성을 가져다줄 수 있는 것들을 이 이진법에서 발견할 수 있

창조의 비밀　31

다고 확언할 수 있습니다. 왜냐하면 이것이 독일에서 처음으로 이루어졌고, 이런 수의 기록 방식에 놀랄 만한 이점이 있기 때문입니다. 또한 이것은 일반적 계산에도 사용될 수 있을 것이며, 이에 대해서는 나중에 길게 논하고자 합니다.

화폐 주조소의 금속 조각가가 이 메달을 생산하는 것은 매우 쉬운 일 일 것입니다. 메달의 대부분이 [특수한 문자가 아닌] 알파벳 문자와 수로 되어 있기 때문입니다. 작업자는 쇠를 녹여 이 메달의 도형과 문자를 인각할 수 있습니다. 그러나 저는 이 모든 것을 전하의 귀중한 판단에 맡기고자 하며, 영원히 그렇게 하고자 합니다.

자비로우신 전하,
전하의, 비천하지만,
충성스런 종
고트프리트 빌헬름 라이프니츠

볼펜뷔텔, 1월 2일
1697년

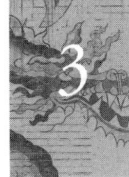

3 『최신 중국 소식』에 관하여

우리 시대의 역사의 해명을 위하여

이 책〔『최신 중국 소식Novissima Sinica』〕에는 이제야 비로소 〔중국에서〕
국가적으로 허용된 기독교의 전교에 관한—유럽에 전해진—보고가 실
려 있다. 이 밖에도 이 책은 유럽 학문의 촉진에 관해, 〔중국〕 민족의
도덕과 관습에 관해, 그리고 무엇보다 〔중국〕 통치자의 도덕적 입장 및
그가 러시아인들과 벌였던 전쟁과 평화 조약 체결에 관해 지금까지 알
려지지 않았던 수많은 정보들을 제공하고 있다.

고트프리트 빌헬름 라이프니츠 편집

다음 장에 목차가 있음

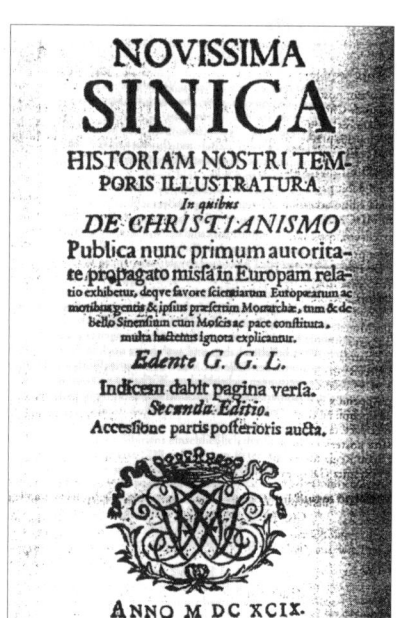

『최신 중국 소식』 개정 증보판 표지

제2판, 1699년 개정 증보판

이 책 안에 포함된 저작들의 목차

지난해[1] 이미 출간되었던 제1부의 내용

1. 1692년에 드디어 중국에 기독교를 전파해도 좋다는 교지가 내려
지게 된 것에 대한 보고: 북경 신학교의 책임자이자 포르투갈 출신의
호세 소아레스José Soares 신부의 보고서

2. 중국에서 인쇄된, 현 [중국의] 통치자의 학습에 관한 내용을 담고
있는 베르비스트 신부의 천문학서 발췌물

3. 1693년 12월 6일 고아에서 그리말디 신부가 라이프니츠에게 보낸

서신

4. 벨기에 출신 신부 앙투안느 토마Antoine Thomas[1644~1709, 중국
명은 安多]2)가 1695년 11월 12일 북경에서 보낸 서신

5. 1693년, 1694년과 1695년의 러시아 사절의 중국 여행에 대한 간
략한 보고서3)

6. 부록: 중국 국경과 접한 러시아 통치령의 도시 네르친스크에서 신
부 제르비용Jean-François Gerbillon[1654~1707, 중국명은 張誠]4)이 1689년
9월 2일과 3일에 쓴 서신들. 그는 그 서신들에서 중국과 러시아의 전쟁
에 대해, 그리고 마침내 성립된 중국과 러시아 사이의 평화 조약에 대
해 보고하고 있다.

그리고 지금 추가되어 간행되는 부분

7. 프랑스 예수회 신부 요하임 부베Joachim Bouvet[1654~1707, 중국명
은 白晉]가 프랑스어로 쓴 현재 중국의 통치자인 황제의 전기가 [라틴어
로] 번역되었다.

친애하는 독자에게 인사를 드리며
고트프리트 빌헬름 라이프니츠

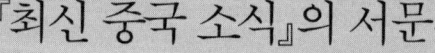

4 『최신 중국 소식』의 서문

§1. 우리 대륙의 두 극단, 즉 유럽과 (사람들이 흔히 그렇게 부르는 것처럼) 츠치나Tschina[1]—중국은 동쪽의 유럽처럼 지구의 반대편을 빛내고 있다—에서 인류가 이룩한 최상의 문화와 기술적 문명이 오늘날 거의 똑같을 정도로 축적되어 있는 것을 보고 나는 그것이 운명이 행한 일이라고 하지 않을 수 없다. 아마도 최상의 섭리가 어떤 목적을 수행하려고 이러한 지리적 배치를 해놓은 것처럼 보인다. 이 〔지리적 배치의〕 목적은 가장 문명화되었지만 〔서로〕 가장 멀리 떨어져 있는 〔유럽과 중국〕 민족들이 그들의 팔을 서로에게 뻗침으로써 이 두 대륙 사이에 있는 모든 민족들을 점차로 합리적 생활 방식으로 이끌어가는 것이다. 내가 들은 바에 의하면 러시아인들은 유럽과 중국을 연결하는 막대한 영토를 갖고 있으며, 얼어붙은 대양의 기슭을 따라 형성된 미개한 지역에 사는 북극 야만인들을 지배하고 있다고 한다. 또한 현재 〔러시

아를] 통치하는 지배자[2]와 그의 자문에 답해주며 그를 지지하고 있는 대주교[3]가 우리[유럽인]가 이룩한 업적들을 앞지르기 위해 엄청난 노력을 기울이고 있다고 한다. 나는 이 일들이 결코 우연하게 일어난 것은 아니라고 생각한다.

§2. 이제 중국으로 눈을 돌려보자. 중국은 크기로 보자면 문명화된 지역인 유럽과 거의 대등하며, 인구로 보자면 확실히 유럽을 능가한다.[4] 중국은 우리와 서로 대등하게 경쟁하고 있다. 중국은 어떤 때는 우리를 이기기도 하고, 어떤 때는 우리에게 지기도 하며 많은 것을 보여준다. 그런데 우리는 [유럽과 중국의] 본질적인 것을 비교하기 위한 첫발을 어디에 내디뎌야만 할 것인가? 설사 쓸모가 있다고 할지라도 [비교를 위해] 모든 것을 다루는 것은 장황한 일이 될 것이고 우리의 연구 목적에도 적합하지 않다. 일상생활에서 필요로 하는 [중국의] 숙련된 기술과 [유럽의] 자연에 대한 실험적인 분석을 놓고 [중국과 유럽을] 저울질해본다면, 우리는 [중국과] 동등하다고 할 수 있다. 이 두 진영은 자신이 가진 능력을 서로에게 도움을 주는 방향으로 교환할 수 있을 것이다. 물론 사유의 철저함과 이론적 훈련에 있어서는 우리가 그들보다 월등하다. 왜냐하면 우리가 당연하게 우리의 것이라고 주장하는 비물질적인 사물들에 관한 지식 및 논리학과 형이상학 외에도 질료적인 것의 이해를 통하여 추상화시킨 형식의 파악,[5] 즉 수학적인 것[6]에 훨씬 뛰어나기 때문이다. 이러한 사실은 중국 천문학이 우리의 천문학과 경쟁함으로써 실제로 입증되었다. 중국인은 인간 이성이 이룩한 위대한 깨달음과 논증의 기술을 아직 알지 못하는 것처럼 보이며, 일반적으로 우리의 기술자들이 갖고 있는 일종의 경험적 기하학에 만족하고

있는 것처럼 보인다. 그들의 전쟁 기술이 우리의 수준보다 뒤지는 까닭은 그들이 전쟁 기술에 무지해서가 아니다. 그것은 그들이 인간의 마음에 공격성을 생기게 하거나 그러한 것을 촉진시키는 모든 것을 경멸하며 (적지 않은 사람들이 오해하고 또한 두려움을 갖게끔 과장되었던) 그리스도의 고상한 가르침에 못지않게 의식적으로 전쟁을 싫어하기 때문이다. 그들만이 홀로 지구에 산다면, 사실 그들의 행위는 현명한 것이다. 그러나 지금의 상황에서는 정의로운 사람도 엄청나게 악한 힘이 자기 쪽으로 다가오지 못하도록 막기 위해 또 다른 파괴를 가하는 기술을 연마해야만 한다. 이러한 영역〔군사학〕에 있어서는 우리가 더 우월하다.

§3. 우리의 관점에 따르면, 우리는 훌륭한 윤리에 대한 교육을 철두철미하게 받았다고 할 수 있다. 그 누가 문명화된 생활의 규율 전반에 있어 우리를 능가하는 민족이 있을 것이라고 상상이나 했겠는가? 그렇지만 이제 중국인들에 대해 더욱 잘 알게 되면서 우리는 중국인들이 그러한 점에서 우리보다 낫다는 것을 발견하게 되었다. 우리의 수공업적 기술이 그들의 수준과 동등하고, 사변적 학문이 그들보다 우월하다고 한다면, (이렇게 고백하는 것이 매우 부끄러운 것이기는 하지만) 그들의 실천철학은 확실히 우리보다 월등하다. 다시 말해 그들은 인간의 삶과 일상적 습속에 적용되는 윤리와 정치의 가르침에서 우리를 능가한다. 실제로 다른 민족의 법률을 능가하는 중국의 모든 법률이 얼마나 훌륭히 공공의 안녕과 삶의 질서 구축을 성취해내고 있는가는 필설로 설명하기조차 어렵다. 그들은 남에게 불쾌감을 자아내는 일을 가능한 한 하려 하지 않는다. 인간 자신에 의해서, 인간들 서로에 의해서 가장 커다란 악이 발생한다는 것은 확실한 사실이다. 그리고 "만인은 만인

에 대한 늑대다"[7]라는 말은 너무나 참된 격언이다. 이 격언은 일반적
으로 인간 모두에 해당할 뿐만 아니라 특히 우리[유럽인]가 가진 대단한
어리석음을 다음과 같이 말해준다. 즉 우리는 그렇게 수많은 자연의 폭
력을 경험했으면서도, 바로 그 [자연의 폭력] 위에다 다른 어떤 곳에서
도 볼 수 없는 비참함을 쌓아놓고 있다.

§4. 어떤 나라건 간에 항상 이러한 악에 대한 대비책을 어떤 방법으
로든 마련해놓기 마련이다. 중국인도 이에 대해 그 어떤 나라보다 높은
차원의 대비책을 확실하게 마련해놓았다. 막대한 인구를 가진 중국인
은 우리의 종교적 질서의 틀을 기초했던 사람들[사제들]이 그들만의 좁
은 사회에서 이룩했던 것보다 더 많은 것을 실질적으로 이룩해놓았다.
그래서 윗사람에 대한 복종과 나이 든 사람에 대한 존경은 대단하다.
부모에 대한 자식의 배려와 존경은 거의 종교적이기까지 해서 자식이
부모에게 말로라도 거칠게 대하는 것을 볼 수 없을 정도이며, 그러한
행위는 마치 우리가 부모를 살해한 것과 같은 정도에 해당하는 처벌을
감수해야만 한다. 더 나아가 동년배나 별로 상관이 없는 사람들도 놀랄
만큼 서로를 존중하며, 규정된 법칙에 따라 예절을 지킨다. 원칙과 규
칙에 따라 행위하는 것이 아직도 충분히 익숙하지 못한 우리에게는 그
것이 비굴하게 보일 수도 있다. 그렇지만 중국인은 규정된 예법을 항상
적용하여 자신의 품성으로 만들고는 기꺼이 그것에 따라 행한다. 친구
에게 작별 인사를 하거나 친구를 오랜만에 다시 만나는 경우 [중국의]
농부나 하인들조차도 서로에게 예절을 지키며 공손하게 행동하는 것을
보고 우리 유럽인들은 대단히 놀라워했다. 이와 같은 이들의 행동은 유
럽 귀족의 고상함에 버금간다. [농부와 하인이 이렇다면] 중국의 관료

와 각료Ko-lao[8]가 어떻게 행동할 것인지는 뻔하지 않겠는가? 그러므로 서로 대화를 나누다가 아주 작은 목소리로라도 다른 사람을 공격하는 일은 거의 없으며, 증오와 노여움 그리고 흥분을 겉으로 드러내는 모습도 찾아보기 힘들다. 우리[유럽인]에게서는 새롭게 사람을 사귄 지 며칠만 지나면 존경심이라거나 조심스러운 대화가 계속되는 것을 찾아보기 힘들며, 신뢰감이 증대되면 조심스러운 예의는 곧 무너져버리고 만다. 이것은 아주 쾌활한 자유분방함처럼 보이지만 이러한 태도 때문에 곧바로 경멸과 험담, 증오, 그리고 나중에는 적대감까지 생겨난다. 중국인은 이와 정반대다. 그들은 이웃과 가족에게까지 서로 예의를 지키도록 한 관습의 틀을 따라 절제 있는 생활을 한다.

§5. 그들에게 탐욕과 욕망, 야심이 없는 것은 아니다. (이러한 말은 연극 속의 어릿광대, 달의 황제가 달의 백성들에게 항상 이런 말을 하는 것과 같다. 즉 여기도 그곳처럼 모든 게 똑같다.[9]) 그리고 중국인은 참다운 도덕적 삶에는 완전하게 도달하지 못한 것 같다. 그러한 삶은 하늘의 은총과 기독교의 가르침에 의해서만 이루어질 수 있기 때문이다. 비록 그들이 인간 본성에 있는 죄의 뿌리를 뽑아낼 수 없었다고 할지라도 인간의 좋은 면을 위해 악한 본성의 싹을 제어할 수는 있었다.

§6. 거대한 제국의 군주[강희제]에 대해 놀라지 않을 사람이 누가 있겠는가? 그는 인간이 도달할 수 있는 한계를 넘어 거의 살아 있는 신으로까지 여겨진다. 그가 눈짓을 한 번만 해도 모든 것이 그대로 행해진다. 그렇지만 그는 덕과 지혜를 구비하기 위한 교육을 받아 법을 지극히 존중하고 현명한 사람을 존경하는 것을 보여줌으로써 신하들을 통

치한다. 그는 이러한 고귀함을 갖추었기 때문에 실로 〔올바른〕 판결을 내릴 수 있는 능력을 지닌 인물로 보인다. 〔역대〕 왕들 가운데 가장 위대한 이 왕은 이미 그 당대當代에 이러한 권위를 지니고 있었지만 후대 〔의 평가〕에 몹시 신경을 써서 다른 왕들이 신분제 의회의 평가를 두려워하는 것에 비해 역사의 평가를 더 두려워한다. 그러므로 그는 역사 편찬자가 자신의 치세를 기록하고 그것을 문서화해서 비밀 서고에 비치할 때를 생각하여 자신의 명성에 금이 가게 할 수도 있는 행위를 조심스럽게 삼간다.

§7. 지금의 황제 강희Cam Hi[10]는 그 누구와도 비교할 수 없는 뛰어난 능력을 가지고 있다. 그가 유럽인들을 점점 더 호의적으로 대하는 것은 사실이다. 그렇지만 그는 자신이 거느리고 있는 고위 관료들의 주청에도 불구하고 기독교의 순수함이 분명하게 밝혀지기 전까지, 그리고 유럽의 기술과 과학을 중국에 도입하려는 자신의 위대하고도 유익한 계획이 기독교의 전교 이외의 다른 방식으로는 완성될 수 없다는 사실이 확고해질 때까지 기독교를 공적으로 신봉할 수 있는 자유를 허용하려고 하지 않았다. 나는 이러한 일 처리를 두고 볼 때 황제가 개인적으로도 자신의 신하들보다 훨씬 더 뛰어난 통찰력을 가지고 있다고 생각한다. 또한 그가 유럽과 중국의 문화를 연결시켰다는 사실은 그가 훌륭한 판단력을 갖추고 있다는 명백한 증거이다. 그는 어렸을 적부터 중국의 모든 학문에 대해 보통의 사람들이 감당할 수 없을 만큼 철저하게 배웠기 때문에, 그는 관료를 뽑아 품계와 직위를 부여하는 관료 선발 시험에서 최고의 심판관으로 여겨진다. 또한 그는 자신의 신념을 서예로 표현하는데 그 솜씨가 탄성을 자아내게 한다고 한다. (이 서예는 중

키르허Kircher의 *China Illustrata*에 실린 중국인의 서예 모습

국인이 자신의 고상한 학식을 표현하는 방법이다.) 실제로 그는 가장
뛰어난 학식을 지닌 기독교인이 기술한 상소문을 더 훌륭하게 고칠 정
도였다고 한다.[11] 그리고 그는 자기가 통치하는 민족의 학문을 섭렵했
기 때문에 불공정한 중재자일 수가 없다. 그는 벨기에 브뤼셀 출신의
예수회 신부이자 아담 샬Johann Adam Shall von Bell[1952~1966, 중국명
은 湯若望][12]의 제자였던 베르비스트를 통해 유럽의 지식을 처음으로 맛
보았다. 아마도 그가 통치하는 제국에서 그보다 먼저 유럽의 지식을 경
험한 사람은 없을 것이다. 그의 지식과 선견 때문에 모든 중국인들과
타타르인들이 마치 이집트의 피라미드 위에 유럽의 첨탑을 올려놓은
것처럼 그를 높이 떠받드는 것이다.

42

§8. 내가 기억하는 바로는, 예수회의 뛰어난 인물인 그리말디 신부는 로마에서 내게 그 군주의 경탄할 만한 덕과 지혜에 대해 열을 올려 말했을 뿐, 그 군주의 정의에 대한 사랑, 백성에 대한 자비, 검소한 삶의 방식과 찬양할 만한 그 밖의 다른 것들에 대해서는 언급하지 않았다. 그리말디는 군주가 가진 놀랄 만한 지식욕은 거의 신앙에 가까울 정도라는 점을 강조했다. 제후들과 제국의 가장 위대한 사람들이 멀리서는 흠모해 마지않고 가까이서 대할 때는 존경을 금치 못하는 그 군주가 베르비스트와 함께 〔궁전의〕 내실에서 마치 선생을 모신 〔온순한〕 학생처럼 날마다 서너 시간씩 수학 도구와 책을 통해 열심히 공부했기 때문이었다. 그는 유클리드의 정리를 터득하고 삼각 함수를 이해했으며, 산술로 천체의 현상을 증명할 수 있을 정도로 엄청나게 발전했다. 최근에 그곳에서 돌아온 르 콩트Louis Daniel le Comte〔1655~1728, 중국명은 李明〕[13] 신부가 출간한 중국에 대한 보고서에 따르면, 그 군주는 자신의 자식들이 과학의 근본 원리와 여러 진리에 대한 지식을 스스로 터득할 수 있게끔 수학에 관한 책을 친히 집필하고자 했다고 한다. 또한 그 군주는 자신의 나라를 밝혀줄 수 있는 이 지혜가 집안 대대로 전해질 수 있도록 했다고 한다. 그는 〔자신의 후계자가〕 그러한 지식을 가지게 함으로써 자신이 죽고 난 이후에도 자신의 백성이 행복해질 수 있도록 미리 배려해둔 셈이다. 나로서는 인간이 세운 계획 가운데 이보다 더 뛰어난 계획을 보지 못했다.

§9. 수학은 수공업자의 영역이 아니라 철학자의 영역으로 간주되어야 한다. 덕은 지혜에서 흘러나오고, 지혜의 정신은 진리이며, 수학의 증명을 연구했던 사람들은 영원한 진리의 본질을 파악하여 불확실한

것과 확실한 것을 구별해냈기 때문이다. 반면에 〔수학을 모르는〕 다른 사람들은 추측만 가지고 설왕설래하며, 진리가 무엇인지 물었던 빌라도처럼 진리를 알지 못한다. 그러나 우리의 지역〔유럽〕에서 오래전에 플라톤이 강조했던 것, 즉 학문의 비밀은 수학을 통해서만 알 수 있게 될 것이라는 것을 중국 군주가 분명히 알고 있다는 것은 의심할 여지가 없다. 중국인들은 수천 년에 걸쳐 학문에 대단한 노력을 기울여왔고 학자들에게는 막대한 지원을 하며 학문을 장려해왔다. 그럼에도 불구하고 그들이 탁월한 학문에 도달하지 못한 이유를 찾자면 유럽인이 가진 '하나의 눈', 즉 수학을 가지지 못했다는 것밖에는 없을 것이다. 그들이 우리가 한쪽 눈만을 가졌다고 여길지라도, 우리는 아직 그들이 잘 알지 못하는 또 다른 눈인 '제일철학'을 가지고 있다. 우리는 이것을 통해서 비물질적 사물에 대한 인식에 도달할 수 있었다. 베르비스트는 그들에게 제일철학을 가르치고자 준비했었다. 제일철학이 기독교를 위해 더 나은 길을 마련해줄 것이라는 올바른 판단을 했기 때문이다. 그렇지만 죽음이 그의 계획을 방해했다.

§10. 내가 지금 전해 들은 바에 의하면, 제르비용과 부베는 〔프랑스〕 국왕의 보호와 프랑스 예수회 종단과 그 나라의 주요한 인물인 드 라셰즈14)와 베르쥐스15)의 적극적인 협조를 받아 과학 아카데미 출신의 네 명의 수학자와 함께 동양에 파견되었다고 한다. 그들의 임무는 수학뿐만 아니라 우리의 철학 이론을 〔중국의〕 군주에게 가르치는 것이라고 한다. 그러나 이와 같은 과정이 계속된다면, 〔중국인에게서〕 인정받을 만한 〔학문의〕 각 분야마저도 결국 중국인에게 처지게 되지 않을까 걱정스럽다. 나는 중국인에게 새로운 빛을 주는 것을 시기해서 이 말을

하는 것이 아니다. 오히려 그 점을 기뻐한다. 지금 그들의 다른 업적들에 대해서는 말할 수 없다 하더라도 우리의 관심을 더욱 많이 끄는 것들, 즉 무엇보다 실천철학의 적용과 보다 이성적인 삶의 방식을 그들에게서 배우는 것이 바람직할 것이기 때문에 이런 말을 하는 것이다. 어쨌든 우리 유럽이 직면한, 감당할 수 없을 정도로 증가하고 있는 도덕적 타락을 바라보면서 나는 우리가 계시신학을 가르쳐줄 수 있는 사람들을 그들에게 보냈던 것처럼 중국 측에서도 우리에게 선교사들을 파견하여 자연신학[16]의 적용과 실천을 우리에게 가르쳐주었으면 하는 생각을 떨쳐버릴 수 없다. 그러므로 나는 어떤 현자가 우리[유럽인]들이 인간의 한계를 넘어서는 것, 즉 신의 선물인 기독교라는 한 가지 측면에서 중국인들을 능가한다는 점을 제외하고 여신들의 미를 심판[17]하는 것이 아니라 어느 백성이 더 우수한가를 심판한다면, 그는 중국인에게 황금 사과를 줄 것이라고 믿는다.

§11. 하늘에서 온 이 커다란 선물[기독교]을 중국 제국에 소개하려고 여러 해 동안 헌신적으로 노력해온, 칭찬받을 만한 유럽인들이 있다. 특히 예수회 사람들이 이 점에 있어 보여준 노력은 그들의 적대자조차 인정하는 것이었다. 나의 오랜 친구이자 우리 시대의 뛰어난 학자 가운데 한 사람인 아르노Antoine Arnauld[1612~1694][18]는 열정적으로 예수회 사람들과 싸우면서 몇 가지 점에 대해 그들을 신랄하게 비난했다. 그러나 나는 몇몇 경우에는 그 정도가 너무 지나쳤다고 믿는다. 왜냐하면 바울의 사례에서 보듯이 그들은 [기독교를 전파하기 위해 만나는] "모든 사람들에게 어떤 일"[19]이든지 해야만 하기 때문이다. 그리고 [중국인들이] 공자에게 행한 의식에는 어떠한 종교적 찬양도 들어 있지

『최신 중국 소식』의 서문 45

않기 때문이다. 아르노는 자신의 책 『변명Apologie』[20]에서 네덜란드인 과 영국인에 대해서도 지나치게 부당하게 다루었다. 몇몇 소수의 게으 름이 〔네덜란드와 영국의〕 모든 사람에게 해당되는 것처럼 말하거나 네덜란드인에 대한 개인적인 불만에서 나온 타베르니에Jean-Baptiste Tavernier〔1605~1689〕[21]의 신랄한 표현을 그대로 인용했기 때문이다. 그렇지만 두 인도〔동인도제도와 서인도제도〕에서 네덜란드인과 영국인이 수천 명을 기독교로 개종시켰다는 것은 이미 잘 알려진 사실이다. 우리 가 개인의 일이든지 국가의 일이든지 몇 번이고 되풀이해서 칭찬과 수 고를 모두 함께 나누는 방향으로 생각한다면, 어느덧 분쟁이 사라지게 될 것이다. 이런 점에서 나는 이제야 비로소 평화가 찾아들기 시작한 유럽[22]에 대한 희망을 포기하지 않는다.

§12. 그래도 〔예수회〕 종단의 창립은 다른 사람들이 노력은 했지만 쉽게 성취할 수 없었던 거룩한 선교를 유리하게 할 수 있는 조건들을 마련해주었다. 그러나 지금 우리가 구원하고자 하는 그 민족들이 우리 기독교인들이 어떤 문제로 불화를 일으키고 있는지 눈치채지 못하게 〔선교〕 계획이 추진되기를 바란다. 그렇지만 우리 모두는 일반적으로 기독교 신앙의 원리에 동의한다. 우리가 〔기독교적〕 원리를 이교적인 것 그리고 허위적인 것 또는 의심스러운 것으로써 더럽히지 않는 한 기 독교적 원리를 받아들이는 백성이 구원받지 못할 것이라고 절망할 사 람은 없을 것이다. 이러한 〔선교의〕 일을 할 때는 고대 교회의 방식에 따라 현명하게 행동해야 할 것이며 아직 〔기독교를 받아들일〕 준비가 되지 않은 사람들에게 신앙의 모든 신비들을 분별 없이 마구 전해서도 안 될 것이다. 그렇지만 페르시아어로 쓰인 복음서에서 루이 드 디외

Louis de Dieu[1570~1642][23]가 불평했던 것처럼 [기독교를 받아들일 준비가 되지 않은] 그러한 민족들과 절충하기 위해 노력할 때, 기독교 진리에 해를 끼치는 일이 생겨나게 해서는 안 될 것이다. 내가 보기에는 로마[교황청]도 의심스러운 보고서들을 접한 뒤의 불안감으로 인해 때때로 [선교의] 발전을 저지해왔던 것처럼 보인다. 그리고 보다 통찰력이 있는 사람들의 항의에도 불구하고 몇몇 사악한 고문관들과 인간사에 미숙한 몇몇 사람들이 멀리 떨어져 사는 [중국의] 기독교인들에게 서양의 신자들이 지켜야 할 규정을 모두 따를 것을 강요했다. 그러나 그것은 이전에 아비시니아에서 번영했던 기독교를 황폐하게 만들어버렸던 것[24]과 같은 실수였다.

§13. 그렇다 하더라도 우리가 장차 기독교 신자다운 현명함에 따라 보다 더 조심스럽게 행동해서 신이 내려준 이 대단한 기회를 올바로 이용할 수 있게 되기를 희망한다. 왜냐하면 중국 군주가 기독교 신앙을 국법으로 허락했기 때문이다. 이러한 발전의 역사는 후대의 기록에 남게 될 것이다. 지금 [중국에서의] 기독교 신앙 생활은 법으로 허용된 것보다 더 많은 혜택을 받고 있다. 우리의 종교는 [국가에서] 인정받지 못한 사교邪敎 종파에 속하는 것이지만 중국의 군주 또는 타타르[만주족] 군주의 호의와 우리의 동향 사람들[예수회 신부들]의 공로 덕분에 사교 종파에 대한 엄격한 법 집행을 받지 않고 있다. 그러나 별자리에 대한 학문적 연구가, 그리고 (베르비스트가 중국어와 라틴어로 간행한 자신의 작품 속에서 섬세하게 표현했던 것처럼) 황송하게도 뮤즈 우라니아 Urania가 황제에게 영향을 끼쳐 우리의 거룩하고도 참된 '하늘의' 이론이 허용될 수 있도록 힘을 발휘했다.[25] 황제는 우리의 수학이 지닌 확

『최신 중국 소식』의 서문   47

실한 능력을 경험하고는 수학을 무척이나 마음에 들어했고, [수학적으로] 사고하는 것을 배운 사람들은 다른 분야도 올바르게 가르칠 수 있을 것이라고 믿게 되었다.

§14. 리치는 금세기 초에 유럽인의 능력을 중국인에게 입증한 최초의 사람이었다. 중국 군주와 그의 타타르족[만주족] 후계자가 통치하던 시대에 살았던 샬은 중국의 천문학을 상대로 공개적인 승리를 거두었다. 현재의 군주가 아직 미성년이었을 때 베르비스트는 기독교의 적대자에 의해서 땅에 떨어졌던 기독교의 선교 사업[26]을 대단한 능력을 발휘해 다시 회복시켰다. 베르비스트는 황제와 친분을 쌓으면서 황제의 결연한 의지를 경험할 수 있었다. 과학이란 달콤한 맛을 본 황제는 선교사들을 중국으로 데려오고자 했고 베르비스트는 그와 같은 황제의 의지를 받아들여 선교사들을 초청하려고 했다. 그러나 교황의 대리자와 중국 교구의 감독 임명권을 요구했던 포르투갈인들 사이에서 발생한 다툼이 그러한 일을 방해했다. 바알베크Baalbek와 베이루트Beirut의 주교들은 교황을 대리하는 전권을 부여받아 동양으로 파견되었다. [예수회] 종단에서 온 [이미 중국에 파견되어 있던] 선교사들은 [이 주교들에게 중국 선교에 대한 자신들의] 기득권과 점유권을 주장했다. 주교들과 선교사들 사이의 이러한 다툼은 교황의 권위가 승리를 거둘 때까지 계속되었다. 이런 관계들이 정리되고 난 후에도 베르비스트의 활동 반경은 줄어들지 않았다. 그는 황제에게 상당한 영향을 끼칠 수 있었기 때문에 황제에게 유럽인의 학문에는 폭넓은 가능성을 가진 보고가 숨겨져 있다—실제로도 그렇다—는 것을 설득시킬 수 있었다. 그리고 그는 여러 분야의 전문가들을 [중국으로] 데려가기 위한 사업을 위

해 내가 이전에 언급한 그리말디를 유럽에 파견했다. 그렇지만 일찍이 중국인이 이러한 사업을 시도했다는 사실을 기억하는 사람은 아무도 없다. ([중국의 군주에 의해서] 서방으로 파견된 사절은 인도의 첫 번째 섬에 도착해서 불행하게도 우상인 부처를 [중국으로] 가져간 적이 있었다.[27]) (베르비스트의 사망 이후부터 그리말디의 [중국으로의] 귀환까지의 시간 동안에) 황제는 유럽의 학자들이 [중국에] 막대한 공헌을 했기 때문에 종교의 자유를 허용해야 한다는 상소문을 읽고 베르비스트를 떠올릴 만큼 그[베르비스트]가 착수한 이 사업을 대단히 훌륭한 것으로 여기고 있었다.

§15. 수학 교육을 받은 다섯 명의 프랑스 예수회 신부들이 시암 왕국을 떠나 중국에 도착—이것은 포르투갈인들의 의지에 반하는 것이었다—한 후 우리의 동향인들이 황제에게 공헌할 수 있는 새로운 기회가 주어졌다. 러시아인들은 현명하게도 유화 정책을 펴서 미개한 민족들이 점차로 그들의 주권에 속하게 함으로써 그들의 영토를 무한정 넓혀 갔다. 이런 방식으로 그들은 중국의 타타르인들에게도 접근했고, 결국 국경을 둘러싼 분쟁이 발생하게 되었다. 분쟁은 어떤 때는 무력으로, 어떤 때는 담판으로 해결되었다. 결국 러시아의 지배 아래 있던 도시 네르친스크에서 두 민족의 사절이 정규군의 호위 아래 만나게 되었다. 중국인은 그들의 대표진에 예수회 신부인 포르투갈 출신의 페레이라Pereira와 프랑스 출신의 제르비용을 포함시켰다. 이 신부들은 통역자의 역할을 했으며, 다행스럽게도 끝까지 과제를 완수할 수 있었다. 그렇게 해서 보다 확실한 평화 조약이 체결될 수 있었다. 서로 성격과 입장이 다르고, 서로를 극도로 불신하는 [중국과 러시아] 두 민족을 대표해 협상

을 벌였던 사절들은 모두 예수회 신부들이 자리에 없었더라면 목적을
이루지 못하고 헤어져야만 했을 것이라고 공개적으로 천명하였다. 황
제는 현명하게도 유럽 학자[예수회 신부]들을 높은 관직에 임명하여 그
들이 이룩한 성과에 보답하였다.

§16. 제르비용은 회담 장소에서 드 라 셰즈와 베르쥐스에게 서신을
쓰고는 그것을 [유럽에] 전달해달라고 러시아인들에게 부탁했다. 나는
이 서신의 사본을 통해 [중국에 대해] 주목할 만한 것을 배웠다. 그리
고 이 서신의 사본을 책의 부록으로 함께 실어놓았다.[28] 평화 조약이
체결된 후 아주 잠시 동안 중국을 방문했던 러시아 사절의 간략한 보고
서, 다른 말로 하면 여행길에 관한 짤막한 보고서도 여기에 함께 실어
놓았다. 뤼벡 출신의 브란트 씨는 [중국에] 사절로 갔는데 내가 그에게
서 기대하는 것은 [중국에 관한] 상세하고도 자료로 다룰 만한 가치가
있는 보고서다. 베르비스트가 중국어와 라틴어로 동시에 저술하고, 내
가 감수했던 천문학서에서 발췌한 것을 여기에 함께 실어놓을 것이다.
마찬가지로 수학위원회의 의장인 그리말디 신부가 1693년 12월 6일 고
아에서 자신의 중국인[신도]들에게 돌아갈 때 썼던 짧은 서신도 덧붙
였다. 내가 이 서신을 공개하는 것은 이 서신을 통해 앞으로 유럽에 유
익한 훌륭한 정보들을 가질 수 있다는 희망을 보았기 때문이다. 그리고
끝으로 수학위원회의 대리인인 벨기에 출신의 토마 신부의 서신도 함
께 공개한다. 우리는 이 서신을 통해 여러 차례에 걸쳐 주목할 만한 기
독교의 진전에 대해 들을 수 있었다. 내가 희망하는 바와 같이 이제 유
럽의 궁정들과 교회들은 아주 잘 익은 수확물을 거두어들이기 위한 일
꾼을 보내는 데 박차를 가할 수 있을 것이다.

§17. [앞에서 언급했던] 이러한 보고들로부터 우리가 분명하게 추측할 수 있는 것은 북경에 도착하자마자 위험한 병에 걸렸던 그리말디 신부가 [인류의] 보편성에 봉사하는 중대한 임무를 위해 다시 회복되었다는 사실이다. 로마를 출발한 그는 선교사들 대부분을 포르투갈 배편으로 먼저 보내고, 자신은 러시아 영토를 거쳐 육로로 여행하기로 결심했다. 그는 군대 통수권을 가진 중국 황실의 서한과 도장을 가지고 있었다. 그리고 그는 [러시아 영토를 통과하게 해줄 추천장을 얻기 위해] 우리의 위대한 신성 로마 황제와 폴란드 왕을 방문했다.[29] 그러나 그는 그의 임무가 지닌 엄청난 의미나 군주들의 추천에도 불구하고 러시아인들에게서 [통과] 허락을 받아낼 수 없었다. 그 얼마 전에 아브릴Philippe Avrill[1654~1698][30] 신부도 같은 운명을 경험해야만 했다. 이에 대한 보고서가 이미 나와 있다.

§18. 나는 그리말디에게 동양에 관한 지식에 정통한 포메른 출신의 안드레아스 뮐러Andreas Müller[1630~1694][31]가 쓴 『중국어 해독을 위한 열쇠Clavis Sinica』[32]를 개관하도록 했다. 그러자 그는 여행을 떠나기 전 슐레지엔으로 가서 뮐러를 만나려 애썼으나 허사로 끝나고 말았다. 그는 뮐러를 만날 수 있을지 반신반의하면서도, 이렇게 중요한 일을 위해 아무런 시도도 하지 않을 수는 없다고 생각했던 것이다. 그렇지만 뮐러의 내면에서는 변덕스런 성격과 학식이 서로 싸우고 있었다. 그래서 나뿐만 아니라 그리말디, 루돌프Hiob L. Ludolph[1624~1704][33] 그리고 작고한 대선제후[34]조차도─뮐러는 이 대선제후로부터 베를린의 [교회의] 감독 자리를 받았다─그를 만나지 못하였다. 그는 자신의 발견을 너무나 중요한 것으로 여겼었던 것 같다. 또한 그는 사람들이 잘

모르는 것에 대해 과장된 생각을 가질 수 있다고 믿었기 때문에 충분히 연구도 하기 전에 대중에게 [연구] 결과를 공개하는 것을 망설였을 수도 있다. 결국 고집스런 성격의 그는 자신이 [세상에] 퍼뜨렸던 위협적인 말을 일일이 열거한 다음 죽기 바로 직전에 자신의 서류를 불태워버렸다. 이 점에 있어서 그는 [남겨두어야 할] 자신의 지식과 [버려야 할] 자신의 무지를 구별하지 못한 채 우리가 아무것도 알 수 없도록 만들어버렸다. 당시에 나는 그가 이미 중요한 [연구] 결과를 달성했다고 믿고 있었으며, 그가 또 다른 연구 결과도 계속해서 낼 수 있을 것이라 생각했다. 나는 그가 충분한 지원을 받았더라면 자신의 연구 결과가 참된 것임을 입증할 수도 있었으리라고 생각했다. 또한 그가 자신의 연구를 약간이라도 이해하는 사람들에게 공개적으로 자신의 연구의 진행 상황을 보여주었더라면, 대공과 그가 살고 있던 지역의 영주의 도움을 받아 부족한 연구를 보충할 수 있었을 것이다. 만사가 그런 것처럼 이럭저럭하는 사이에 일이 그렇게 되어버렸다. 내가 믿고 있는 바와 같이 그의 연구가 완전히 무용지물은 아니었을 것이다. 한 사람의 고집―이 고집을 빼면 그는 성격이 좋은 사람이었고 몇 가지 공헌을 하기도 했다―에 의해서 기독교인의 관심사와 선교가 허사가 되어버렸다.

§19. 이제 그리말디에게로 돌아가보자. 그는 러시아인의 마음이 풀리지 않았다[국경을 통과하기 어렵다]는 소식을 듣고 나서 제노바로 되돌아갔다. 그곳에서 그는 범선을 타고 마르세유로 갔다. 그곳에서 스미르나로 간 그는 걸어서 페르시아로 갔다. 그리고 내가 보낸 서신이 그가 간 곳을 따라―그리고 그를 앞질러 가기도 하면서―그를 뒤쫓았다. 그 서신에는 포타 신부와 코한스키의 요청에 따라 폴란드 국왕이 페르시

아 국왕 앞으로 보낸 그리말디를 위한 추천서가 함께 들어 있었다. 그렇지만 그 서신은 그가 떠나버린 뒤에야 비로소 이스파한에 도착했다. 원래 그의 의도는 페르시아에서 우즈베키스탄의 타타르를 거쳐 부카라를 넘어서 중국으로 간다는 것이었다. 그러나 그는 앞에서 언급한 미개한 지역을 지나가야 한다는 사실에 불안해했다. 그 때문에 그는 널리 알려진 길을 따라 고아와 인도를 지나서 마카오항에 도달했다. 그는 황제가 대단히 기뻐하는 가운데 최상의 영접을 받으며 중국으로 들어갔다.

§20. 아담 코한스키는 뛰어난 교양과 무엇보다 수학에 관한 대단한 지식을 통해 자신의 탁월함을 드러냈고, 또한 여러 가지 발견들로 예수회에 명예를 안겨주었다. 특히 그가 나에게 보내온 서신의 내용이 사실이라면, 이제 기독교의 [선교] 사업이 대단한 추진력을 얻게 될 것이며, 중대한 진전을 이룰 수 있다는 커다란 희망이 생겼다고 말할 수 있을 것이다. 그는 [서신에서 중국] 제국의 황태자가 유럽의 언어들로 교육을 받고 있다는 보고를 받았다고 했다. 이미 프랑스는 [중국에 있는] 선교사들에게 새로운 지원군을 보냈다. 나는 독일이 미몽에서 깨어나 예수 그리스도가 실망하지 않게 되기를 희망한다. 내가 빈으로 보낸 한 서신에서도 소원했지만, [신성] 로마 제국의 황제가 최근에 러시아인들과 계약35)을 체결했다는 소식을 들었기 때문에 이제 중국으로 파견되는 복음의 선포자들에게 [중국으로 가는] 입구가 개방되기를 희망해 본다. 자신의 지위에 걸맞는 탁월한 학식을 가졌던 황제의 고해 신부 메네가티Francesco Menegatti[1631~1700]36)는 이러한 [선교사 파견] 계획을 이루기 위해 황제의 특별한 신심과 지혜에 호소하고 있다. 그러므로 나는 [독일 측에서 중국에 기독교를 선교하려는] 이 계획을 가진 사

람들은 [다른] 사람들이 말하는 몇 가지 경고를 명심해야 할 것이라고 믿는다. 그렇게 할 때 우리는 하늘의 선물과 호의적인 관계들을 더욱더 올바르게 사용할 수 있을 것이다.

§21. 중국인들은 이미 오래전부터 기독교라는 말을 받아들이기 시작했다. 중국은 로마인과 그리스인들에게 '세러Serer'라는 이름으로 이미 잘 알려져 있다. 위대한 유스티아누스Justinianus 황제 시대에는 [중국에서] 누에가 로마 제국으로 유입되었으며, 수도사 코스마스Kosmas Indikopleustes[37]는 그 누구보다도 먼 곳의 민족들에 관한 훌륭한 정보를 제공해주었다. 홀스테니우스Holstenius는 아프리카 내륙에서 발견된 아둘리스Adulis의 비문[38]을 발췌해 그의 저서들에 수록해놓았다. 앞에서 언급한 코스마스는 세러라는 나라의 올바른 이름을 전해주었다. 우리가 알고 있는 한, 그 이전에는 그런 이름을 전해준 사람이 아무도 없었다. 그는 그 나라의 이름을 '친Tzin'이라 발음했다. 이것은 우리가 일반적으로 '시내Sinae' 또는 '치나China'라고 부르는 것보다 훨씬 사실에 가까운 것이다. 나는 이미 포르투갈인들이 중국을 '츠치나Tschina'라고 불렀다는 것을 언급한 적이 있다.

기념비[39]는 [초대] 기독교인들이 시리아에서 중국으로 가서 예수의 명에 따라 교회를 설립했다는 사실을 보여주고 있다. 중국인들이 가지고 있던 이 기념비를 우리 시대에 와서야 비로소 발견하게 된 것이다. 키르허Athanasius Kircher[1602~1680][40] 신부가 이 기념비[의 비문]를 공개했고 안드레아스 뮐러 또한 그것에 대해 주석을 달았다. 그러나 학자들이 아직 그것에 대해 의혹의 눈길[41]을 보내고 있기 때문에, 무엇보다 지리학 연구에 열중했던 프랑스 왕립도서관의 사서 멜키세덱 테베

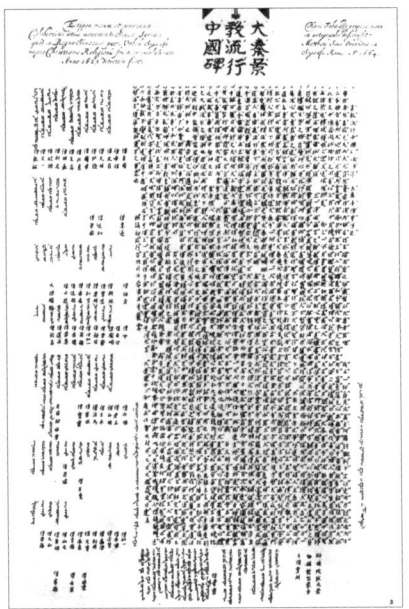

키르허의 *China Illustrata*에 실린 대진경교유행중국비大秦景敎流行中國碑

노.Melchisedech Thevenot[1620~1692]는─[기념비에 대한] 가장 많은 지식을 가지고 중요한 계획들을 추적하던 중에─이슬람교도들의 저술에서 기념비의 진실성을 뒷받침해주는 몇 가지 증거들을 발견해냈다.[42] 나는 그가 죽고 나서 그러한 증거들도 함께 사라져버렸다는 것을 안타까워했다. 훗날 나는 직접 [그 증거들을] 조사하다가 이미 작고했지만 동양에 대한 지식에 정통한 프랑스인 헤르벨로de Molainville Barthélemy Herbelot[1625~1685][43]의 소식을 듣게 되었다. 그는 우즈베키스탄을 거쳐 카타이인들Catainer 또는 중국인들에게 가는 여정에 대한 (아랍어나 페르시아어로 기록해놓은) 보고서를 토스카나의 대영주를 위해서 번역했다고 한다. 그 보고서에는 중국에 원시 기독교가 존재했었다는 증거가 하나 들어 있었다고 한다. 그 문서를 공개하는 것은 기독교 선교 사업에 중요하기 때문에 나는 나뿐만 아니라 다른 사람들도 존경해 마지않는 안토니오 마기아베키Antonio Magiabecchi(1633~1714)[44]에게 도대체 그것이 어떤 것인지를 알아봐달라고 부탁했다. 신앙심뿐만 아니라 지혜도 갖추고 있는 대공은 틀림없이 그러한 일을 후원해주실 것이다.

§22. 안드레아스 뮐러가 죽은 후에는 가장 고귀하고도 권위 있는 전하의 시의侍醫인 멘첼Christian Mentzel(1622~1701)[45]이 베를린에서 중국에 대한 학문적 연구를 계속하였다. 가장 현명하시며 참된 경건과 믿음을 북돋우려는 열정이 누구에게도 뒤지지 않는 대선제후의 자발적인 후원은 멘첼의 탁월한 능력을 더욱 고무시켰다. 더욱이 (중국의) 수도에서 떠나온 포르투갈인 신부 아마랄Miguel do Amaral(1657~1730)[46]이 뮌스터 주교의 고문이었던 코켄하임Ernst Cochenheim(1694~1699)[47]의 권유에 따라 내가 지금 (이 책에) 함께 실어놓은 북경 신학교 원장의 보고서[48]를 나에게 전해주었을 때, 나는 하늘의 은혜가 적시에 정확하게 나타나는 것을 보았다. 르 콩트 신부가 프랑스어로 기술한 중국의 상황에 대한 정보와 이 보고서의 비교는 기독교의 중요한 관심사가 될 것이라고 믿는다.

내가 이 책에 몇 가지를 덧붙여 말한 것과 서문에서 말한 것은 (중국과의 교류라는) 전대미문의 커다란 과제를 실행할 수 있도록 유럽의 신앙심에 불을 지피기 위한 것이었다. 나는 이런 나의 행위가 결코 사려 깊지 못한 행위라고 생각하지는 않는다. 분명 중국 제국이 갖는 의미는 그 자체로 엄청난 것이며 동시에 이 동양의 가장 현명한 국가는 대단한 명망을 갖고 있어서 그 밖의 다른 나라가 이 나라의 권위를 모

범으로 여길 정도로 영향을 미치고 있다. 그래서 사도들의 시대 이래
[이 나라에는] 기독교 신앙을 전파하려는 위대한 일이 이제껏 착수되
지 않았던 것이다.

§23. 하나님, 우리의 기쁨이 이유가 있는 것이 되게 해주시고 그 기
쁨이 계속되게 해주시기 바라며, 우리의 기쁨이 불민한 광신주의자들
에 의해서, 혹은 사도의 의무를 떠맡은 남자들의 내적인 다툼에 의해
서, 우리 지역 사람들의 사악한 선례에 의해서 수포로 돌아가지 않게
해주시기를 바라옵니다.

『최신 중국 소식』의 서문 57

5 공적인 공자 제사에 관하여[1]

§1. 『최신 중국 소식』의 서문을 쓰면서, 나는 중국의 선비들이 공자에게 지내는 제사를 종교적 예배라기보다 공적인 의식으로 생각하고 있다고 믿게 되었다. 그후에 나는 선의를 지닌 사람들에 의해 출간되었지만 내 견해와 반대되는 주장[2]을 입수했다. 그러나 이 주장은 나를 전혀 설득시키지 못했다.

§2. 내가 잘못 생각한 것이 아니라면, (우리가 그것에 대해 하나의 정의를 찾는다면) 종교적 예배는 우리가 자비를 베풀거나 형벌을 줄 수 있는 초인적 힘과 능력을 가지고 있다고 믿고 있는 그러한 일자를 경외하는 행위라 말할 수 있다. 이교도의 신들에게서 볼 수 있는 것처럼 그 힘이 일자 자신에게서 나오든지, 아니면 대부분의 기독교의 성자들에게서 볼 수 있는 것처럼 그 힘이 신의 중재에 의해서 나오든지 그

러한 것은 문제가 되지 않는다.

§3. 중국인들이 공자와 이미 고인이 되었지만 경배할 만한 인물들, 무엇보다 그들의 조상에게 지내는 제사는 대다수 백성들이 행하는 다른 종교적 의례와도 관련이 있는 것처럼 보인다. 그러나 분명한 것은 이 〔제례의〕 상징들이 대부분 매우 모호해서 그들의 〔조상이나 공자에게 지내는〕 제사가 어느 정도 정치적 제례로 보일 수도 있다는 점이다. 황제나 기독교인들조차도 '신神'이라는 이름을 차용하기도 한다. 확실히 중국 백성들은 다른 나라의 백성들에 비해 도가 지나칠 정도로 의례를 화려하게 치장했다. 그러나 이런 지나친 행위에 대해 심각한 해석을 할 필요는 없다.

§4. 예를 들어 그들〔중국인〕이 죽은 이의 환영이 나타나고 제물을 바치는 곳을 영혼의 자리 또는 신위神位라고 부를 때, 우리는 그것을 의인신론擬人神論적 표현의 일종이거나 시적 비유로 가볍게 생각해야 한다. 그들이 정말로 영혼이 나타나서 제물을 맛있게 먹는다고 생각하는 것은 아니기 때문에 우리는 그들의 제사를 〔영혼의〕 불멸에 대한 찬양을 표현하는 것으로 이해해야 한다.

§5. 그러므로 우리는 적합한 증거에 기초해 중국인의 영혼관을 검토해보아야 한다. 중국의 선비들이 공자와 다른 사람들의 영혼은 사람들이 생전에 어떤 일을 행하는지 지켜보다가 그들이 죽은 다음에 자신들을 추종하거나 경배한 사람들에게는 상을 주고 비방한 사람들에게는 벌을 내린다고 믿고 있는지를 〔중국의〕 학자들이 경전으로 인정한 글

에 비추어 증명하는 일이 특히 중요하다.

§6. 예수회 선교사들을 반대하는 사람들의 견해에 따르면, 중국인들은 조상과 훌륭한 인물의 제사를 지내면〔조상이나 훌륭한 인물의〕은덕을 입게 된다고 믿기 때문에 제사를 대단히 유용한 것으로 여긴다. 그렇지만 본성에서 우러나와서 하든 섭리에 따라 만물을 다스리는 최상의 힘 때문에 하든 간에 현자들이 보여주었던 덕스러운 행위—이런 행위 중에서 가장 단계가 낮은 것이 자비이다—를 사람들이 하게 되면 인류에게 많은 행복을 가져온다는 사실을 그들〔예수회 선교사들을 반대하는 사람들〕도 믿고 있을 것이다. 그러나 그들은〔죽은 사람의〕영혼에게는〔그러한 행위를 하게 만드는〕그 힘이 없다고 생각한다.

§7. 중국인들이 지내는 이 모든 제사가 예수회 신부 롱고바르디Nicholas Longobardi〔1565~1655, 중국명은 龍華民〕,[3] 도미니크 수도회의 나바레테 Domingo Fernández Navarrete,[4] 교구 사목을 하는 프랑스 선교사들의 심기를 대단히 불편하게 만들어놓았지만, 그렇다고 해서 중국인들이 지내는 제사를 모두 미신이라고 보기는 어렵다. 그러나〔제사를 미신이라고 보는〕그러한 뒤틀린 해석이 공식적인 견해로 인정되지 않는 한, 또는 제사에 참여하는 것이 두려워해야 할 스캔들이 아닌 한 해가 되지 않는 제사에 참여하려는 사람들이 완전히 잘못되었다고는 할 수 없다.

§8. 현재까지 중국 선비(특히 권위 있는 선비)에게서 나온〔제사에 관한〕믿을 만한 교설이 정말로 그들의 고전에 기초해서 공식적으로

검증된 것인지는 잘 모르겠다. 어쨌든 중국의 문헌을 히브리 문헌이나 아랍의 문헌처럼 잘 알게 될 때까지는 유럽에서 그것[제사에 대한 교설]을 제대로 평가하기는 어려울 것이다. 따라서 우리들은 중국인의 저서를 읽으면서 무슨 일이 실제로 기독교권 내에서 행해질 수 있는지를 비판적으로 판단할 수 있어야 한다.

§9. 설령 우리가 지금까지 중국의 제사에 관한 교설을 분명하게 평가하지 못했을지라도, 이제는 그것에 가장 적합한 의미를 부여해야 마땅하다. 그렇게 하는 것은 아테네 사람들이 알려지지 않은 신에게 제사를 드리기 위해 만들었던 제단을 사도 바울이 받아들이면서 아테네 사람들은 앞으로 이 제단에서 이제껏 신봉해왔던 신들이 아닌 알려지지 않은 신[하나님]을 신봉해야 한다고 말하는 것과 비슷하다.[5] 중국 황제나 학자들이 설령 무신론과 관련되어 있다고 할지라도, 우리는 분별없이 그들에게 '휴전 없는'[6] 전쟁을 선포해서는 안 된다. 그리고 나는 위대한 사람인 마테오 리치Matteo Ricci[1552~1610, 중국명은 利瑪竇]의 통찰력을 찬양한다. 왜냐하면 그는 플라톤과 다른 철학자를 기독교적으로 해석해냈던 교부들의 모범을 따르고 있기 때문이다. 그가 [중국의 제사에 관한 교설을] 제대로 이해하지 못했다고 가정해보자. 그렇다고 해서 모든 불순물을 제거한 금과 같은 그들의 견해들을 받아들여서는 안 되는 것일까? 우리가 공자에게 그 자신의 교설이 아닌 것을 덮어씌운다면, 어떠한 위선적인 사기보다도 더 해로울 것이라는 점은 명백하다. 그러한 잘못을 범한 사람들과 그것을 가르친 사람들은 그 일에 대해 어떠한 책임도 지려 하지 않고 비난도 받지 않으려 하기 때문이다.

§10. 그러므로 나는 존경하는 부베 신부가 내게 말한 것이 예수회에 반대하는 로마[교황청]의 성명처럼 경박한 것이라고는 생각하지 않는다. 그는 참된 지혜의 법칙에 따라 『역경易經Ye Kim』이라는 책에 있는 고대 중국 문자들의 의미를 해석하는 데 훤히 통달한 사람이었다.

§11. (리치와 같은) 뛰어난 유럽인이 중국 학자들이 제대로 알지 못하고 있는 어떤 것을 알 수 있고, 중국인들의 고대 문헌을 중국 학자들보다 더욱 잘 해석할 수 있다는 것은 터무니없는 말이 아니다. 오늘날 기독교 학자들이 유대인들보다 히브리의 고대 저서들을 더욱 잘 해석한다는 사실을 모르는 사람이 누가 있는가? 그 민족의 사람들보다 이방인들이 그 민족의 역사와 기념물7)을 더 잘 알아보는 일이 얼마나 많았던가! 중국인들은 2,000년 넘게 [자신들의 교설들과] 떨어져 있었기 때문에8) 오히려 교설과 관련해 볼 때 [이방인들이 더 잘 해석할 수 있는] 가능성이 더욱 크다. 중국 문헌에 대한 정보를 가지고 있고, 특히 유럽식 방법의 도움을 받고 있는 우리와 달리 중국인들은 해석 수단을 갖추고 있지 않을 가능성이 크다.

§12. (유럽에서 흔히 부르는 대로) '신God'을 중국의 기독교인들이 하늘, 즉 천天으로 불러도 좋은가, 아니면 중국 학자들이 사용하는 이름인 상제, 즉 '최상의 지배자'로 불러도 좋은가 하는 물음은 더욱 자세하게 검토해야 할 문제이다. 예수회가 그들의 교회에 전시해놓은, 중국 황제가 직접 쓴 경천敬天King Tien(하늘을 경배하라)이란 현판 때문에 예수회를 반대하는 사람들은 중국인들이 하나님을 하늘[天]로 여기는 것을 당연한 일로 생각한다. 우리가 경천이라는 이 중국어만을 보면,

천은 눈으로 볼 수 있는 하늘이나 물질적인 하늘을 뜻한다고 생각할 수 있다. 그러나 예수회 신부들이 이것과 다른 해석을 하거나 경천이 다른 문학적 표현, 특히 하늘 자체를 지배하는 최상의 힘에 대한 문학적 표현이라고 본다면 어떻게 해야 할까? 그러므로 충분하게 해명되지도 않은 문제에 대해 발언의 기회도 주지 않고 중국인을 정죄하는 것은 올바르지 않다.

§13. 기독교의 스승들이 신임 사제들을 훈계하고 그들이 잘못된 해석에 빠지는 것을 경고하기 위해 어떤 문서들을 만들어 공적인 말씀이나 글을 통해 〔그 문서들을〕 확증하려고 한다면, 〔또 그 문서들에 따라〕 신임 사제들이 어떠한 태도로 전통적 예배를 거행해야 하는지를 증언하려고 한다면(그들〔기독교의 스승들〕은 그렇게 하고 있는 것 같다) 그들은 예배를 거행할 때 좀더 관용적이어야 할 것이다. 중국인들이 우리가 생각하는 것보다 더 훌륭한 견해를 가지고 있다는 것은 분명하게 드러날 것이다. 그리고 중국에서 공인된 교설이 우리가 인정할 수밖에 없는 것이라는 것도 분명하게 드러날 것이다. 이것이 내가 『최신 중국 소식』의 서문에서 이 선교의 진전 과정을 열렬히 지지하는 이유이기도 하다. 그러므로 내가 불필요한 이의를 제기하지 않는다고 해서 놀라지 말기를 바란다.

0과 1만을 사용하는
이진법 산술에 대한 해설[1]

— 이진법의 효용 및 그것이 고대 중국의 복희의 괘상에 대해 밝혀주는 의미에 대한 소견

흔히 행해지는 산술 계산은 10에서 다음 10으로 진행해가는 급수에 따른 것이다. 여기에는 열 개의 기호가 사용되며, 그 기호들은 영과 하나, 그리고 아홉까지의 수를 나타내는 0, 1, 2, 3, 4, 5, 6, 7, 8, 9이다. 〔하나에서〕 열까지 세고 난 후, 우리는 그것을 10으로 기록하고 다시 시작한다. 그리고 열의 열 배 또는 백은 100으로, 백의 열 배 또는 천은 1000으로, 그리고 천의 열 배는 10000으로 이렇게 계속해서 기록한다.

그러나 10에서 다음 10으로 진행하는 급수가 널리 사용됨에도 불구하고 이미 나는 몇 년 전부터 모든 급수 중에서 가장 단순한 급수인 2에서 다음 2로 진행하는 급수를 사용해왔고, 이 급수가 수학을 완전하게 할 것이라는 점을 발견하게 되었다. 나는 더 이상 0과 1 이외의 다른 수를 사용하지 않고, 2에 도달하면 다시 반복해서 시작한다. 이런 까닭에 2는 10으로, 그리고 2의 2배 또는 4는 100으로, 그리고 4의 2배 또는 8은

64

1000으로, 그리고 8의 2배 또는 16은 10000으로, 이런 식으로 계속해서 기록해나갈 수 있다. 아래는 이런 식으로 수를 기록하는 수표數表이다.〔67쪽의 수표 참조〕이에 따라 원하는 만큼 수를 기록할 수 있다.

이 표를 통해 모든 수에는 기하급수의 유명한 성질을 나타내는 원리가 있다는 것을 한눈에 알 수 있다. 이 원리는 다음과 같은 방식으로 작용한다. 만약 우리가 각각의 차수들 중의 하나의 수만을 가진다 하더라도, 우리는 그 다음으로 높은 차수 아래에 있는 다른 수를 모두 이끌어낼 수 있다. 예를 들어 표에서 예시한 것처럼 111 또는 7은 4, 2, 그리고 1의 합이다. 그리고 1101 또는 13은 8, 4, 그리고 1의 합이다.〔모든 수에 들어 있는〕이 성질은 탐구자로 하여금 아주 적은 무게를 지닌 모든 종류의 물체의 질량을 잴 수 있게 해주며, 주화를 주조할 때에도 아주 작은 부분이 지니는 가치의 등급을 나타내준다.

앞에서 확인된 것처럼 이런 식으로 수를 표현하면 모든 종류의 계산을 용이하게 만들 수 있다.

예를 들면

덧셈 》

110	6		101	5		1110	14
111	7		1011	11		10001	17
..			....				
1101	13		10000	16		11111	31

뺄셈

1101	13		10000	16		11111	31
111	7		1011	11		10001	17
110	6		101	5		1110	14

0과 1만을 사용하는 이진법 산술에 대한 해설 65

곱셈 ⊙

11	3	101	5	101	5
11	3	11	3	101	5
11		101		101	
11		101		1010	
1001	9	1111	15	11001	25

나눗셈   15 | 1̸1̸11 | 101 | 5
         3 | 1̸1̸1̸1
             1̸1

이 모든 계산은 우리가 어떤 것을 시도하거나 추측할 필요가 없을 정도로 쉽다. 평상의 나눗셈을 하는 것처럼 하면 된다. 여기서는 평상의 계산을 할 때처럼 어떤 것을 기계적으로 암기할 필요가 없으며, 알아야 할 것은 1 곱하기 1은 1이라는 소위 피타고라스 수식에 따라 6과 7을 합하면 13이 된다는 사실과 5와 3을 곱하면 15가 된다는 사실이다. 그러나 여기에서는 우리가 방금 앞의 예에서 보았던 바와 같이 기호)와 ⊙에 따라 하나의 원천에서 모든 것을 발견하고 증명할 수 있다.

그렇지만 내가 일상적으로 쓰이는 십진법을 이 계산 방식으로 대체하라고 권하는 것은 결코 아니다. 왜냐하면 우리가 십진법에 익숙하다는 사실 말고도, 이미 우리가 암기하고 있는 것(십진법)을 따로 배울 필요는 없기 때문이다. 실제로 십진법을 사용하는 것이 보다 빠르고, 십진법에서 사용하는 수가 이진법에서 사용하는 수보다 짧다. 만약 우리가 기수 12나 기수 16으로(12진법이나 16진법으로) 계산하는 것에 익숙하다면, (수의) 변환에 더욱 유리할 것이다. 그렇지만 그것의 길이(1에서 12 혹은 1에서 16에 이르는 긴 숫자의 길이)를 보완하는 기수 2에 기초한 계산, 다시 말해 0과 1에 의한 계산은 가장 기초적인 과학인 것

0	0	0	0	0	0	0
0	0	0	0	0	1	1
0	0	0	0	1	0	2
0	0	0	0	1	1	3
0	0	0	1	0	0	4
0	0	0	1	0	1	5
0	0	0	1	1	0	6
0	0	0	1	1	1	7
0	0	1	0	0	0	8
0	0	1	0	0	1	9
0	0	1	0	1	0	10
0	0	1	0	1	1	11
0	0	1	1	0	0	12
0	0	1	1	0	1	13
0	0	1	1	1	0	14
0	0	1	1	1	1	15
0	1	0	0	0	0	16
0	1	0	0	0	1	17
0	1	0	0	1	0	18
0	1	0	0	1	1	19
0	1	0	1	0	0	20
0	1	0	1	0	1	21
0	1	0	1	1	0	22
0	1	0	1	1	1	23
0	1	1	0	0	0	24
0	1	1	0	0	1	25
0	1	1	0	1	0	26
0	1	1	0	1	1	27
0	1	1	1	0	0	28
0	1	1	1	0	1	29
0	1	1	1	1	0	30
0	1	1	1	1	1	31
1	0	0	0	0	0	32

100	4
10	2
1	1
111	7

1000	8
100	4
1	1
1101	13

0과 1만을 사용하는 이진법 산술에 대한 해설   67

이다. 이것은 실제적 산술의 단계, 특히 기하학에도 유용한 새로운 발견을 가능하게 한다. 왜냐하면 수들이 0과 1 같은 가장 단순한 원리들로 환원되면 모든 곳에서 놀라운 질서가 드러나기 때문이다. 예를 들어 수표를 보면 각 열마다 항상 다시 나타나는 주기를 볼 수 있다. 그것은 첫 번째 열에서는 01, 두 번째 열에서는 0011, 세 번째 열에서는 00001111, 네 번째 열에서는 0000000011111111로 계속해 나타나기 때문이다. 수표의 각 행 앞에 쓰인 작은 영[0]들은 행이 시작되는 곳의 빈칸을 채우고, 이 주기들을 보다 더 잘 표시하기 위한 것이다. 이 수표에는 또한 선이 그려져 있는데, 이 선들이 둘러싸고 있는 것은 항상 이 선들 아래로 와야 한다는 것을 가리킨다. 그리고 제곱수, 세제곱수, 그리고 다른 거듭제곱 및 삼각형 수, 피라미드형 수와 다른 형태의 수 역시 비슷한 주기를 갖는다.[2] 그래서 우리는 아무런 계산을 하지 않고서도 곧바로 수표를 기록할 수 있는 것이다. 그리고 이진법을 처음 사용할 때 갖게 되는 지루함은 나중에 계산의 수고를 덜게 하고, 규칙에 의해 무한으로 진행하는 것을 허락하기 때문에 대단히 유용하다.

　이 0과 1의 산술이 복희伏羲Fohi라 불리는 고대 철인 왕이 만든 괘卦들의 신비를 포함하고 있다는 것은 놀라운 일이다. 그는 4,000년 전에 생존했던 인물로 추정되며 중국인들은 그를 제국과 그들의 학문의 창시자로 여긴다. 그가 만들었다고 여겨지는 몇 가지 형태의 선이 있다. 그 선들은 모두 이 〔이진법〕 산술이 된다. 그러나 여기서는 팔괘라 불리는 것의 기본적인 형태와 이것들에 대해 우선 이해하고 있어야 할 해석, 즉 완전한 선(―)은 하나 혹은 1을 나타내며, 부러진 선(- -)은 영혹은 0을 나타낸다는 것을 덧붙이는 것으로 충분할 것이다.

68

000	0	0
001	1	1
010	10	2
011	11	3
100	100	4
101	101	5
110	110	6
111	111	7

중국인들은 괘의 중요성 또는 복희가 만든 선이 지닌 상징의 중요성을 1,000년도 더 넘게 잊고 있었으면서도 이것에 대한 주석을 계속해왔는데, 내가 모르고 있는 어떤 오래된 의미를 찾으려고 애써왔던 것 같다. 그들은 이제 〔『주역』의 괘에 대한〕 유럽인의 진정한 해설을 들어야 할 필요가 있다. 어떻게 이런 일이 일어날 수 있었는가. 2년 전쯤에 나는 북경에 거주하고 있던 유명한 프랑스인 예수회 신부 부베에게 0과 1만을 사용하는 나의 계산법을 알려주었다. 그는 나의 계산법이 이 복희의 괘상卦象의 신비를 풀 수 있는 열쇠를 제공할 수 있는가만 살펴보았다. 그러고 나서 그는 1701년 11월 14일에 나에게 서신과 함께 64〔괘〕까지 진행되는 이 철인 왕의 위대한 괘상도卦象圖를 보내주었다.[3] 이것은 우리의 해석[4]을 더 이상 의심할 수 없게 만드는 근거였다. 그 때문에 이 〔부베〕 신부가 나와 의견을 주고받은 덕분으로 복희의 수수께끼를 풀었다고도 할 수 있다. 그리고 이 괘상은 아마도 현존하는 가장 오래된 과학적 기념비라 할 수 있을 것이다. 그렇기 때문에 엄청난 시간이 지난 후에 괘상의 의미를 복원한 것이 모든 이들의 흥미를 더욱 자아내게 했을 것이다.

수표의 첫머리에 있는 영들을 보면 복희의 괘상과 나의 수표 사이의 일치를 훨씬 더 쉽게 발견할 수 있다. 이것은 불필요한 것처럼 보이지

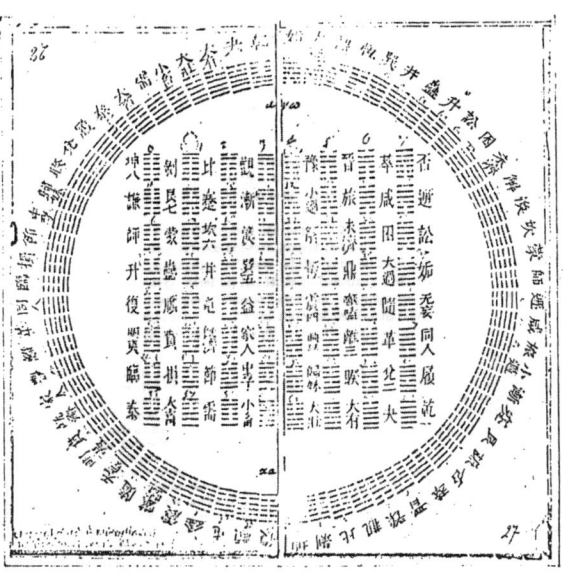

부베가 라이프니츠에게 보낸 선천차서先天次序

만, 내가 필요한 영과 구분하기 위하여 작은 원[0]으로 표시했던 바와 같이 열의 주기를 더욱 잘 표시해준다. 이 일치는 나에게 복희의 성찰이 아주 심오하다는 사실을 깨닫게 해주었다. 왜냐하면 지금 우리에게는 쉽게 보이지만 아주 오랜 옛날에는 결코 쉬운 것이 아니었기 때문이었다. 오늘날 이진법은 극단적인 경우가 나타날 때에만 [십진법에 기초한] 우리의 계산 방식의 도움을 받을 정도로 아주 쉬운 것이지만 아무도 그것에 대해 생각하지 않는다. 그러나 십진법에 기초한 이 일상적 산술을 고대에서는 찾아볼 수 없다. 그리스인과 로마인은 확실히 십진법을 몰랐고 그것의 장점도 몰랐다. 우리 유럽인들은 십진법을 유럽에 도입한 사람이 실베스테르 2세Sylvester II[재위 999~1003]로 알려진 제르베르Gerbert[5]라

70

고 알고 있다. 그는 십진법을 스페인의 무어 지방에서 도입했다.

세월이 흘러 중국 문자들이 변하기는 했지만, 중국에서는 그것의 창시자가 복희라고 믿고 있다. 중국인들이 이 중국 문자들은 수와 관련이 있다고 신봉하는 것처럼, 중국 문자의 기초를 밝혀낼 수만 있다면, 복희의 산술 실험은 수와 관념들과 관련해서 이루어지는 또 다른 주목할 만한 발견으로 이어질 수 있을 것이다. 존경하는 부베 신부는 문자의 기초를 밝혀내려는 작업을 하고 있고, 다양한 방식으로 그런 일을 수행할 수 있는 능력을 가지고 있다. 그러나 중국 문자에 내가 기획했던 하나의 문자〔보편 문자〕가 필요로 하는 성질과 비슷한 것이 있는지 모르겠다. 내가 말하고자 하는 것은, 개념으로부터 도출될 수 있는 모든 합리성이 〔이진법이라고 하는〕 일정한 방식의 계산으로 이루어진 그들〔중국인〕의 문자에 의해서도 도출될 수 있다는 점이다. 이것은 인간의 정신을 도와줄 수 있는 가장 중요한 수단으로서 봉사할 수도 있을 것이다.

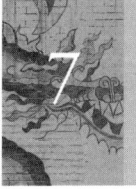

7 중국인의 제례와 종교에 관한 소견[1]

§1. 최근에 나는 파리에서 몇 년 동안 간행되었던 『학술 잡지Journal des Savants』에서 무엇을 찾다가 우연히 예전에 읽었던 몇 편의 서평에 눈이 가 닿았다. 그 서평들은 중국인의 제사를 다룬 몇몇 책들에 관한 것인데, 그 책들은 이미 오래전에 간행된 것들이다. 그 책들을 다시 발간하기 위해 파리 외방 선교회의 신학교 원장은 노고를 아끼지 않았다. 1701년 4월 11일자 『학술 잡지』를 보면, 같은 〔예수회〕 선교회의 파지오Fançois Pasio〔1554~1612〕[2], 루이즈Jean Ruiz〔1561~1633〕[3]와 사바티노Sabatino de Ursis〔1575~1620, 중국명은 熊三拔〕[4]의 선교 임무를 이어받은 롱고바르디 신부는 중국인은 비물질적 존재에 대한 관념이 없기 때문에 신이나 천사, 영혼을 모르고, 그들이 상제上帝Xanti라 부르는 실체는 우리가 신이라 부르는 것과 같지 않다고 말하며 판토하Diego de Pantoja〔1571~1618, 중국명은 龐迪我〕[5]와 바뇨니Alfonso Vagnoni〔1568~1640, 중국명은 王豊肅〕[6] 신부

의 견해를 반박한다. 〔롱고바르디에 따르면〕 중국인들은 리理—사물들의 실체로서의 제일질료—와 그것과 가장 가까운 질료인 제일의 에테르primitive ether〔기氣〕를 그 자체에 지닌 태극이라고 하는 하나의 분명한 원리에서 만물이 나온다고 본다. 리 그 자체로부터는 정의, 지혜, 그리고 다른 덕들이 나온다. 그러나 리가 변형될 때, 즉 제일의 에테르와 일체가 될 때, 리에서 다섯 가지 원소〔오행五行〕와 물리적 형태가 나온다. 〔중국〕제국이 시작된 이래로 중국인들은 〔정〕신들Esprits[7]에 제사를 지냈고, 첫 번째로 하늘에, 두 번째로 여섯 가지 원인의 〔정〕신들—열, 냉, 건조, 습기, 해, 별—에, 세 번째로 산과 강의 신들에, 네 번째로 탁월한 인물들의 〔정〕신들에 제물을 바쳤다. 이 〔정〕신들은 자신들과 일체가 된 사물들과 똑같은 실체로 구성되어 있다. 그들은 하나의 시원을 가지며 또한 세계가 끝날 때 함께 끝나게 될 것이다. 그들은 똑같은 정도의 완전성을 지니지만 생명이 없으며, 지식과 자유가 없기 때문에 유한하다. 중국의 선비들은 무신론자이다. 그들은 세계가 우연의 결과라고 믿고 있다. 〔그들에 따르면〕 모든 것은 육체의 우연한 운동에 의해 지배되며, 죽은 이의 영혼은 제일원리〔리〕의 공허 속으로 되돌아간다.

§2. 4월 18일자에는 도미니크회 설교단의 사르페트리Domingo Maria Sarpetri〔1623~1683〕[8) 신부의 에세이를 담은 부록이 딸려 있다. 사르페트리 신부는 롱고바르디 신부의 글에 반대해 고대 중국인들은 살아 있는, 진정한 한 분의 하나님을 안다고 주장한다. 사르페트리 신부에 따르면, 중국인들이 상제Xamgti[9)를 한 분뿐인 진정한 신의 이름으로 생각—500년 전에 처음으로 그러한 이름을 우상 춤티Chum-ti[10)에게 부

중국인의 제례와 종교에 관한 소견　73

여했다—해왔고, 몇몇 중국의 학자들은 마테오 리치의 책을 그런 방식으로 읽어왔다고 한다. 가장 위대한 통찰력을 지닌 사람들 중 한 사람인 리치는 자신의 후계자인 롱고바르디가 [상제에 대해] 다시 부연 설명한 것에 대해서는 전혀 몰랐다. 새로운 용어를 고안해낼 수 없었기 때문에 중국의 용어들을—순화해서—받아들이고 그것을 계속해서 사용한 것뿐이다. 불행하게도 롱고바르디는 조로아스터와 [중국의] 가장 오래된 황제 복희를 혼동하였다.[11] 예수회 신부들에 공감했다는 이유로 다른 도미니크회 사람들의 비방을 받았던 사르페트리는 [롱고바르디에 대해] 그렇게 말했다.

§3. 앞에서 말한 『학술 잡지』 [1701년] 4월 25일자에는 프란체스코회 신부 앙투안느 드 생트 마리Antoine de Sainte Marie[1602~1669, 중국명은 利安當][12]의 에세이에 대한 서평이 실려 있다. 그[생트 마리]의 주장에 따르면 중국인은 세 명의 입법자, 즉 공자와 부처, 그리고 날 때부터 완전히 백발이었다는 노인[노자]를 숭배하며, 이들에게 음악과 향, 술, 동물을 바치고 나서 마지막에 감사의 표시로 제사를 지낸다고 한다. 또한 현대의 유학자들도 그들의 몸을 바닥에 엎드려 [절을 하면서] 공자를 경배한다고 한다. 그리고 그는 마르티니Martino Martini[1614~1661, 중국명은 衛匡國]가 1656년에 로마에 있을 때 이러한 사실을 은폐했다고 주장한다. 사당과 제사는 공자가 태어나기 2,000년 전에도 있었다. 이것은 중국 제국이 건설되고 난 후 5대 황제였던 순舜Kun임금에 의해 제정된 것이었다. 이때 돌아가신 조상들을 경배하라는 법령이 선포되었다. 나중에 공자는 이를 강력하게 찬성했다. 불을 밝히고, 헌화와 헌주를 하고 수없이 절을 하면서 지상의 행복을 얻을 목적으로 기도를 드린다.

제례가 끝나고, 예식의 지도자가 청중들에게 조상의 이름으로 감사를 표하며 모두에게 번영을 약속한다. 같은 저자[생트 마리]는 상제는 참된 신을 의미한다는 앙투안느 드 구베아Antoine de Gouvea[1592~1677][13] 신부의 의견을 무시해서는 안 된다고 믿는다. 그렇지만 생트 마리는 구베아의 의견에 모순이 많다고 생각한다. [생트 마리 신부에 따르면] 상제는 물질적인 하늘이 지닌 지배적인 힘처럼 보이며, 이 힘은 생성과 소멸이라는 공기[기氣]의 덕들을 통해 나타난다. 생성과 관련해서 공기[기]의 덕들은 나오는 [정]신이라 불리며, 소멸과 관련해서는 되돌아가는 [정]신이라 불린다. 이 [정]신들은 운동의 성질이자 리의 일부분일 뿐 다른 것이 아니다. 중국인들은 어떤 [정]신을 자신을 위한 수호신으로 삼기도 한다. 이것은 모든 사물들에 흩어져 존재하는 하나의 물질적인 신이 있다고 생각하는 스토아학파 철학자들의 태도와 비견할 만한 것이다. 에마누엘 디아즈Emanuel Diaz[1574~1659, 중국명은 陽瑪諾][14] 신부도 중국인의 제례에 대해 반대 입장을 취한다. 그리고 특별히 제사를 저주하는데, 제사는 하나님에게만 지낼 수 있는 것이라 생각했기 때문이다. 이와 같이 그 저자들[롱고바르디와 생트 마리]에 대한 서평을 읽었고, 이에 대해 나는 내가 진리라고 생각하는 것을 말하고자 한다.

§4. 공적인 제례 의식의 규모가 어느 정도로 커질 수 있는지, 다시 말해 "감사의 종파"가 어느 범위까지의 영웅이나 탁월한 공덕을 지닌 남성을 경배할 수 있는지에 대한 분석은 신학자에게 맡겨두기로 하겠다. 일찍이 철학자들이 거행했던 성 카타린느 축제[15]에 가면 제례 의식은 없지만 아리스토텔레스를 기리는 수많은 말들을 들을 수 있다는 것은 기독교인들 사이에 잘 알려진 사실이다. 그렇지만 우리는 제례 의식

중국인의 제례와 종교에 관한 소견　75

에 대해 중국인들 이상으로 헌신적인 사람들이 없다는 것과 그들의 풍습을 우리의 풍습으로 판단해서는 안 된다는 것을 알고 있다. 숭배는 제례보다는 감정에 의존한다. 그러므로 우리는 중국인들이 어떠한 정신으로 그들의 조상을 섬기고, 위대한 공덕을 지닌 인물들을 섬기는지 조심스럽게 살펴보아야만 한다. 특히 중국인들이 자신들이 섬기는 〔이미 죽은〕 위대한 인물들이 자신들을 이해한다고 믿고 있는지, 그래서 그들이 〔이미 죽은〕 위대한 인물들에게 어떠한 것을 요구하거나 기대하는지 자세하게 살펴보아야만 한다. 〔성서의〕 사제들이 조상을 섬기는 사람은 은혜를 받을 수 있다고 약속한 것을 두고 중국인들도 죽은 사람들에게서 은혜를 기대한다고 생각해서는 안 된다. 왜냐하면 은혜는 감사를 받고 기분이 좋아진 보다 높은 하나의 원인적 존재에게서 나오는 것이기 때문이다. 이것은 하나님이 모세를 통해 부모를 섬기는 자들에게 장수를 약속했던 것과 같은 것이다.

§5. 나는 어떤 것이 철학〔자연신학〕과 더 많은 관계를 가졌는지, 다시 말해 상제와 중국인의 신들에 대해 결정적으로 밝혀줄 수 있는 것이 무엇인지에 대해 고찰해보고자 한다. 중국 고대의 사제들과 철학자들이 어떠한 사상을 가졌는지를 규정하기는 쉽지 않다. 우리는 역사, 문헌 비평, 철학 방면의 수많은 해석에도 불구하고 아직도 플라톤, 아리스토텔레스, 아우구스티누스의 의미에 대한 논란이 분분하다는 것을 잘 알고 있다. 나는 중국인들이 역사뿐만 아니라 문헌 비평이나 철학을 충분하게 발전시키지 않았다고 믿고 있다. 그래서 중국 문헌사를 기술한 사람이 누구인지, 각각의 작품을 누가 썼는지, 그 작품의 의미와 뜻을 밝혀낸 사람이 누구인지 도무지 알 수가 없다. 나는 〔중국〕 고대의 텍스

트들이 왜곡되지는 않을까 우려하고 있다. 따라서 우리는 일반적인 규칙에 따라 고대의 교설들에 대해 깊이 생각하는 수밖에 없다. 삶에 관한 그들의 가장 훌륭한 가르침은 실제로 〔그들에게도 기독교와 같은〕 구원의 종교의 교설이 존재할 것이라는 강력한 희망을 품게 했다. 그리고 롱고바르디 신부는 공자의 글에서 비물질적인 실체들 또는 사후의 보상과 처벌에 관한 교설을 이끌어낼 수 있다는 점을 부정했지만, 공자의 가르침이 그대로 담긴 유작은 존재하지 않으며, 오로지 그의 제자들이 기록해놓은 가르침만이 존재한다는 사실마저 부정할 수는 없을 것이다. 우리는 그의 제자들이 기록해놓은 것에서 삶의 규칙과 관련이 있는 것에 한해서만 공자의 것이라고 부를 수 있다. 실제로 모세 오경이나 구약의 다른 경전도 비물질적인 실체들이나 사후의 보상에 대해 충분히 논의하지 않고 있다.

§6. 나는 중국의 유학자들이 무신론자이며, 모든 것은 우연하게 발생한다는 그들의 견해는 공식적으로 인정받은 종교와는 다르고, 그러한 종교를 제정한 사람들의 정신과도 다르다고 굳게 믿고 있다. 요점을 말하자면 그들이 강희제 앞에서 자신의 견해를 밝힐 정도로 용감했는지 특히 의심스럽다. 모든 것이 단순하게 질료의 운동으로만 발생하고, 신들이 〔제사를 지내는 것을〕 인식하지 못한다면, 왜 신들이 있어야 하고 신들에 대한 제사를 지내야 하는가? 에피쿠로스가 쓸모없는 신들을 생각해본 적이 있다 하더라도 그것은 말로만 그랬을 것으로 추측된다. 에피쿠로스주의자들은 〔쓸모없는 신들을 위한〕 제사를 공식적으로 제정한 적이 결코 없다. 중국인들이 제사를 한층 높은 수준의 힘을 가진 존재를 즐겁게 해주기 위한 것이라고 생각하지 않았다면, 그들은 조상들

또는 위대한 공적을 가진 인물들에게 제사를 지내지 않았을 것이다.

§7. 나는 플라톤주의자나 스토아주의자들과 마찬가지로 동양의 많은 철학자들이 신을 사물 속에 내재하고 있는 세계-혼 또는 보편적 본성으로서 여기고 있다는 것은 의심할 여지가 없는 사실이라고 생각한다. 또한 [그들에 따르면] 정신들은 육체를 취하고 있다. 몇몇 사람들은 영혼을 육체의 죽음 이후에 영혼들의 바다로 되돌아가는 신적 기운의 작은 조각으로 여기기조차 했었다. 나는 중국 철학자들 대부분이 이렇게 생각했다는 점을 부인하지 않는다.[16] 그러나 중국인의 철학은 체계적 형식으로 조직화되지 못했다. 그리고 매우 어렴풋한 생각이기는 하지만 나는 그들에게 [신을 보편적 본성이나 세계-혼으로 표현하는] 철학적 용어가 결여되어 있는 것이 아닌가 의심해본다. 나는 이제 고대[중국]인들이 신성한 것과 정신적인 것들에 대해 가르쳐왔던 것을 더욱 호의적으로 해석해야 한다고 생각한다.

§8. 롱고바르디가 태극, 리—그리고 최초의 에테르 또는 정신, 이것은 기독교의 삼위일체나 플라톤주의와도 어느 정도 일치하는 것이다—에 대해 보고한 것이 그러한 것을 지지해준다. 태극은 힘이거나 제일원리이다. 리는 사물들의 이데아와 본질을 포함하는 지혜이다. 우리가 정신이라 부르는 최초의 에테르는 의지이거나 욕구이며, 이것에 의해 비로소 활동이 시작되고 창조가 실행된다. 리에서 나온 것이라는 덕들이 아무짝에도 쓸모없는 것은 아니다. 당신은 아마도 이 덕들을 통해 리 안에는 진리와 선의 근원이 들어 있음을 알게 될 것이다. 형이상학적인 어휘가 없는 중국인들은 리 또는 정신을 사물들의 질료로 생각하고 있는

78

지도 모른다. 〔중국〕 고전의 저자들이 각각의 사물들의 기원의 의미에 대해 명쾌하게 설명하지 않았다 하더라도, 각각의 사물들이 하나님을 통해 자신의 존재와 완전함을 부여받았다는 것을 이해하고 있었을 수도 있다.

§9. 그러므로 나는 중국의 고대 신학이 본래의 모습을 고스란히 간직하고 있으며, 후대의 〔해석상의〕 오류가 더해지지 않은 순정한 것이라고 생각한다. 그리고 이 중국의 고대 신학이 기독교의 위대한 진리들을 밝히는 데 이용될 수 있을 것이라고 생각한다. 고대의 군주이자 중국의 철학자인 복희는 1과 0으로 사물의 기원을 이해했다. 다시 말해 그의 신비로운 괘상들은 창조와 유사한 어떤 것을 드러내고 수천 년의 세월이 지난 다음에 내가 재발견한 (그리고 보다 더 위대한 것들을 암시하는) 이진법을 포함하고 있다. 이 이진법은 모든 수를 두 가지 기호, 0과 1로만 표기한다.

이진법은 다음과 같다.

〔이진법〕 기호	0	1	10	100	1000	10000	등등
다음을 의미함	0	1	2	4	8	16	등등

수는 다음과 같이 표현된다.〔80쪽 참조〕

키르허 신부와 다른 사람들이 재현한 것—여기에는 2, 4, 8만이 기록되었다—처럼 복희의 괘상들은 2, 4, 8, 16, 32, 64를 나타낸다. 이것은 모든 중국인들이 지금까지 이해하지 못했던 것이다. 그러나 존경하는

부베 신부는 〔복희의 괘상이〕 나의 이진법 산술과 일치한다는 것을 알
아차렸다.

			복희의 숫자		
0	0				
1	1				
10	2				
11	3	0	--	0	0
100	4	1	—	1	1
101	5				
110	6	00	==	00	0
111	7	01	==	01	1
1000	8	10	==	10	2
1001	9	11	=	11	3
1010	10	000	==	000	0
1011	11	001	≣	001	1
1100	12	010	≣	010	2
1101	13	011	≡	011	3
1110	14	100	≣	100	4
1111	15	101	≣	101	5
10000	16	110	≡	110	6
등등	등등	111	≡	111	7

§10. 그러므로 황제로 하여금 그 나라의 현자들과 상의하여 상제가
최상의 존재는 지혜, 선, 다른 모든 완전함의 근원이고, 제사는 모든 선
의 창조자에게 지내는 것으로 고인들에게 은혜를 기대하는 것이 아니
라 최상의 존재 자체에서 오는 은혜를 기대하는 것이며, 다른 모든
〔정〕신들은 최상의 존재에 의해서 창조되었으며, 영혼은 최상의 존재
에 의해서 불멸하게 된다―라고 공표하게 하는 것이 가능하다면, 또는

적어도 그러한 가르침이 공적으로 인정받은 중국의 교설들과 모순되지 않는다고 공표하게 하는 것이 가능하다면 우리는 그러한 교설을 계승하게 될 것이다. 그리고 〔중국에 대한〕 개별적 견해들에 대해 일일이 이의를 제기하거나 문제를 삼지 않아도 될 것이다. 중국의 철학자들이 그렇게 이해했건 아니면 다른 방식으로 이해했건 간에 본질적인 것은 건전한 교설은 공적인 권위의 지지를 받아야 한다는 것이다. 이것이 내가 의도했던 것이다. 그리고 중국 선교의 초석을 놓았고 남달리 현명했던 리치는 아테네인들 사이에서 거주했던 사도 바울의 모범을 따라 그 모든 것 중에서 가장 나은 것을 존속시켰던 것이다.

제2부 중국인의 자연신학론

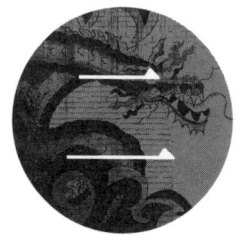

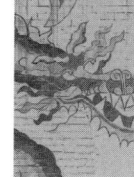

중국인의 자연신학론

1. 중국인의 신 관념[1]

존경하는 귀하![2]

§1. 저는 즐거운 마음으로 귀하께서 보내주신 중국인의 사고를 다룬 책들[3]을 살펴보았습니다. 저는 〔이 책들이 소개하는 중국의〕 저자들, 특히 고대의 저자들[4]이 아주 합리적이었다는 믿음을 갖게 되었습니다. 몇몇 현대의 중국인 저자들[5]의 이견에도 불구하고 그들〔고대의 저자들〕이 합리적이라는 것을 인정하는 것은 결코 어려운 일이 아닙니다. 이러한 것〔중국 고대의 저자들이 합리적이라는 것을 인정하는 것〕은 성서와 교부, 고대 법률에 대한 스콜라주의자들과 그 이후의 성서 주석가들의 해석만을 고집하지 않는 기독교인의 태도와 비슷하다고 할 수 있습니다. 현

자의 우두머리이자 살아 있는 법의 화신인 군주[6]가 [중국] 고대의 교설에 대해 합리적으로 해석한 것을 공개적으로 천명하는 중국에서는 그러한 태도가 더욱 두드러집니다. 그래서 중국 선교의 초석을 놓았던 마테오 리치의 후임자인 니콜라스 롱고바르디가 자신의 전임자였던 리치의 보유론補儒論적 해석explications accommodantes,[7] 즉 중국의 관료들이 고전[8]을 진지하게 취급하지 않았다는 [리치의] 주장(이 주장은 리치 당시에 심각한 문제를 불러일으켰습니다)[9]을 논박하기 위해 가장 많이 의지했던 근거들은 이 [나라의] 군주와 그의 궁정에 있는 학자들의 권위에 비추어 볼 때 더 이상 타당하지 않습니다. 우리는 이 커다란 권위를 이용할 필요가 있습니다. 보유론적 해석은 [원래 기독교적인] 그들 자신의 고대[10]를 잊어버림으로써 [기독교적] 진리로부터 벗어나게 된 중국인들을 눈에 띄지 않게 아주 조심스럽게 [기독교로] 교화하기 위한 적절한 방식입니다. 이 보유론적 해석은 처음부터 [중국인들에게] 어려움을 야기시켜 [기독교에 대한] 거부감을 불러일으켜서는 안 된다는 것을 우리에게 보여줍니다.[11] 마르티니 신부와 그의 견해를 지지했던 사람들은 현명하게도 리치 신부와 다른 위대한 사람들의 충고를 따랐습니다. 예수회의 에마누엘 디아즈 신부와 니콜라스 롱고바르디 신부, 그리고 프란체스코회 생트 마리 신부의 저항에도 불구하고, 또한 몇몇 [중국의] 관료들의 비웃음에도 불구하고 그들은 그러한 해석을 포기하지 않았습니다. 사실 [중국 고전에 대한] 현대 중국인의 견해가 통일되지 않은 것으로 보이기 때문에, 고전에 대한 [보유론적] 해석은 충분히 입증될 수 있습니다. (그러나 좀더 자세하게 실상을 고찰해보면, 이 해석은 실제로 [중국 고전의] 원문에 더 많이 기초하고 있다는 것을 알 수 있습니다. 저는 여기서 [논란이 되고 있고] 보다 더

긴 논의를 필요로 하는 예식 혹은 제례에 대해서가 아니라 [중국 고전에 나오는] 교설에 대해서만 말씀드리고자 합니다.)

§2. 우리는 먼저 중국인들이 과연 정신적 실체들을 인정하는지, 아니면 이전에 그러한 것들을 인정한 적이 있었는지에 대해 의심해볼 수 있습니다. 그러나 이 점에 대해 충분히 생각해본 결과, 저는 그들이 비록 질료로부터 분리되어 완전하게 독립적으로 존재하는 [정신적] 실체들을 인식하지 못했다고 하더라도 그들 역시 정신적 실체들을 인정한다고 믿게 되었습니다.[12] 창조된 정신들[13]과 관련해서 저는 [중국인들이 생각하는 정신적 실체들을 설명하는 데] 그렇게 큰 어려움을 느끼지 않습니다. 고대의 몇몇 교부들과 마찬가지로 저 역시 천사가 육신을 갖고 있다고 믿게 되었기 때문입니다. 더욱이 저는 모든 이성적 영혼은 결코 [개개의] 물체와 완전히 분리되어 따로 존재한 적이 없다는 견해를 갖고 있습니다. 그렇지만 신과 관련해서 말씀드리자면, 그리스와 아시아의 고대 철학자들이 신을 세계의 혼[14]으로 생각했던 것처럼 중국인들 중 몇몇은 신에 물체, 즉 육신을 부여해서 신이 질료와 결합되어 있다고 하는 견해를 가졌을 수도 있습니다. 그러나 고대 중국의 저자들은 리理 혹은 제일의 원리가 기氣나 질료를 생산한다고 보고 있기 때문에 우리에게는 그들을 비난할 하등의 이유가 없으며, 그들의 저작에 대해 설명하기만 하면 됩니다. 우리가 그들의 추종자에게 신은 초세계적인 예지적 존재Intelligentia supramundana이며 질료보다 우위에 있다는 사실을 설득시키는 것은 쉬운 일일 것입니다. 그러므로 중국인들이 정신적 실체들을 인정했는가의 여부를 판결하려면 우리는 무엇보다 그들의 리또는 질서regle[règle],[15] 모든 사물의 근거인 리 또는 법칙을, 다시 말해

제가 믿고 있는 바와 같이 우리의 신성에 해당하는 제일의 운동자를 생각해보아야만 합니다. 리를 순수하게 수동적이며, 〔구체적인 형태가 없는 밀랍 덩어리처럼〕 거칠면서도 다른 것과 전혀 구별할 수 없는, 즉 어떠한 법칙도 없는 질료 같은 것으로 이해하는 것은 불가능합니다. 예를 들면 내적인 법칙은 밀랍 자체로부터 나오는 것이 아니라 그러한 밀랍 형태를 형성해낸 존재로부터 나옵니다. 고대 철학자와 교부들은 정령들Genies[Génies]과 천사들이 공기와 같이 정묘한 물체로 되어 있다고 생각했습니다. 중국인들이 신령이 공기[16)와 같이 정묘한 물체로 되어 있다고 생각할지라도 그들이 원소들,[17) 강이나 산에 있다고 여기는 신들Esprits[18)은 그것들 안에 나타난 하나님의 권능puissance de Dieu이거나 혹은 (그들 중 몇몇 사람들이 가정하는 바와 같이) 활력과 어떤 지식을 구비한 특별한 정신적 실체들입니다. 그렇기 때문에 중국인들이 천사가 원소들과 커다란 다른 물체들을 지배한다고 믿었던[19) 기독교인들과 같은 생각을 했다고 볼 수 있습니다. 이것은 명백한 오류일 수도 있지만, 그렇다고 해서 기독교의 근본을 뒤흔드는 것은 아닙니다. 스콜라주의자들이 지배하던 시대에도 어떤 사람들은 아리스토텔레스의 견해에 따라 어떤 이성적 존재가 천체의 영역을 지배한다고 믿었습니다. 그렇지만 우리는 그들을 저주하지 않았습니다. 중국인들 중 몇몇은 자신들의 선조와 위인들이 신들과 함께 있다고 믿고 있습니다. 이는 복 있는 사람은 하나님의 천사를 닮았다는 주의 말씀[20)과 비슷하다고 할 수 있습니다. 중국인들은 그런 믿음 때문에 고대 철학자나 초기의 교부들처럼 정령들 또는 천사들이 육신을 갖는다고 생각했을 것입니다. 중요한 것은 그들이 창조된 정신적 실체의 존재를 부정하지 않았다는 점입니다. 그들은 자신들이 이성적 혼을 갖고 있는 것과 마찬가지로 육신을 구비한 정령들도 이성적 혼을 갖고 있다고 여깁니다.[21] 물론 정령들의 영혼은 인간(의 영혼)보다 더 완전하며 그들의 몸 또한 더 완전합니다. 롱고바르디 신부와 그가 언급했던 사바티노 신부는 중국인들이 신들에 물체적 속성을 부여하는 것처럼 보인다는 사실에서 〔중국인들이 질료와는 별개의〕 어떠한 정신적 실체도 인정하지 않는다는 결론을 이끌어냈는데, 이것은 잘못된 것입니다.

§3. 중국은 거대한 나라입니다. 이 나라의 크기는 문명화된 유럽에 전혀 뒤지지 않으며, 인구와 훌륭한 정치는 유럽을 능가합니다. 또한 중국에는 여러 관점에서 경탄할 만한 공중도덕이 있습니다. 이 공중도덕은 철학적 교설, 보다 더 자세하게 말하자면 대략 3,000년 전쯤에 확립되어 권위를 부여받고, 그들의 선조들이 존중해온 〔중국의〕 자연신학Theologie[Théologie] naturelle과 관련이 있습니다.[22] 우리의 성서를 제외한다면 그리스철학은 그리스 이외의 지역을 포함해서 가장 오래된 철학으로 알려져 있습니다. 그러나 중국의 자연신학은 그리스철학보다 더 오래된 것입니다. 우리는 이제 야만 상태를 가까스로 벗어나서 그들〔중국인들〕과의 비교를 통해 또 다른 새로운 것을 깨달아가고 있습니다. 그런데 우리가 가장 오래된 중국 〔고전의〕 이론을 우리와 친숙한 스콜라적 개념들과 일치하지 않는 것처럼 보인다는 단 한 가지 이유만으로 정죄定罪하고자 한다면, 그것은 대단히 경솔하고도 오만한 태도라 할 수 있습니다. 그리고 하늘이 무너지지 않는 한, 〔중국 고전의〕 교설은 결코 사라지지 않을 것입니다. 그러므로 이 교설에 대해 적절한 의미를 부여할 수 있는지를 따져보는 것이 합리적입니다. 저는 사물의 원리들을 언급하고 있는 중국 고전들이 정확하게 번역되어서 〔중국 고전에

대한] 보다 완전한 설명과 보다 많은 초본抄本을 가질 수 있기를 바랄 뿐입니다. 중국 고전들을 모두 번역하는 것은 소망할 만한 가치가 있는 일입니다. 그러나 그러한 일이 아직 이루어지지 않았기 때문에 우리는 중국의 이론에 대해 잠정적인 판단만 내릴 수 있습니다. 중국에 처음 건너간 리치 신부의 후임으로 롱고바르디 신부가 중국 선교의 책임자가 되었습니다. 그리고 그는 죽을 때까지 오랜 세월을 중국에서 살았습니다. 그는 아직 완전한 형태로 출간되지 않은 [자신의] 저술에서 중국 고전들에 나오는 많은 구절들을 인용하고 있습니다. 그러나 그것은 물론 그 구절들을 반박하기 위한 것입니다. 이런 사실로 볼 때 우리는 그가 그 구절들을 과장하거나 미화했을 것이라고는 생각할 수 없습니다. 저는 중국의 권위 있는 교설들을 합리적으로 해석하기 위하여 일부러 [저와는 반대 입장인 롱고바르디의] 인용구들을 발췌했습니다. 그렇게 한 까닭은 덮어놓고 중국의 교설들을 칭찬하려는 것이 아니란 점을 보여주기 위해서입니다. 그렇기 때문에 [롱고바르디의] 인용구들을 발췌한 의도를 이제 신뢰하실 수 있을 것입니다. 저는 롱고바르디의 견해를 지지하는 생트 마리 신부의 보충 설명도 때때로 참조하면서 그 본문 구절들을 보완할 것입니다.

§4. 중국인의 제일원리는 리理(2:13)[23]라 합니다. 이것은 이성 혹은 모든 자연의 기초(5:32)이자, 가장 보편적인 이성이며 실체(11:50)를 뜻합니다. 리보다 크거나 나은 것은 존재하지 않습니다.(11:53) 이 위대한 보편적 원인은 순수하고 정적이며 심원하지만, 육신이나 형태가 없습니다. 그리고 지성만이 이것을 파악할 수 있습니다.(5:32)[24] 리에서 [또한 그 자체로] 리인 다섯 가지 덕목, 즉 경건Pieté[Piété], 정의Justice,

숭배Religion, 신중Prudence과 믿음Foy[Foi](11:49)이 나옵니다.[25]

§4a. 생트 마리는 오랫동안 중국에서 살았고, 〔롱고바르디와〕 마찬가지로 중국인의 교설에 반대하는 글을 썼습니다. 그는 『중국 선교의 몇 가지 중요한 사항에 관한 논문Traité sur quelques points importants de la mission de la Chine』〔이하 『중국 선교론』이라 함〕에서 중국인의 리가 사물들을 조절하는 법칙이자 그 사물들을 운용하는 예지적 존재라고 합니다.(62)[26] 또한 리는 법칙이자 천지天地를 형성하는 보편적 질서요,(65) 모든 피조물의 근원, 원천, 그리고 원리라고 합니다.(72) 그는 일본인들이 선교사들에게 모든 사물의 기원은 리가 가진 힘과 덕vertu[27]에서 유래한 것이라고 말했다고 기록하고 있습니다.[28] 그리고 생트 마리 신부가 인용한(68) 예수회의 루체나Joao de Lucena〔1548~1600〕 신부는 일본으로 가서 선교했던 프란시스코 사비에르Francisco Xavier〔1506~1552, 중국명은 方濟各〕 신부의 전기에서(8권 2장),[29] 리는 그 자체로 충분하기에 세계는 〔리 이외의〕 또 다른 신을 필요로 하지 않는다고 기록해놓았습니다. 중국인들에 따르면 리는 하늘이 수 세기 동안 항상 동일한 운동을 하며 움직이게 한 유일한 원인입니다. 리는 땅에 안정성을 부여했고, 〔땅 위에 사는〕 종種들에게 그들의 자손을 생산해낼 수 있는 덕을 전해줍니다. 이 덕은 결코 사물들 자체의 본성에 있는 것이 아니며 사물들에 의존하는 것도 아닙니다. 그러나 이 덕은 '리' 속에 지속적으로 존재합니다. 리는 모든 것을 지배합니다. 그것은 만물 안에 있으며, 하늘과 땅의 절대적 지배자로서 만물을 산출해내며 지배합니다.(73) 생트 마리 신부는 이 구절이 중국인들의 철학서 『킹리Kingli』[30](저는 싱리Singli性理로 읽어야 한다고 봅니다) 26권 8쪽에 나오는 것이라고 덧붙여 말하고 있습니다.

중국인의 자연신학론 91

(이 모든 것에도 불구하고, 〔생트 마리 신부는〕 리가 우리의 신이라고 왜 말하지 못하는 것일까요? 다시 말해 〔리가〕 궁극적인 것, 귀하가 말하고 싶어하는 것처럼 현존재와 더 나아가 사물들의 가능성의 제일의 근거라고 왜 말하지 못하는 것일까요? 리가 사물들에 있는 모든 선의 원천이자 아낙사고라스와 다른 고대 그리스 철학자들 그리고 라틴 철학자들이 누스Noũs[Nous], 멘스Mens[31]라고 불렀던 제일의 예지적 존재라고 왜 말하지 못하는 것일까요?)[32]

§5. 롱고바르디는 자신의 책 14장에 중국인들이 제일원리라 여기는 것의 속성들을 수록해놓았습니다.(14:74) 중국인들은 제일원리를 (아주 탁월하게) 존재l'Etre, 실체Substance, 실재l'Entité라 부릅니다. 그들에 따르면 이 실체는 무한하고infinie 영원하며, 창조되지도 않고 소멸되지도 않으며, 시작도 없고 끝도 없습니다. 그것은 하늘과 땅과 그 밖의 다른 물질적 사물의 물리적 원리principe physique일 뿐만 아니라 덕과 관습 그리고 그 밖의 다른 정신적 사물의 도덕적 원리principe moral이기도 합니다. 그것은 눈에 보이지 않지만, 최고로 완전한 존재입니다. 그것은 모든 완전성 그 자체입니다.[33]

§6. 중국인들은 그것을 또 최상의 것 혹은 (롱고바르디가 말하는 것처럼) 태일太一Unité sommaire[34]이라 부릅니다. 〔단위單位로서의〕 하나는 기본이 되는 것이지만, 그 자체는 어떤 요소가 아니기 때문입니다. 또한 우주의 실체들, 즉 존재들 가운데에는 절대적인 일자인 하나의 실체가 있습니다. 이 실체는 그 자신의 존재와 관하여서는 전혀 분할될 수 없으며, 현재 세계에 존재하고 있는 사물들과 앞으로 세계에 존재할 수 있

는 가능성을 가진 사물들의 원리입니다. 그러나 그것은 또한 가장 완전한 다수성의 집합체이기도 합니다. 왜냐하면 이 원리의 존재는 새싹처럼35) 사물의 본질들을 그 안에 포함하기 때문입니다. 우리가 이념들, 제일원인들, 모든 본질들의 원형, 이 모두가 신神 안에 있다고 가르칠 때, 우리는 [중국인들과] 같은 말을 하는 것입니다. 그리고 우리는 최상의 개체를 가장 완전한 다수성과 연결시켜 신에 대해 이렇게 말합니다. 모든 것 속에 들어 있는 일자, 모든 것을 포함하는 일자. 모든 것이 이 일자 안에 들어 있다. 그러나 형식적으로는 하나이지만, 잠재적으로는 모든 것이다Unum Omnia, Unum continens omnia, omnia comprehensa in uno, sed Unum formaliter, omnia eminenter.

§7. 롱고바르디 신부는 같은 단락에서 중국인들은 리를 태허太虛grand Vuide[Vide] 혹은 공간Espace,36) 즉 무한한 수용 능력이라 부른다고 했습니다. 그 이유는 이 우주적 존재가 모든 개별적 사물들의 본질을 포함하기 때문이라고 합니다. 그들은 리를 최상의 **충만**souveraine plenitude[plénitude]이라고도 부릅니다. 왜냐하면 리가 모든 것을 가득 채우며 아무것도 텅 비어 있게 내버려두지 않기 때문입니다. 리는 우주의 내부와 외부에 충만해 있습니다. (공자의 저작들 중 하나인) 『중용中庸Chung-Jung』의 20장에서 25장에 이르는 구절은 롱고바르디 신부가 말하는 이 주제들에 관해 철저히 다루고 있습니다.37) [이에 관한 『중용』의 설명 방식은] 우리가 신은 무소부재하며 모든 것은 신 안에 존재한다는 말로 신의 무한성을 설명하는 것과 같은 방식입니다. 동일한 의미에서 레시우스Leonard Lessius[1554~1623]38) 신부는 신은 사물들의 장소lieu des choses라고 말합니다. 그리고 배기 펌프를 고안한 게리케Otto von Guericke[1602~1686]39)는 공간은 신에게 속

중국인의 자연신학론   93

한 것이라고 생각했습니다.[40] 이러한 주장들을 적절하게 해석하려면, 사물들이 공간 안에 함께 존재하는 한, 공간을 부분들로 이루어진 실체로 파악할 것이 아니라 사물들의 질서로 이해해야만 합니다. 모든 사물들이 신의 무한성으로부터 생겨난 만큼 그것들은 매 순간 신에 의존하고 있습니다. 사물들 간에 존재하는 사물의 이러한 질서는 그들이 관계를 맺고 있는 하나의 공통적 원리에서 유래합니다.[41]

§8. 더욱이 중국인들은 리를 **구球 혹은 원**Globe ou Rond[42]이라 부릅니다. 저는 이것이 우리가 말하는 방식과 일치한다고 믿습니다. 왜냐하면 우리는 신의 존재를 모든 곳을 중심으로 하고, 그 둘레가 없는 〔무한한〕 구 혹은 원이라 말하기 때문입니다.[43] 이외에도 그들은 리를 사물들의 **본성**Nature이라 부릅니다. 저는 그것이 우리가 신을 **능산적能産的 자연**Nature Naturante[44]이라고 하고, 자연은 현명하다고 말하는 것과 일치한다고 생각합니다. 그리고 자연은 하나의 목적을 위해 모든 것을 행하지, 〔아무런 목적도 없이〕 공허하게 행하지는 않습니다. 우리가 우리의 형이상학에서 존재에 〔진리와 선을〕 부여했던 것과 마찬가지로 중국인들 역시 리에 진리와 선을 부여합니다. 중국인에게 있어 리는 더할 나위 없는 존재이기 때문에 리는 분명 진리와 선을 갖고 있을 것입니다. 롱고바르디 신부는 그 저자(저는 『중용』의 저자인 공자를 말하는 것이라고 생각합니다)가 자기보다 훨씬 앞선 고대의 저자들이 쓴 18개의 구절을 언급함으로써 자신의 말을 증명하고 있다고 덧붙여 말했습니다.[45]

§8a. 끝으로 롱고바르디 신부는 중국인들이 모든 종류의 완전성toutes

sortes de perfections을 리에 부여하여 더 이상 완전한 것은 존재할 수 없을 것이라고 진술합니다. 따라서 리는 최상의 힘이며 최상의 무오無誤이자, 최상의 순수성입니다. 그것은 최상의 정신적 존재이자 눈에 보이지 않는 존재입니다. 간단히 말해 리는 우리가 더 이상 아무것도 추가할 수 없을 정도로 완전한 것입니다. 이로써 모든 것을 언급하였습니다.

§9. 그렇다면 중국인들의 리를 우리가 신Dieu이라는 이름으로 숭배하는 그러한 절대적 실체라고 할 수 있지 않을까요? 그러나 롱고바르디 신부는 이러한 견해에 반대합니다.(14:78 이하) 그가 반대하는 근거들이 과연 충분한지 살펴보도록 하지요. (그는 이렇게 말합니다.) "저는 누군가가 리[46]를 우리의 신과 같은 것으로 여길 수도 있다고 생각합니다. 사람들[중국인들]이 신만이 가지는 그런 성질들과 완전성들을 리에 부여하고 있기 때문입니다. 그러나 이 특별한 이름에 현혹되어서는 안 됩니다. 그 뒤에는 독이 들어 있는 교설이 숨겨져 있기 때문입니다. 당신이 곧바로 문제의 본질까지, 즉 뿌리까지 파헤쳐 들어간다면, 당신은 리가 우리의 제일질료Matiere premiere[Matière première]와 다르지 않다는 사실을 발견하게 될 것입니다. 그들[중국인들]이 한편으로는 대단한 완전성들을 리에 부여하면서도, 다른 한편으로는 우리의 철학자들이 제일질료에 대해 그러는 것처럼 커다란 불완전성들을 리에 부여하고 있다는 것이 그 증거입니다." 저는 롱고바르디 신부의 말을 그대로 인용했습니다. 그리고 이제 주의를 기울여 그의 말을 검토하고자 합니다. 왜냐하면 이 훌륭한 신부가 신의 참된 이해와는 거리가 멀어 보이기 때문입니다.

§10. 우선 저는 [롱고바르디] 신부의 언급에 대해 이렇게 대답하고 자 합니다. 중국인들이 자신들이 그렇게 모순투성이의 방식으로 이야 기하고 있다는 사실을 정말로 몰랐다면, 우리는 중국인의 리는 신이 아 니라 제일질료라고 하는 확신도 가질 수 없을 것입니다.[47] 그러나 우리 는 잠시 판단을 유보하고, [리가 신이라거나 제일질료라거나 하는] 두 주장 중 어느 것이 더 설득력이 있는지 살펴보고, 또 다른 주장이 없었 는지도 살펴보아야만 합니다. 또한 중국인들이 리에 제일질료의 속성 들보다 신의 속성들을 더 많이 부여하지 않았는지도 살펴보아야 합니 다. 그리고 두 가지 주장 중 첫 번째 것이 여타의 중국인들의 교설과 일 치하는지도 따져보아야만 합니다. 저는 중국의 교설에 대한 선입견에 사로잡혀 있던 훌륭한 신부 롱고바르디가 신을 믿지 않는 관료들의 글 로 인해 혼란을 겪고 있는 것은 아닌지 걱정스럽습니다. 이 [중국의] 신을 믿지 않는 관료들은 신성, 섭리, 그리고 그 밖에 자연종교가 가진 것을 확증하기 위해 그들 선조의 교설에서 논리적 귀결을 이끌어내고 자 했던 사람들을 조롱했습니다. 솔로몬이나 다른 성스러운 저자들의 구절의 맥락을 무시한 채 사후 세계에는 보상도 벌도 존재하지 않는다 는 사실을 입증하고자 했던 유럽의 어떤 무신론자의 주장[48]을 믿지 않 았던 것처럼, 우리는 [중국의] 신을 믿지 않는 관료들이 왜곡시킨 것이 분명한 해석을 믿어서는 안 됩니다. 그리고 아베로이즘[49]이 이탈리아 철학자들 사이에서 유행한 것처럼 유럽에 무신론이 유행하게 되어 가 장 학식 있는 사람들의 일반적인 이론이 되었을 때, 중국의 현자들이 유럽으로 보낸 선교사들이 우리의 고대 저서들을 연구한다면 그들은 [유럽에서] 가장 학식이 있는 사람들 사이에서 유행하는 이런 [무신론 적] 견해에 이의를 제기할 것이고 [기독교를 비웃는] 유럽학자들을 오

히려 비웃을 것입니다.

§11. 생트 마리 신부는 [자신의 보고서에서] 중국인들이 리, 태극, 상제에 대해 완전히 모순된 주장을 한다고 말합니다.(84, 85) 왜냐하면 그들은 한편으로는 신에게만 속하는 고귀하고 아름다운 것을 리, 태극, 상제에게 부여하면서도 다른 한편으로는 리, 태극, 상제가 [신과 같은] 의식적 존재라는 점을 부인하기 때문이라고 합니다. 그러나 사실이 그렇다 하더라도, 우리는 왜 그들의 말이 악하고 또한 선과 모순된다고 반박하면서도 그들이 리에 부여하는 선에 대해서는 집요하게 파고들지 못하는 것일까요? 중국인들은 리 혹은 태극을 일자—者요, 완전무결한 순수성의 선이요, 완전히 단일한 존재이자 완전히 선한 존재요, 하늘과 땅을 형성해낸 원리요, 최상의 진리이자 힘 그 자체로 봅니다. 그러나 리 혹은 태극은 자신에 국한하지 않고, 그 자신을 드러내기 위해 만물을 창조해냈습니다. 그것은 순수함과 덕, 그리고 사랑의 원천입니다. 만물의 창조는 그것의 고유한 과학[50]이며, 모든 완전성은 그것의 본질과 본성으로부터 나옵니다. 이 원리는 [그 자신의 내적인] 이성의 법칙 및 [외적인] 이성의 법칙과 모든 방법을 포괄하며, 끊임없이 창조하고 행위하면서 만물을 이런 법칙과 방법에 따라 시간 속에 배열합니다. 리, 태극 혹은 상제는 모든 것을 보고, 모든 것을 알며, 모든 것을 할 수 있는 지성적 본성이라고 할 수 있습니다. 중국인들이 아무런 능력도, 생명도, 의식도, 지성도, 지혜도 없는 자연물에 그렇게 고상한 속성을 부여하지는 않았을 것입니다.[51] 그러나 [생트 마리] 신부는 이에 대해 이교도[중국] 철학자들도 사물은 모순을 내포한다는 주장을 한다고 대답합니다. 저는 그들이 사용하는 언어에는, 즉 정의되어야 할

용어terminus terminantibus에는 그러한 모순들이 실제로 표현되어 있을 것이라고 믿습니다. 그렇지만 우리는 그 모순들이 서로 다른 학파에서 기인한 것이라 볼 수 있을 것입니다. 동일한 학파 안에 그러한 모순들이 있다고 한다면, 우리는 [그 모순들 간의] 화해를 가장 합리적인 방식으로 찾아내야만 할 것입니다.

§12. 이제 저는 [롱고바르디의 주장에 대한] 세부적인 이의를 제기하고자 합니다. [롱고바르디의 주장이 옳다면] 어떻게 중국인이 제일질료에서 활동, 질서와 형식들의 근원을 도출해낼 수 있었는지 도무지 이해할 수 없습니다. 우리의 철학자들이 자신들의 학파에서 가르친 대로 제일질료는 질서와 형식이 없는 순수하게 수동적인 것입니다.[52] 저는 중국인들이 멍청하거나 어리석다고는 생각하지 않습니다. 스콜라철학의 개념을 따르자면 제일질료는 존재의 완전성 이외의 다른 완전성을 가지고 있지 않습니다. 다시 말해 수용성(또는 가능성possibilité), 즉 수동적 가능태puissance passive의 완전성 이외의 어떤 완전성도 갖고 있지 않습니다. 제일질료는 모든 종류의 형태, 운동과 형식을 수용할 수 있는 능력을 가질 뿐입니다.[53] 제일질료가 그것들의 원천일 수는 없습니다. 그리고 능동적 힘과 이 능동적 힘을 조종해서 일정한 방식으로 작용하게 하는 지각perception이 제일질료와 다르다는 것은 명백합니다. 그러므로 저는 이성 혹은 질서를 뜻하는 중국인의 리를 제일질료로 해석하는 것은 매우 적절하지 못하다고 봅니다.

§13. 스콜라철학의 시대에 다비드 데 디난토David de Dinanto[54]는 신은 사물의 제일질료라고 주장했습니다. 피조물은 오로지 신의 양태들이

라고 주장했던 스피노자도 비슷한 말을 했습니다. 그러나 그들이 말한 제일질료는 순수하게 수동적인 것이 아니라 적극적 원리를 내포하는 것입니다. 몇몇 중국인들도 이와 비슷한 견해를 가졌을 가능성이 있습니다. 그러나 이것 때문에 그들 모두를 싸잡아 비난해서는 안 됩니다. 오늘날까지도 우리들 가운데 누군가는 영혼이 신의 한 부분, 즉 성스런 호흡의 한 조각divinae pariculae aurae이라고 종종 말하곤 하지 않습니까.[55] 이러한 표현은 융통성 있는 해석을 필요로 합니다. 신은 부분을 전혀 갖지 않습니다. 영혼이 신으로부터 유출되어 나왔다고 해서 영혼을 신에서 분리된 한 부분으로 생각해서는 안 됩니다. 영혼이 바다에 떨어지는 한 방울의 물처럼 신에게로 되돌아가야 한다고 생각해서도 안 됩니다. 그러한 생각은 신을 분할 가능한 상태로 만들기 때문입니다. 사실 영혼은 신이 직접 만들어낸 것입니다. 율리우스 스칼리거Julius Caesar Scaliger[1484~1558][56]와 같은 몇몇 철학자들은 형식은 질료의 결과éduction가 아니라 작용인의 결과라고 주장합니다. 영혼유전설靈魂遺傳說[57]의 추종자들은 이 주장을 옹호하고 지지하였습니다.[58] 그러나 우리는 신에게 부분을 허용하는 방식으로 영혼이 신의 실체로부터 유출되어 나왔다고 말해서는 안 됩니다. 다시 말해 영혼은 무로부터만 생산될 수 있는 것입니다. 따라서 몇몇 중국 철학자들이 사물은 리에서 유출된 것이라 말한다고 해서 곧바로 그들이 리를 사물의 질료적 원인으로 본다고 비판해서는 안 됩니다.

§14. 저는 이런 의미에서 롱고바르디가 『주자朱子Chu-zu』라는 제목의 책[59]〔『성리대전』 28권, 2쪽〕에서 인용한(12:61, 62) 그 구절을 이해할 수 있다고 믿습니다. 그 책의 저자〔주자〕는 현명하게도 정신〔귀신〕들은

공기〔기〕가 아니라, 공기〔기〕의 힘force de l'air[60]이라고 말합니다. 그리고 공자가 그의 제자들 가운데 한 사람에게 정령은 공기〔기〕에 불과하다고 했을 때도 영혼을 가진 공기〔기〕를 뜻했을 것입니다. 공자는 정신적 실체를 파악할 수 있는 능력을 갖지 못한 그 제자의 지적 능력에 맞추어 이야기해야 했을 것입니다. 그리스어 πνεῦμα〔Pneuma〕와 라틴어 Spiritus도 공기를 의미합니다. 이것〔공기〕은 아주 미세한 질료입니다. 실제로 비물질적으로 창조된 실체는 이 질료〔공기〕에 싸입니다. 나중에 『주자』〔『성리대전』〕도 28권, 13쪽에서 정신〔귀신〕들은 리라고 일컬어진다고 덧붙이고 있습니다. 제가 보기에 이 말은 아주 모호합니다. 〔리는〕 때때로 최상의 정신으로 이해되기도 하고, 임의의 정신으로 이해되기도 합니다. 왜냐하면 어원학적으로 볼 때 리는 이성 혹은 질서를 나타내기 때문입니다. 롱고바르디 신부가 우리에게 제공한 번역에 따르면, 중국인 저자〔주자〕는 다음과 같이 〔논의를〕 진행해나갑니다. 정신들은 모두 동일한 리에서 나온 것이다. 그러므로 리는 실체이자 만물의 보편적 존재이다. 저는 이 중국인 저자가 리를 소위 정수, 생기, 사물의 힘과 원리적 존재로 보는 것이 아닌가 하는 생각을 합니다. 그가 공기의 질료와 공기의 리를 명백하게 구분하기 때문입니다. 여기서 리는 제일의 정신적 실체를 의미하는 것이 아니라 일반적인 정신적 실체 혹은 엔텔레케이아를 의미합니다. 다시 말해 리는 영혼처럼 활동성과 지각을 갖고 있거나 규칙적인 행위를 하는 어떤 것을 의미합니다. 그 중국인 저자〔주자〕는 각각의 사물들에는 더 조잡한가 아니면 덜 조잡한가 하는 것과 더 많이 연장되었는가 더 적게 연장되었는가 하는 것 외에는 다른 차이가 없다고 보충해서 말합니다. 그는 리 혹은 정신〔신〕들은 물질적인 것이 아니라는 것과 정신〔신〕들에 의해 영혼을 부여받고, 덜 조잡하면서도 더 많이 연장된 질료와 결합된 것들은 그렇지 않은 것들에 비해 더 완전하다는 것을 말하려는 게 분명합니다. 예정조화설을 몰랐던 우리 서양의 많은 철학자들이 그랬던 것과 마찬가지로, 이 저자[주자]도 이러한 문제에 대해 주도면밀하게 탐구하지 않은 채 물체에 담긴 다양한 정신들의 원천을 추구해왔다는 것을 쉽게 알 수 있습니다. 그러나 그 중국인 저자가 아주 틀린 것을 말한 것은 아닙니다. 그의 의도는 [개별적] 리들 또는 [개별적] 정신들(이것들은 절대적인 리 혹은 원리적인 리는 아닙니다)을 질료로 만들고자 하는 것이 아닙니다. 이 중국인 저자에게는 전혀 그런 생각이 없습니다. 그가 공기와 그 공기에 영혼을 부여하는 정신들을 구분하기 때문입니다. 그는 리가 사물의 질료라고 말하지 않습니다. 그는 개별적 리들은 위대한 리에서 유출되어 나온 것이며 (그들이 깃들어 있는 육체에 따라) 더 완전하거나 덜 완전할 수 있다고 생각하는 것처럼 보입니다. 사물의 리는 그 사물에 상응하는 것이기 때문에[61] 사물들 간의 차이는 그들이 얼마나 섬세한가에 따른, 또한 그들이 가진 연장의 비례에 따른 것입니다. 그는 그에 대해 진실만을 말했을 뿐입니다.

§15. 롱고바르디 신부는 리를 완전성의 원천으로 설명하는 중국 고전의 저자의 구절들을 소개하고 있습니다. 그렇지만 그는 스콜라철학에서 말하는 형태 없는 제일질료가 리라는 것을 보여주는 구절은 전혀 인용하지 않고 있습니다. 그러면서도 그는 이성적 추론에 의해서 [그와 같은 것을] 증명할 수 있다고 주장합니다. 그러나 그의 이성적 추론은 중국 고전처럼 명백하지 않습니다. 제가 그의 이성적 추론(14:79)을 설득력이 없다고 하는 이유는 다음과 같습니다. (1) 그는 리가 그 자체로 존립할 수 없으며 최초의 공기[62]를 필요로 한다고 말합니다. 저는

중국인들이 그처럼 분명하게 말했는지는 알지 못합니다. 아마도 중국인들은 리가 본래 사물들 안에서 활동하기 때문에 그 자체로는 활동할 수 없다는 말을 하려 한 것 같습니다. 리는 제일질료의 도움에 의해서만 사물들을 만들어낼 수 있기 때문입니다. 중국인들이 제일질료를 최초의 공기로 여기고 있다는 것은 분명합니다. 이렇게 보면 그는 오히려 리가 제일질료가 아니라는 사실을 증명하였을 뿐입니다.

§16. (2) 그가 내놓은 두 번째 추론은, 중국인에 따르면 리는 그 자체로 볼 때 영혼도, 생명도 없으며, 섭리도 없고 지성도 없다는 것입니다. 롱고바르디 신부는 다른 곳에서 이것을 확증해주는 견해를 기록해놓았습니다. 그것에 따르면, 중국 학자들은 이 우주적 원인은 생명도 없고 지성도 없으며 다른 어떤 권한도 없다고 합니다.(5:32) 그리고 리가 가장 분명하게 드러나는 하늘도 그와 같다고 합니다. 신부는 (중국에서 가장 오래된 서적의 하나인) 『서경書經』1권 33쪽을 인용해 말하기를, 세상에서 가장 중요한 사물, 즉 하늘은 보지도 이해하지도 않으며, 증오하지도 사랑하지도 않는다고 합니다.(11:54)[63] 신부는 또한 『중국철학』[『성리대전』] 26권 16~17쪽을 인용해 하늘과 땅은 이성도, 심사숙고할 능력도 없다고 말합니다. 그리고 샌트 마리 신부는 리치 신부를 따라 『논어論語』 15편[「위령공衛靈公」]을 인용합니다.(81) 그 장에서 공자는 리를 도(질서)로 설명하면서 리는 인간을 알 능력이 없지만 인간은 그것을 알 능력이 있다고 말합니다.[64] 그렇지만 공자가 이 구절에서 첫 번째 원리[리]에 관한 것을 말하는지, 아니면 우리가 법은 누구도 두둔하지 않으며 자신 앞의 어떤 개인에 대해서도 어떠한 배려를 하지 않는다고 말할 때처럼 **추상적으로**in absracto 법칙이나 질서를 말했는지 확인하

려면 우리는 이 구절을 매우 정확하게 해석해야만 합니다.

§16a. 덧붙여 말하자면 저의 대답은 이렇습니다. 중국 고전의 저자들이 정말로 리 또는 제일원리에는 생명, 지식, 권위가 없다고 생각했다면, 그것은 그들이 생명, 지식, 권위를 [신적인 리에 어울리지 않는] 인간적인 형태나 인간적 성질을 가진ἀνθρωποπαθῶ[andropopathos] 것이며 피조물에만 존재하는 것이라 보기 때문입니다.[65] 그들이 말하는 생명이란 기관의 활기l'animation des organes일 것입니다. 그들이 말하는 지식은 추론이나 경험에 의해서 획득된 지식일 것입니다. 그들이 말하는 권위는 자신의 백성을 경외와 희망으로만 다스리ν 는 군주나 행정 수반의 권위일 것입니다.

§16b. 그렇지만 그들[중국 고전의 저자들]은 리에 가장 위대한 완전성을 부여한 후에 앞에서 말한 것[생명, 지식, 권위]보다 더 숭고한 것을 부여합니다. 그러므로 피조물의 생명, 지식, 권위는 단지 그것의 그림자이거나 희미한 모상에 불과합니다. 이와 같은 견해는 신은 존재ens, ὤν[on]일 수 있다는 견해를 거부하고, 신은 존재보다 더 위대한 것super-ens, ὑπερουσία[uperusia]이라고 말했던 신비주의자들, 특히 유사 디오니시우스 아레오파기타의 견해와 어느 정도 비슷합니다. 제가 이해하는 바로는, 생트 마리 신부가 인용한 중국인은 리가 사물들을 조정하는 법칙이자 사물들을 지도하는 지성이긴 하지만, 그 자체는 지성적인 것이 아니라고 말합니다.(62) 그렇지만 리가 자연적인 힘으로 자신의 작용을 조절하고 확실하게 하기 때문에 그러한 모습을 보고 리를 지성적인 것으로 보게 된다고 합니다. 우리의 표현 방식대로 올바르게 행하기 위해 심사숙고해야

중국인의 자연신학론 103

하는 것을 두고 지성적이라고 한다면, 리는 지성적인 것 그 이상이라고
말할 수 있을 것입니다. 그 중국인은 리를 애초에 오류가 없는 것으로
봅니다. 그리고 그 중국인 저자는 하늘과 땅이 의식, 이성, 질서에 의해
조절된다고 할지라도 (우리 역시 그렇게 믿는 것처럼) 하늘과 땅에는
그러한 것들이 없다고 믿는 것 같습니다.

§17. (3) 롱고바르디의 세 번째 추론은 이런 것입니다. 즉 리는 우발
적으로 움직일 뿐, 의지나 신중함에 의해 움직이지는 않는다는 것입니
다. 리에서 생겨난 최초의 공기가 자연적으로 그리고 우발적으로 방출
되었다고 합니다.(5:33) 마찬가지로 자연적으로 그리고 우발적으로 뒤
흔들린 공기가 열을 생겨나게 했다고 합니다.(5:34) 그래서 하늘과 땅
의 창조는 아주 자연스럽게, 즉 신중함이나 어떤 구상 없이 순전히 우
발적으로 일어났다는 것입니다.(5:36) 그는 또한 하늘과 땅은 오로지
자연적인 성향에 의해서만 행위한다고 말합니다.(11:54) 그것은 마치
불이 [위로] 타오르고 돌이 [아래로] 떨어지는 것과 같다고 합니다. 더
나아가 리는 하늘의 자연적 법칙이며 이 법칙의 작용을 통해 모든 사물
은 무게와 크기, 상태에 적합한 방식으로 조절된다고 합니다.(14:77) 그
리고 지성과 반성의 바탕 위에서 조절되는 것이 아니라 오로지 [주어
진] 성향과 자연적 질서에 의해서 지배된다고 합니다. 모든 사물이 [서
로 맺고 있는] 연관성과 각각의 개별적 주체의 성향―이것을 우리는
운명이라고 부릅니다―에 따라 이 세계에 있는 사물의 조화(17:88)와
질서가 리로부터 자연적으로 그리고 필연적으로 생겨난다고 합니다.
앞에서 언급한 [롱고바르디] 신부는 이렇게 말합니다.(17:90) "나는 수
많은 제자를 두고 있는 학파의 지도자인 고명한 인사[66]에게 질문했다.

그는 세 가지 교파([유가의] 선비, 불교 승려 혹은 우상숭배자, 우리 유럽인들이 마법사라 부르는 도가)의 교리를 완벽하게 이해하고 있었다. 나는 그에게 위에 계신 왕(하늘의 주인인 상제)이 생명과 지성을 갖고 있는지, 그가 인간들처럼 선과 악에 대해 알고 있는지, 그가 인간들에게 [선행과 악행에 따라] 보상을 하는지에 대해서 물어보았다. 이 고명한 인사의 반응은 주목할 만한 것이었다. 그는 위에 계신 왕은 그러한 지식을 가지고 있지 않지만 가지고 있는 것처럼 행한다고 대답하였다." 그러므로 『서경』 1권 35쪽에 따르면, 하늘은 보거나 이해하지 않으며 사랑하거나 미워하지도 않는다. 그러나 리는 리와 연관되어 있는 …… 백성의 노력을 …… 통하여 이 모든 작용을 수행한다.

§18. 중국인들의 이 모든 표현은 합리적인 의미를 갖고 있습니다. 그들이 하늘에 관해 말하는 것은 우리가 동물에 관해서 말하는 것과 같습니다. 실제로 동물들에게는 지능이 없다고 할지라도, 그것들은 지능을 가지고 있고 그에 따라 행동하는 것처럼 보입니다. 왜냐하면 중국인들이 리라고 부르는 이성적인 최상의 질서가 동물들을 인도하기 때문입니다. 중국인들이 제일의 공기 혹은 제일질료가 리에서 자연적으로 그리고 우발적으로 나왔다고 말했다면, 그들이 신이 질료를 필연적으로 창조했다는 것을 믿었다는 증거로 볼 수도 있습니다. 그러나 우리는 그들의 말을 보다 정확하게 해석함으로써, 그들의 말에 보다 더 나은 의미를 부여할 수 있을 것입니다. 그들의 말에 따르면, 최상의 이성은 가장 이성적인 것을 산출해냅니다. 리는 정해져 있으며 틀림이 없기 때문에 그들이 리를 '필연적'이라고 칭하는 것은 가능합니다. 그러나 유럽에 있는 많은 사람들이 그랬던 것처럼, 그들은 '필연적'이란 말을 잘못

사용했습니다. 그들은 〔리의 개념에서〕 자발적 행위action volontaire를 배제하였습니다. 왜냐하면 그들은 자발적이라는 것을 처음에는 불분명한 상태에 있다가 나중에 가서 하게 되는 결단이나 숙고의 행위로 이해하였기 때문입니다. 이것은 신과 어울리지 않는 것입니다. 그러므로 저는 중국인의 고대 학설에 왜곡을 가하지 않고서도 리가 자신의 완전한 본성에 의해 몇몇 가능성들 중에서 가장 적합한 것을 선택해 산출해왔고, 자신 이외의 나머지 모든 것을 생겨나게 하는 자연적 경향 때문에 이러한 방식으로 기 또는 질료를 산출해왔다는 것을 말할 수 있다고 믿게 되었습니다. 이와 마찬가지로 데카르트도 현재의 세계 질서는 최초로 생겨난 소수의 가설에서 나온 결과로 보아야 한다고 주장합니다. 그러므로 중국인들은 비난받아야 할 하등의 이유가 없습니다. 존재하는 사물들은 그들의 자연적 성향에 의해 그리고 이미 예정된 조화에 의해 창조된 것이라는 중국인의 생각은 칭찬받을 만합니다. 그러나 〔롱고바르디가 자신의 세 번째 논증에서 사용하고 있는 것처럼〕 우연Hazard이란 개념은 여기에 적합하지 않는 데다가 중국인의 말을 근거로 한 것 같지 않습니다.

§19. (4) 롱고바르디 신부의 네 번째 반론은 잘못된 가정에 기초하고 있습니다. 그는 리가 다양한 속성들 혹은 우연한 형식들을 가지고 있든지 없든지 간에 모든 생성과 소멸의 주체라고 말합니다. 그러나 그가 인용한 구절들 가운데 리, 규칙 혹은 최상의 이성에 대해 그렇게 말하는 것은 없습니다. 〔그가 인용한〕 구절들은 오히려 최초의 공기, 혹은 질료에 관해 말하고 있습니다. 리는 이 질료 속에서 본원적 엔텔레케이아들 혹은 실체적인 행위의 원인이 되는 힘들을 창조해냅니다. 이것들

은 정신의 구성적 원리입니다.

§20. (5) 중국인들의 견해에 따르면 세계의 모든 사물은 필연적으로 물질적이기 때문에 그들에게는 진정 정신적인 것은 존재하지 않는다는 그의 다섯 번째 반론 역시 허위이거나 잘못된 가정에 기초하고 있습니다. 그는 자신의 주장을 증명하기 위해 『철학』〔『성리대전』〕 26권과 34권을 인용합니다. 그렇지만 그는 그 점에 관한 구절들을 제대로 인용하지 못했습니다. 그러나 제가 믿기로는 (그리고 제가 이미 말씀드린 바와 같이)[67] 중국인들은 질료를 산출한 리 이외의 비물질적 실체는 전혀 인정하지 않습니다. 저는 이 점에 있어 그들이 옳다고 믿습니다. 그리고 〔중국인들이 말하는 것처럼〕 사물의 질서는 정신들을 항상 물체와 연결되어 있게 하고, 영혼이 죽은 다음에도 모든 유기적인 형태의 질료 또는 모든 형태화된 공기〔기〕에서 벗어나지 않게 합니다.

§21. 롱고바르디 신부가 주로 의지하는 것은 모든 것은 하나다Toutes choses sont un라는 중국의 원리Axiome Chinois입니다. 그는 그 점을 분명하게 언급(7:41)하고 있으며 종종 그 구절을 들먹입니다.[68] 생트 마리 신부 역시 이에 관해 언급합니다.(72)[69] 그렇지만 생트 마리 신부의 또 다른 구절(73)에는 단순히 물질적 성질 이상의 그 어떤 것이 존재한다는 말이 나옵니다. 『성리철학』〔『성리대전』〕 26권 8쪽에 따르면 〔사물들을〕 창조하고 〔그것들을〕 조정하는 힘vertu은 사물에 있지 않고, 사물에 의존적이지 않으며, 모든 것을 통제하고 지배하며 산출하는 리에 있습니다. 파르메니데스와 멜리소스도 동일한 방식으로 말했습니다. 그렇지만 이들에 대한 아리스토텔레스의 해석과 플라톤의 파르메니데

스 해석은 차이가 있는 것처럼 보입니다.[70] 스피노자는 모든 것을 단일한 실체로 환원시키고 모든 사물은 이 실체의 변형Modifications에 불과하다고 봅니다. 중국인들이 이것[스피노자의 견해]을 어떻게 이해하는지 설명하기는 쉽지 않지만, 중국인들을 좋아 그것에 대한 합리적인 해석을 못할 것도 없습니다. 모든 사물 속에 내재한 수동적인 것[질료]을 고려하면, 모든 사물은 동일한 제일질료에 의해 구성되며, 그 제일질료에 운동을 부여하는 형식들에 의해서만 차이가 나게 됩니다. 이렇게 해서 모든 사물은 활동할 수 있게 되는 것입니다. 그리고 모든 사물은 리, 즉 모든 사물에 완전성을 주는 동일한 근원적 정신(하나님)에 귀속됨으로써만 엔텔레케이아들, 정신들, 영혼들을 소유합니다. 그리고 질료 그 자체는 이와 똑같은 제일원인의 산물에 불과합니다. 그래서 모든 사물은 하나의 중심에서 나오는 것처럼 이것으로부터 나옵니다. 그러나 지금 이야기한 것에서는 우연한 성질에 의해 모든 사물의 구별이 생긴다는 결론이 도출되지 않습니다. 예를 들어 에피쿠로스주의자들과 다른 유물론자들은 질료, 형태, 그리고 운동만을 인정하는데, 이는 비물질적인 실체들, 혹은 엔텔레케이아들, 영혼들, 정신들을 파괴하는 결과를 낳고 맙니다.

§22. 모든 것은 하나다라고 하는 명제는 하나가 모든 것이다라는 명제로 환치되어야 할 것입니다. 이 명제[하나가 모든 것이다]는 앞에서 리의 속성에 관하여 진술할 때 이미 언급했습니다. 신은 결과로 나타날 모든 완전성을 이미 그 안에 가지고 있는 원인처럼 최고로 완전한eminenter 모든 것이라는 것이 이 명제의 의미입니다. 신이 모든 것이라고 해서 모든 사물을 하나로 모아놓은, 그런 형식적인 것은 아닙니다. 같은 이

야기를 반복하는 것이지만, 모든 것은 하나입니다. 그러나 이 말은 모든 것들이 모여서 형성한 형식적인 일자를 의미하는 것은 아니며, 또한 이 위대한 일자가 모든 사물의 질료라는 것을 의미하지도 않습니다. 정확히 말하자면 모든 사물은 〔동일한 신에서〕 생겨난emananter 것이기 때문에 하나입니다. 왜냐하면 사물들은 신의 직접적인 결과이기 때문입니다. 다시 말해 이 일자는 모든 사물에 내재해 있으며, 〔사물들의〕 완전성 속에서 자신을 드러냅니다. 이 완전성은 사물들이 일자와 교통하면서 〔이 일자를〕 수용하는 정도에 따라 결정됩니다.[71] 그러므로 사람들은 주피터가 우주를 채운다Jovis omnia plena[72]고 말합니다. 이 말은 다음과 같은 것을 의미합니다. 신은 모든 것을 채우고, 모든 사물 속에 존재하며, 따라서 모든 것은 신 안에 존재한다. 그는 〔공간의〕 중심이며 동시에 공간 그 자체입니다. 왜냐하면 우리가 앞에서 이미 언급했던 것처럼 신은 모든 곳을 중심으로 하는 원이기 때문입니다. 모든 것이 하나다라는 이 공리의 의미는 중국인들이 더욱 확실하게 알고 있습니다. 그들은 롱고바르디 신부가 위에서 지적한 것처럼 리에 분할 불가능한 완전한 통일성unité을 부여하기 때문입니다. 그러나 분할 불가능한 것이라면 그것은 부분을 가질 수 없습니다.

§23. 실제로 리는 우리의 철학자가 말하는 제일질료와 동일한 것은 아닙니다. 리를 제일형식, 다시 말해 세계영혼으로 파악하고, 개별적 영혼들은 그것의 변형일 뿐이라고 생각할 수도 있습니다. 이런 주장은 몇몇 고대 철학자들과 아베로이스트들의 견해를 따른 것이거나 어떤 의미에서는 이차적 질료는 오로지 제일질료의 변형에 불과하다는 스피노자의 견해를 따른 것일 수도 있습니다.[73] 이와 같이 본다면 개별적 영

혼들은 그 안에서 세계영혼이 작용하는 어떠한 기관 이상의 것일 수 없습니다. 이러한 주장은 결코 지지받을 수 없습니다. 왜냐하면 각각의 영혼은 그 자신의 개별성이나 자아를 가지고 있기 때문입니다.[74] 제일 질료는 부분을 갖기 때문에 개별적 질료는 제일질료가 변형된 것일 수도 있습니다. 그러나 제일형식 또는 순수한 활동성은 부분을 갖지 않습니다. 따라서 이차적 형식들은 [질료처럼] 제일형식에서 [연장되어] 산출된 것이 아니라 제일형식에 의해 [창조되듯이] 산출된 것입니다. 저는 몇몇 중국인들이 이런 오류에 빠졌을 가능성이 있다는 것을 부인하고 싶지는 않습니다. 그러나 그들의 조상이 쓴 구절에는 이런 오류가 나타나지 않습니다. 롱고바르디 신부는 많은 유학자들과 대화를 나누면서 그들로 하여금 우리의 신학과 반대되는 구절들을 찾아내도록 했고, 그렇게 해서 발견된 몇몇 구절들을 인용했을 것입니다. 그러므로 중국 고전의 저자들의 뜻을 왜곡하지 않고도 중국인들은 리에서 나왔지만 리와는 다른 실체인 인간의 정신 내지 정령과 같은 정신적 실체를 인정한다는 주장을 할 수 있을 것입니다.

2. 신의 창조물 혹은 제일질료 혹은 신들에 관한 중국인의 견해

§24. 리에 관해서는 이미 충분히 언급했기 때문에 이제 리가 산출하는 것을 파악해보도록 하겠습니다. 롱고바르디 신부가 우리에게 보고한 것에 따르면 리에서 공기(5:39), 최초의 공기air primitif(11:49), 또는 최초로 창조된primogene(또는 태초에 창조된protogene) 공기(14:79)가 나옵니다. 그는 이것들을 총칭해서 기氣Ki(10:48, 11:56, 57)라고 부릅니다.

기는 리의 도구입니다.(11:50) 정신[75]의 작용은 근원적으로 리에서 나온 것이기 때문에 기는 리의 도구가 되며, 형식상 정신에 속합니다.(11:56) 제일원리는 마치 기능인이 도구를 다루는 것처럼 질료를 움직이며, 사물을 산출해냅니다. 최초의 공기를 제일원리의 도구라고 하는 것처럼 이 기, 혹은 최초의 공기는 실제로 질료와 일치하는 것처럼 보입니다. 공기라 불리는 이 기는 우리가 에테르Aether[76]라 부르는 것과 같은 것이라 할 수 있습니다. 왜냐하면 원초적 형태의 질료란 완전히 유동적이기 때문입니다. 그래서 이것에는 어떠한 결합이나 결속도 없고, 그것의 부분들을 서로 구별할 수 있는 틈새나 한계도 없습니다. 어쨌든 기라는 질료는 우리가 생각해낼 수 있는 가장 섬세한 물체corps입니다.

§24a. 롱고바르디 신부는 기가 리의 산물이라고 분명하게 말합니다. 그러나 그는 최초의 공기[기]가 리에서 자연적으로 나왔다고도 합니다.(5:33) 그리고 리는 그 자체로는 아무런 활동도 하지 않지만 자신의 기를 산출해낸 뒤에 활동하기 시작한다고 합니다.(11:56) 우리는 훌륭한 신부가 부지불식간에 모순을 범한 것이라 생각하고 너그럽게 봐주어야만 합니다. 리가 그 자체로는, 그리고 기 없이는 아무런 행위도 하지 않는다면, 어떻게 기를 산출할 수 있겠습니까? 어떠한 행위도 하지 않고 어떤 것을 산출해낼 수 있을까요? 그리고 기가 단지 [리의] 도구에 불과하다면, 리에는 힘 혹은 최초의 동력인la vertu ou la cause efficiente이 있다고 말할 수밖에 없지 않습니까? 제일질료가 제일원리 또는 제일의 형식, 순수한 활동성, 신의 작용에 의해서 산출되었다는 것을 고려한다면, 중국의 철학은 고대 그리스인의 철학보다 훨씬 더 기독교 신학에

가깝다고 할 수 있습니다. 고대 그리스인은 질료를 신과 동격으로 여겼고, (신적) 원리는 질료를 전혀 생산하지 못하고 질료에 형식만을 부여한다고 보았기 때문입니다. 중국인들은 리가 시초부터, 그리고 영원히 자신의 기를 산출하기 때문에 리와 기는 영원하다고 굳게 믿고 있을 것이 틀림없습니다. 그러나 이 때문에 놀랄 이유는 없습니다. 그들이 우주의 시원을 설명해줄 수 있는 어떤 계시를 모른다는 것이 분명하기 때문입니다. 성 토마스(아퀴나스)와 다른 위대한 박사들은 (기독교적) 진리가 이성 그 자체만으로는 증명될 수 없을 것이라고 주장해왔습니다. 고대 중국인들이 기는 소멸하지 않는다고 말한 것은 분명한 사실이지만, 그렇다고 기가 시초를 가지지 않는다고 말한 적은 없습니다. 그리고 중국 제국은 (구약성서에 나오는) 족장들의 시대에 시작되었기 때문에 중국인들이 세계 창조에 관한 것을 족장들에게서 배웠을 것이라고 믿었던 사람들[77]이 있습니다.

§25. 리와 기 다음에 태극이 오는 것처럼 보입니다. 롱고바르디 신부는 우리가 후자(태극)에 대해 분명한 관념을 가질 수 있을 만큼 충분한 기록을 남기지 않았습니다.[78] 간략하게 말하자면, 태극은 기에 대해 작용하는 리와 다른 것이 아니라 할 수 있습니다. (성서에 이렇게 쓰여 있기 때문입니다.) "하나님의 신은 수면에 운행하시느니라Spiritus domini qui ferebatur super aquas."[79] 여기서 최상의 정신(하나님)은 리에 해당하고 물은 제일의 유동체, 다시 말해 최초로 창조된 공기나 기 또는 최초의 질료에 해당합니다. 그러므로 리와 태극은 서로 다른 것이 아니라, 하나이자 동일한 것이라고 할 수 있습니다. 리와 태극은 (같은 것이지만) 다른 술어를 지닌 것이라 할 수 있습니다. (롱고바르디) 신

부에 따르면, 리는 무한한 구球가 되고(이것은 의심할 여지없이 은유적인 표현입니다) 중국인은 그것[무한한 구]을 태극이라 부릅니다.(5:33) 다시 말해 태극은 동인으로 작용하고, 사물들을 생산함에 있어 자신의 힘을 행사하기 때문에 궁극적인 완전과 극치에 이르렀다고 할 수 있습니다. 그리고 리는 사물들에게 예정 조화된 질서를 포함한 능력을 부여하는데, [리에 의해 이 능력을 부여받은] 이때부터 만물은 그 자신의 자연적 성향에 의해 계속 앞으로 나아갑니다. 따라서 신은 자연물을 창조한 뒤에 자신의 평상의 진로를 따라 앞으로 나가기만 하면 됩니다. 그렇기 때문에 저는 신부가 다소 혼란에 빠져 기와 태극을 혼동하고는, 태극을 최초의 공기라 했을 것이라고 생각합니다.(10:47)

§25a. 몇몇 중국인들은 최초의 혼합물un composé primitif이 제일형식, 즉 리와 제일질료, 즉 기에서 유래한 것이라고 생각했을지도 모릅니다. 왜냐하면 그것[최초의 혼합물]은 리를 영혼으로, 기를 질료로 한 하나의 실체이기 때문입니다. 그들은 이 실체를 태극이라는 이름으로 이해했을 수도 있습니다. 그렇다면 [그들은] 전 세계를 [살아 움직이는] 생물Animal로서, 우주적 생명으로서, 최상의 정신으로서, 그리고 위대한 인격체로서 인식했을 수도 있을 것입니다. 스토아주의자들도 세계를 그런 방식으로 말해왔습니다. 우리가 미소微小한 생물이 커다란 동물의 육체를 구성한다고 생각하는 것처럼 이 커다란 전체적 생물을 이루는 부분들 가운데 하나로서 개별적 생물들이 있을 수 있다고 말입니다. 그러나 우리는 이러한 오류를 고대 중국의 [고전의] 저자들에게서는 발견하지 못했기 때문에, 더군다나 그들은 질료를 신의 산물로서 간주해왔기 때문에 그들이 오류를 범했다고는 생각하기 어렵습니

중국인의 자연신학론 113

다. 신은 실체를 질료와 결합하려 하지 않을 것입니다. 따라서 세계는 영혼을 가진 인격체personne animée일 수 없으며, 신은 초세계적인 예지적 존재intelligentia supramundana가 됩니다. 그리고 신의 작용으로 존재하는 질료는 신과 동격일 수 없습니다. 롱고바르디 신부가 태극은 그 자체에 리와 최초의 공기 또는 기를 포함한다고 한 것을(11:49), 태극이 그것들[리와 기]로 구성된다는 것으로 이해해서는 안 됩니다. 전제가 결론을 내포하고 있는 것처럼 태극은 리와 기를 포함한다는 의미로 단순하게 이해해야 합니다. 왜냐하면 태극은 기에 작용하는 리이며, 따라서 [리가 작용할 수 있으려면] 기가 전제되어야 하기 때문입니다.

§26. 또한 우리는 리의 속성들이 태극에도 있다는 생각을 할 수도 있습니다. [그렇게 생각하면] 모든 정신이 태극에서 나오며, 상제가 우주의 지배적 원리, 즉 하늘로 여겨지는 리나 태극과 다름없다고 보는 고대 중국인들의 주장—이에 대해서는 나중에 간략하게 설명할 것입니다—을 따른다 할지라도, 현대의 [중국] 관리가 말하는 것처럼 상제를 태극의 아들이라고 말할 수 있습니다.(11:53) 롱고바르디는 정신[신]들은 하늘, 땅, 산과 같은 여러 상이한 대상들과 관련을 가지는 리나 태극과 같은 것이라고 말합니다.(11:54) 이것은 앞에서 언급한 중국 관리가 했던 말과 일치하지 않습니다. 왜냐하면 상제 혹은 천신이 태극의 아들이라면 상제는 태극과 같은 것일 수 없기 때문입니다. 그러나 태극을 리와 동일시하는 것은 괜찮습니다. 우리는 아래에서 상제에 대해 언급하는 것을 보게 될 것입니다. 롱고바르디 신부는 자신의 [『중국 종교의 몇 가지 사항에 관한 논문Traité sur quelques points de la religion des chinois』, 이하 『중국 종교론』이라 함] 13장의 제목을 다음과 같이 표현합니다.

114

"중국인들이 사물을 지배한다고 여기는 모든 신들 혹은 모든 정신들은 오로지 한 가지 것으로 환원되는데, 그것은 리 혹은 태극이다." 지금은 〔롱고바르디의〕 이 생각을 자세하게 검토하지 않는 것이 좋을 것 같습니다. 그렇지만 리와 태극이 같은 것으로 취급될 수 있다는 사실을 간단히 지적하고 넘어가고자 합니다. 그는 이 단락(13:68)에서 리가 이해의 원인이자 모든 자연의 지도적 규범Mentis ratio et totius naturae regula directrix이라고 합니다. 그러고는 태극을 잠재적으로 모든 가능한 사물들을 그 안에 포함하고 있는 자연의 자궁Sinus naturae continens in se virtualiter omnia possibilia이라고 합니다. 그는 리에 관해 언급하다가(14:75), 리와 태극에는 리가 절대적인 존재를 상징하는 반면에 태극은 사물들의 기원인 어떤 존재를 상징하는 형식적인 차이가 있을 뿐이라고 확신합니다.(13:68) 그는 『중국철학』〔『성리대전』〕 26권 8쪽을 인용하는데, 거기서는 리 혹은 태극이 원인들 속에 내재하며, 그것들을 지배하고 조종하기 때문에 원인들은 끊임없이 작용한다고 합니다. 그리고 같은 책 1권 31쪽에서 리(이성)가 세계의 사물들을 지배하기 때문에 부족한 것이 없다고 합니다. 36권 9쪽에서는 태극은 시발의 원인이자 이 세계의 끝이라 합니다. 그리고 태극은 한 세계가 종말에 이르면, 대세大歲라 불리는 위대한 해의 혁명(4:32) 후에 또 다른 세계를 산출한다고 합니다.(5:36) 그러나 태극 그 자체는 결코 종말에 이르지 않습니다. 이것은 태극이 세계가 아니란 것을 말하는 것입니다. 결국 생트 마리에 따르면, 중국인들은 리나 태극보다 뛰어나거나 고상한 것이 있다고 여기지 않는 셈입니다.(69) 또한 〔롱고바르디 신부에 따르면〕 중국인들은 모든 사물은 태극과 같은 것이라고 말합니다. 저는 사물들을 태극의 부분이나 변형으로 이해해서는 안 된다고 믿고 있습니다. 왜냐하면 사물들이 지닌 절대적 실재성과 완전성은 태극에서 나온 것이기 때문입니다. 그러나 우리가 아직도 종종 영혼을 신성의 작은 부분들로 비유해서 말하는 것처럼, 중국인들이 때때로 그와 같이 말한다 해서 놀랄 필요는 없습니다. 그리고 이런 의미에서 『중국철학』[『성리대전』]은 26권 1쪽에서 리는 하나지만 그것은 여러 부분들로 이루어져 있다고 말합니다. 정확하게 말하자면, 부분들로 이루어진 하나의 사물은 결코 참된 하나가 아닙니다. 그것은 모랫더미라든지 군대와 같이 그 명칭에 의해서만 단일체가 되는 것이라 할 수 있습니다. 그러므로 이미 인용한 다른 구절들이 보여주는 바와 같이 제일원리는 부분을 갖지 않습니다.

§27. 생트 마리 신부는 (《사서》 중의 하나인 『중용』에서 공자가 한 말에 따르면) 이 리-태극이라는 말은 실체적 진리, 법, 만물의 원리와 목적을 나타낸다고 합니다.(69)[80] 이것[리-태극]으로부터 자신의 실재적이고 참된 존재를 품수받지 않은 사물은 없으며 사물의 본질은 불완전한 단자를 포함하고 있지 않습니다. 이것은 다음과 같은 「창세기」 1장 31절의 구절과 어느 정도 비슷합니다. 하나님이 그 지으신 모든 것을 보시니 보시기에 심히 좋았더라. 그렇지만 생트 마리 신부는 락탄티우스Lactantius의 제일원리에 관한 구절을 하나 인용합니다.(107, 108) 이 구절에서 저자[락탄티우스]는 고대 시인과 철학자들을 인용한 후에, 이 모든 견해가 비록 불분명할지라도 자연, 하늘, 이성, 정신, 운명, 성스런 법칙 등의 이름으로 나타나는 섭리—이것은 우리가 신이라고 부르는 것과 같습니다—를 확고히 해준다고 말합니다.[81] 그런데 생트 마리 신부는 [이 인용문을 반박하고] 중국인은 오로지 작은 부분들로 분할되는 물질적 원리만 알고 있을 뿐이라고 덧붙여 말합니다. 제가 볼 때

이 훌륭한 신부는 이상한 선입견에 사로잡혀 잘못 인도되고 있습니다. 그가 가진 이 선입견은 〔중국〕 고전의 저자들에게서 나온 것이 아니라 현대의 몇몇 불신자[82]와 논의하면서 생긴 것 같습니다. 이 현대의 몇몇 불신자들은 중국이나 그 밖의 지역에서 자신들이 다른 사람들보다 우월하다는 것을 보이기 위해 자신들을 자유사상가로 여깁니다.

§28. 중국인이 말하는 리와 태극 다음으로 위대한 것은 상제, 즉 위에 계신 왕Roy[Roi] d'enhaut 또는 하늘을 다스리는 정신입니다. 리치는 중국으로 건너가서 얼마 동안 지낸 다음 〔중국〕 사람들이 이 상제가 하늘과 땅의 주, 즉 우리의 하나님을 의미한다는 것을 받아들일 수 있을 것이라고 믿었습니다. 리치는 우리의 하나님을 하늘에 계신 주, 천주라고 불렀습니다. 중국에서는 기독교의 하나님을 천주라고 부릅니다. '상제'와 '천주', 이 두 용어의 근원적 의미를 보자면 중국인들은 이 두 용어를 사실상 거의 동일한 것으로 여기고 있을 것입니다. 롱고바르디 신부, 생트 마리 신부, 그리고 몇몇 사람들은 신을 상제라 부르는 것에는 반대했지만 천주라 부르는 것에는 찬성했습니다. 상제가 영원한 실체인가 아니면 단순한 어떤 창조물에 불과한 것인가 하는 물음은 중요합니다. 중국 고전에 따르면 상제라 불리는 최상의 왕은 하늘의 궁전에 거주하면서 세계를 지배하며 선한 자에게는 상을 내리고 악한 자에게는 벌을 준다고 합니다. 롱고바르디 신부는 이러한 중국 고전을 마지못해 소개하고 인정합니다.(2:13) 그러나 신부는 같은 쪽〔2:13〕에서 다른 고대 해석가의 견해를 소개합니다. 이 해석가는 〔상제의〕 이러한 특성은 〔상제가 아니라〕 리라고 불리는 하늘, 혹은 우주적 실체에 속하는 것으로 생각합니다. 그러나 〔리라는〕 용어는 우리의 신에게 상제라는

이름을 부여했던 사람들을 불리하게 만들기는커녕 오히려 그들에게 대단한 도움을 주고 있습니다. 왜냐하면 리는 영원하며 모든 가능한 완전성을 구비하고 있기 때문입니다. 한마디로 말해 위에서 지적했던 것처럼 리를 우리의 신으로 간주할 수 있습니다. 그러므로 [롱고바르디 신부가 주장하는 바와 같이] 상제와 리가 같은 것이라 한다면 우리는 신에게 상제라는 이름을 부여할 수 있는 이유를 모두 갖게 되는 셈입니다. 그리고 고대 중국의 철학자들이 상제, 즉 위에 계신 왕이라 불리는 최상의 존재와 종속적인 정신들—상제의 대신들—을 인정하고 숭배했으며, 이런 방식을 통해 참된 신에 대한 지식을 가지게 되었다고 한 마테오 리치 신부의 주장(16:84)은 틀린 것이 아니었습니다.

§29. 중국인들은 여전히 위대하고 훌륭한 하늘의 사물들에 대해, 하늘의 정신에 대해, 하늘의 질서에 대해 말하고 있습니다. 이 모든 것들은 진정한 신을 언급하는 데 아주 잘 어울립니다. 그 예로 그들은 하늘의 질서를 지각할 수 없는 최고선의 존재라고 합니다.(17:99) 그리고 그들은 리를 하늘의 자연적 질서라고 부릅니다.(14:77) 리의 작용을 통해 모든 사물들이 그 자신의 무게와 크기에 따라 조절되고 자신의 상태에 순응하게 되기 때문입니다. 이 하늘의 질서를 천도天道라 합니다. 그리고 생트 마리 신부에 따르면 공자는 『중용』에서 천도란 리와 같은 것이며 자신의 경로를 밟아가며 자연적 작용을 하는 하늘의 일정한 질서라고 말합니다. 롱고바르디 신부의 견해에 따르면 결론적으로 하늘에 있는 우주적 혹은 제일의 실체를 리(말하자면 이성의 질서)라 할 수 있습니다. 그리고 리는 하늘의 사물입니다.(14:16) 왜냐하면 제일원리가 세계의 모든 사물들 속에 현재한다고 할지라도 그 자체는 하늘의 원리이

기 때문입니다. 그것은 가장 탁월한 우주적 사물이며 그것의 효력은 우주 안에서 가장 분명하게 나타납니다. 그리고 『논어』2권 5장[83])에서 리에 대해 언급하기를, 이 원리는 비교할 수 없는 본질이며 그것과 비길 수 있는 것은 아무것도 없다고 합니다. 그리고 하늘과 관련해서도 이와 똑같은 구절들이 나옵니다. 따라서 이 구절들을 질료와 관련이 있는 것이 아니라 하늘의 정신 혹은 위에 계신 왕[상제]과 관련이 있는 것으로 이해하는 것이 합리적이라고 할 수 있습니다. 그러므로 생트 마리 신부가 중국 선비에게 절대적이고 최상의 신성은 하늘이라고 말할 때 우리는 그의 말을 [바로 앞에서 설명한 것처럼] 그렇게 이해해야만 합니다.

§30. 여기서 생트 마리 신부가 인용한 어느 중국의 학자가 상제에 대해서 어떻게 말하는가(74)를 살펴보도록 하지요. "우리의 고대 철학자들은 천지와 세상 만물의 본성을 대단히 조심스럽게 검토한 후 그것들은 모두 선하고, 리는 예외 없이 만물 모두를 소유할 능력이 있으며, 가장 커다란 사물에서부터 가장 작은 사물에 이르기까지 [리라는] 동일한 본성과 동일한 실체를 소유했다는 것을 인식하였다. 주 혹은 신이라 할 수 있는 상제는 개개 사물에 현재하기 때문에 우리는 개개 사물이 상제와 진정 하나라는 결론을 이끌어낼 수 있다. 이런 이유들로 해서 우리는 사람들에게 이렇게 설교하고 권고해야만 한다. 즉 상제의 완전함과 덕을 더럽히고 손상시키는 악덕을 피하고 상제의 정의를 추구하라. 그렇게 하지 않는다면, 창조된 만물의 영혼이자 주인인 상제를 어기는 것이기 때문에 최고의 이성과 최상의 정의를 모욕하게 될 것이며 모든 존재에게 상처를 입히게 될 것이다." 이 인용구의 저자를 따르자

중국인의 자연신학론 119

면 이 구절은 우리에게 상제는 보편적 실체이자 최고의 완전한 존재이며, 궁극적으로는 리와 동일한 것이라는 것을 보여줍니다. 그렇지만 우리는 상제를 사물의 영혼으로 여기는 (현대의 학자가 분명한) 이 학자의 진술을 그대로 믿을 수는 없습니다.

§31. 고대 중국의 현자는 보통 사람들에게는 자신들의 상상력에 걸맞은 제사의 대상이 필요하다고 보고 이런 숭배의 대상으로 〔추상적인〕리 혹은 태극이 아닌 〔구체적인〕상제, 하늘의 정신〔천신〕을 제안했던 것입니다. 〔상제 혹은 천신이라는〕이 이름은 리 혹은 태극 그 자체를 뜻하며, 이것〔리 혹은 태극〕은 자신의 권능을 주로 하늘에서 드러낸다고 합니다. 또한 히브리인들도—예를 들어 「마카베오서」[84]에서—하늘에도 신에 해당하는 것이 있다고 생각했고 신을 하늘의 주님으로 여겼습니다. 로마인들은 이런 이유 때문에 그들〔히브리인〕은 아무것도 섬기지 않고 구름들과 하늘의 신만을 섬긴다qui Nil praeter nubes, et coeli numen adorant고 하면서, 그들을 하늘을 섬기는 자들Coelicolae이라 불렀습니다. 또한 아리스토파네스는 소크라테스를 가증스럽고 우스꽝스러운 인물로 보이게 하기 위해 그가 그 지역의 신들을 모욕하고 무지한 사람들이 전혀 구별할 수 없는 하늘 또는 구름을 숭배한다고 비방하였습니다. 그의 희극 〈구름〉에서 그러한 것을 볼 수 있습니다. 〔아리스토파네스가 소크라테스를 비난했던〕바로 그 이유 때문에 생트 마리 신부는 고대 그리고 현대 중국의 철학자들이 눈에 보이는 하늘을 경배하고 위에 계신 왕, 즉 상제의 이름으로 하늘에 제물을 바친다고 말했던 것입니다.(72) 왜냐하면 리의 주재적이고 가시적인 성질은 보통 사람들의 눈에는 보이지 않기 때문입니다. 그러나 상제, 혹은 중국인이 원칙적으로 경배하

는 것은 물질적 하늘 그 자체라기보다는 하늘을 주재하는 리라고 말하는 것이 옳을 것입니다. 생트 마리 신부가 몇몇 구절(77~78)에서 말하고자 하는 것은 대부분 동일한 것입니다. 즉 중국인과 (의심할 여지없이 중국인의 영향을 받은) 일본인은 제일원리(생트 마리 신부는 아무런 근거도 없이 이 제일원리를 물질적인 것이라고 덧붙여 말합니다) 이외의 다른 신을 인정하지 않으며, 그들은 제일원리가 하늘의 주권을 가졌다고 보기 때문에 제일원리를 최상의 왕, 상제라 부른다는 것입니다. 그리고 하늘은 상제의 궁정이며, 상제는 그 높은 곳에서 모든 것을 지도하고 지배하며 자신의 영향력을 넓혀간다는 것입니다. 그들은 이 눈에 보이는 하늘에 (혹은 그 하늘의 왕에게) 희생물을 바치지만 리의 본성을 이해하지 못하는 사람의 무지나 평범함[을 우려하기] 때문에 리라는 이름을 드러내어 부르지 않고 깊은 침묵 속에서 리를 경배한다고 합니다. 그들은 인간에 내재해 있는 이성의 빛을 하늘의 계율이자 법이라고 부릅니다. 우리는 정의를 따를 때 내적 만족을 느끼며, 정의에 반대되는 행위를 할 때 두려움을 느낍니다. 중국인들은 이러한 모든 것을 상제(진정한 신)가 보낸 영감이라고 말합니다. 하늘을 거스르는 것은 이성을 거스르는 행위요, 하늘에 용서를 구하는 것은 그 스스로를 고치는 것입니다. 바로 이 이성의 법칙에 순종해서 [하늘에 구하는 용서를] 말이나 행동으로 나타내는 것이 진실한 회개입니다. 저는 이 모든 것이 대단히 탁월하며 자연신학과 꽤 일치한다고 봅니다. 저는 이에 대해 어떤 왜곡도 가하지 않았습니다. 저는 왜곡된 해석이나 윤색을 하지 않고서는 [중국인의] 이런 관점에 대해 흠잡을 무언가를 찾기는 힘들 것이라고 믿고 있습니다. [중국의 교설이] 우리의 마음속에 새겨진 자연법칙을 새롭게 [깨닫게] 해주는 한, 그것은 순수하게 기독교적입니다. 물

론 중국의 교설에는 우리의 본성을 올바르게 고양시켜주는 [기독교적]
계시와 은혜가 결여되어 있습니다.

§32. 중국의 옛 현자들이 하늘을 다스리는 정신을 진정한 신으로 여
겼을 때, 그리고 그 정신을 리 자체, 즉 질서 또는 최상의 이성이라고
생각했을 때, 그들은 자신이 의식하고 있던 것보다 훨씬 더 진리에 가
까이 접근해 있었습니다. 왜냐하면 천문학자의 발견이 하늘은 우리가
우주라고 알고 있는 것이고 우리의 지구는 그 하늘에 종속된 행성 중
하나에 불과하며, [하늘에는] 항성이나 행성과 같은 수많은 세계 체계
가 존재한다는 것을 알려주고 있기 때문입니다. 그리고 우리의 세계 체
계는 수많은 주성周星들 중 하나에 불과한 태양[을 중심으로 한] 세계
체계[태양계]에 불과합니다. 그러므로 하늘의 조종자 혹은 주인은 [눈
에 보이는 태양계의 하늘의 주인이 아니라 전체] 우주의 주인인 것입
니다. 그런데 중국인들은 이에 대한 충분한 권한도 없이 대단히 운좋게
이 지혜를 전수받을 수 있었습니다. 그들은 그 지혜의 일부분을 [옛날
부터 전해 내려오는] 족장의 전통을 통해 배웠을 수도 있습니다.[85]

§33. 이제 롱고바르디 신부가 이야기한 것을 이 관점과 대비해서 살펴
보도록 하겠습니다. 그는 중국 학자에 따르면 상제는 하늘 자체이거나
아니면 하늘의 덕과 힘이라고 말합니다.(2:18) 그러나 상제를 물질적인
하늘이라고 말하는 것은 전혀 설득력이 없습니다. 하늘의 덕과 힘에 관
해 말하자면, 그것은 전체 우주의 덕 혹은 힘 이외의 다른 것일 수 없습
니다. 왜냐하면 하늘은 우리가 우주에 대해서 알고 있는 모든 것을 포함
하기 때문입니다. 이와 마찬가지로 하늘을 일종의 인격적 영혼―이것은

상제일 수도 있습니다—으로 보려는 생각도 설득력이 없기는 마찬가지입니다. 하늘은 아주 광대하기 때문입니다. 중국인들이 지구에 영혼을 부여한 것과 마찬가지로 각각의 항성계나 혹은 각각의 별에 영혼을 부여하는 것은 의미 있는 일일 것입니다. 하늘의 정신[천신] 혹은 하늘의 질서에 바쳤던 칭송들은 어떤 [개별적인] 정신에는 어울리지 않습니다. 그 칭송들은 리에게만 어울리는 것입니다. 그러므로 고전의 저자인 칭추Ching-Cheu[86]가 상제는 하늘과 다름없다고 말했다면, 우리는 이 표현을 비유적인 것이거나 정확치 못한 것이라 생각할 것입니다. 이것은 우리가 하늘의 주를 종종 하늘이라고 말하는 것과 마찬가지입니다. 이 저자[칭추]는 하늘을 리라는 영혼과 천상의 물질로 이루어진 인격Person으로 파악했을 것이라고 생각해볼 수도 있습니다.(11:52) 결론을 내리자면 그는 스토아주의자들이 세계를 바라본 것처럼 하늘을 바라본 것입니다. 그러나 이 구절을 더욱 명확하게 설명할 수 있을 때까지 이렇게 생각하는 것이 나을 것입니다. 즉 유럽에서 습관적으로 하늘을 하나님으로 말해왔던 것처럼 그도 비유적으로 그렇게 말했을 것이라고.

§34. (생트 마리 신부의 책 57쪽에 따르면) 고대 중국인의 글에 다음과 같은 일화가 나옵니다. 황제 문왕Empereur Vuen-Wang[87]은 자신의 주인이자 최상의 왕인 상제 앞에서 자신을 낮추어 황제의 호화로움을 포기하고 마음속 깊이 자신을 반성하며 평생을 살았다고 합니다. 중국인들은 하씨Hia Xi[88]라는 황제에 대해서도 말했는데, 그 황제는 사악한 행위로 비난을 받게 되자 상제에 대한 두려움과 외경으로 몸을 벌벌 떨었다고 합니다. 그리고 [중국인에 따르면] 그는 [상제에 대한] 두려움

과 외경으로 자신을 억제해 진정한 이성에 반하는 짓을 감히 하지 못했다고 합니다. 고대에는 황제가 손수 땅을 일구었으며 백성들은 그 땅에 최상의 왕이자 주인인 상제를 위해 〔마련된 희생물인〕 씨를 심곤 하였다고 합니다. 그리고 중국의 어느 왕이 공자에게 우리가 불의 수호신이나 집안의 가장 낮은 신도 숭배해야 하느냐고 묻자 공자는 하늘, 즉 하늘의 주에게 잘못을 범했다면 그 죄를 범한 사람은 하늘에다 용서를 빌어야만 한다고 대답했다고 합니다.(59) 이것은 공자 역시 플라톤처럼 유일신을 믿었지만,[89] 그도 대중의 이해 정도에 따라 달리 말했다는 것을 보여줍니다.

§34a. 롱고바르디 신부는 어떤 중국인 학자와 자신이 나누었던 대화를 회고하여 들려줍니다.(17:90) 이 중국인 학자는 신부에게 위에 계신 왕 혹은 상제는 하늘, 리, 태극, 원기Iven-Ki[90](저자〔롱고바르디 신부〕는 이 용어를 설명하지 않고 있습니다), 천성Tien Xing[91](혹은 정령들, 19), 천명天命(하늘이 부여한 덕), 난린Nan-lin[92](땅의 덕)과 같은 것이라고 합니다. 또한 이 학자는 〔유교의〕 선비들이 아는 상제는 스님들이 부처로, 도가들Tao-çu이 옥황玉皇Jo Hoang으로 받드는 신 혹은 하나님과 똑같은 것이라 말합니다. 다른 사람은 우리의 마음(이것은 우리의 내면에서 작용하는 어떤 것입니다)은 상제 그리고 천주Tien-Cheu와 동일하다고 말합니다.(17:87) 왜냐하면 중국인들이 마음을 인간의 물리적 행위 및 도덕적 행위를 규제하는 인간의 주재자Chuzay(directeur)라고 말하기 때문입니다.(15:81) 이것은 몇몇 중국인이 모든 것은 하나다라는 것을 핑계 삼아 종종 애매하고 혼란스럽게 말하는 것을 보여주고 있습니다. 따라서 그런 말들을 문자 그대로 받아들여서는 안 됩니다. 중

국인들의 교설에 대해 분명하게 말하기 위해서는 개인들의 개별적 발언보다는 중국인들의 학설이 내세우는 이치와 그 [이치 사이의] 조화를 고찰해야 합니다.

§35. 또한 롱고바르디 신부는 중국 관리의 이야기를 자세히 들려줍니다. 중국 관리는 롱고바르디 신부에게 상제와 천주, 위에 계신 왕 혹은 하늘의 주는 태극이 만들어낸 것에 불과하기 때문에 다른 창조물처럼 종말을 맞게 될 것이지만 반면에 태극 자신은 영원할 것이라고 말합니다.(11:53) 그리고 위에 계신 왕 혹은 하늘의 정신은 하늘과 더불어 끝날 것이라고 말합니다.(17:89) 또한 우리[유럽]의 신 혹은 우리의 천주(하늘의 주)가 [중국의] 상제와 같은 것이라면, 그[유럽의 기독교 신인 하나님] 역시 [영원히] 존재하지 않고 끝나게 될 것이라고 말합니다.(17:87, 89) 그러나 훌륭한 신부[롱고바르디]는 [중국 관리의 말만 인용하지] 이와 관련된 것을 언급한 [중국] 고대인들의 글은 한 구절도 제시하지 않고 있습니다.[93] 이와 반대로 고대인들은 상제 안에 있는 리를 숭배하기를 원했던 것 같습니다. 그러나 이런 것들[앞에서 중국 관리가 언급한 것들]은 모든 정신적 실체를 단순한 물질적 실체로 뒤바꾸려 애쓰는 현대 중국 학자들의 생각에 불과합니다. 이들의 생각은 데카르트주의자들이 짐승의 영혼에 대해 했던 생각이나 『파이돈Phaidon』에 나오는 몇몇 고대 그리스인들의 주장과 같습니다. 그들은 영혼이 물질적으로 배치된 덩어리나 그것의 조화 혹은 기계적 구조물과 다름없다는 주장을 했습니다. 이런 주장은 종교의 해체를 위한 것이거나 정치적 의도에서 백성을 감시하기 위한 것으로 보입니다. 중국 학자가 롱고바르디 신부에게 말했던 것도 바로 그러한 것입니다. (제가 앞에서 언급

했던 이 중국 학자는 모든 것은 하나다라는 명제를 잘못 이해하여 다른 것들을 뒤죽박죽으로 만들어놓았습니다.)(17:92)

§36. 보편적 정신은, 그 자체로 보자면 리 혹은 질서라 부를 수 있습니다. 창조물 안에서 작용을 하면 이것은 태극이라 불립니다. 태극은 창조를 완성에 이르게 하고 사물을 성립시키는 것입니다. 하늘을 다스리는 창조의 원리를 가리켜 상제, 혹은 위에 계신 왕, 혹은 천주, 즉 하늘의 주라 합니다. 이제 이 모든 것이 확증되었기 때문에 이제 저는 정령들 혹은 개별적 정신들로 화제를 돌리고 싶습니다. 일반적으로 그들은 천신Tien-Xin(롱고바르디, 서문 6)이라 불리거나 신Xin(8:44) 아니면 귀신Kuei-Xin(89)이라 불립니다. 롱고바르디는(8:44) 중국인들에게는 신이란 말이 순결하거나 고상한 정신을 의미하고, 귀라는 말은 불결하거나 타락한 정신을 의미한다고 적어놓았습니다. 그러나 이것은 정확한 해석이 아닌 것처럼 보입니다. 왜냐하면 생트 마리 신부는 공자의 말을 다음과 같이 인용하기 때문입니다.(89) "이 하늘의 정신들인 귀신들의 보기 드문 덕과 위대한 완전함이여!94) 이들보다 더 높은 덕이 어디에 있는가? 그들은 보이지 않지만, 그들은 그들의 작용을 통해 자신들을 드러내 보인다. 그들은 들리지 않지만, 그들이 쉬지 않고 이루어낸 놀랄 만한 일들이 [그들이 존재한다는 것을] 충분히 말해준다."95) 또한 ([생트 마리 신부의 책] 91쪽에 기록되어 있는 것처럼) 공자는 정신[귀신]들이 어떤 방식으로 우리와 밀접하게 하나를 이루고 있는지 알 수 없다고 말합니다. 그렇기 때문에 정신[귀신]들을 칭송하거나 그들을 예배하거나 그들에게 제사 지내는 데 경솔해서는 안 된다고 합니다. 정신[귀신]들의 작용이 매우 비밀스럽고 눈에 보이지 않을지라도,

정신[귀신]들이 베푸는 혜택은 눈으로 볼 수 있고 효과적이며 실재적이기 때문입니다.

§37. 이렇게 분명한 언명이 고전의 저자[인 공자의 구절]에서, 그리고 가장 고전적인 작품[『중용』]에서 나타나기 때문에, 생트 마리 신부가 언급(90)한 선교사들[96]은 정신들 혹은 정령들을 우리의 천사와 비교할 만한 충분한 이유를 가지고 있었다고 생각합니다. [생트 마리] 신부는 중국인들이 이 정신들을 상제, 즉 하늘의 보편적인 최상의 정신(89)에 종속되어 있는 것으로 생각한다고 마지못해 말합니다. 그리고 그는 이 정신들을 세네카가 말했던 위대한 신을 시중드는 신들 또는 하위의 신들과 비교하고(96), 또한 『고백록Confessions』에서 성 아우구스티누스[97]가 마니교도였을 때 믿었던 신들과 비교합니다. 그러므로 앞에서 언급한 선교사들은, 가장 오래된 중국의 철학자들과 그들 이후에 출현한 공자가 진정한 신과 이 진정한 신을 받드는 천상의 정신들, 즉 상제와 귀신에 대한 지식을 가지고 있었다고 믿었습니다. (제가 보기에는 그렇게 믿을 만한 충분한 이유가 있습니다.) 제가 이렇게 말씀드리는 까닭은 고대 중국의 철학자들이 이 정신들을 사물들의 영혼 또는 실체적 형식으로 믿은 것이 아니라 배의 항해사처럼 사람들, 도시들, 지방과 왕국을 보호하고 지키는 특별한 업무가 있는 것으로 믿은 것처럼 보이기 때문입니다. 우리의 철학자들은 이러한 정신들을 보조적 지성이나 보조적 형식이라 부릅니다. 공자와 다른 고대의 저자들의 말은 대단히 명확하고 자연스러운sensu maxime obvio et naturali 의미를 지닌다는 것을 인정할 필요가 있습니다. 우리의 종교가 가진 위대한 진리에 대단히 근접한 이 [중국의] 표현들은 고대의 족장의 전통을 통해 중국인에게 전

중국인의 자연신학론 127

해진 것처럼 보입니다.

§38. 생트 마리 신부가 반대하는 해석가들은 고전적이라고 불리기는 하지만, 실제로는 현대에 훨씬 가까운 사람들입니다. 고전 저작에 대한 위대한 주석은 대전大全Ta-Ziven[98]이라 불리고, 철학 집성은 성리性理라 불립니다.(1:11)[99] 또는 생트 마리 신부가 부르는 것처럼 대전성리 大全性理Taciven Singli[100]라 불립니다. 이 신부에 따르면 이 책은 왕실의 명령으로 300년 전에 편찬된 것입니다. 따라서 『성리대전』은 현대의 것이라고 볼 수 있습니다. 그리고 고대 텍스트의 진정한 의미와 관련해서 그것[『성리대전』]이 가진 권위는 고대 로마법인 영속적 법령 Edictum Perpetum[101]의 의미를 해설하고 있는 아쿠르시우스Franciscus Accursius[1182~1260] 혹은 바르톨루스Bartolus[1314~1357]의 주해―오늘날 우리는 이들의 주해와는 거리를 두고 있습니다―의 권위보다 더 크지는 않습니다. 이것은 아랍인과 스콜라주의자들이 아리스토텔레스의 것이라고 생각했던 몇몇 관점과 같은 것입니다. [그러나] 그러한 관점들은 고대 그리스[철학]의 해석자들이 아리스토텔레스에게 부여했던 의미와는 아주 동떨어진 것이고 현대의 해석자들이 재발견했던 의미와도 매우 거리가 먼 것입니다. 그리고 저는 제 자신이 스콜라주의자들이 거의 이해하지 못했던 엔텔레케이아가 의미하는 바가 무엇인지를 보여주었다고 믿습니다.

(유럽인들이 중국 문헌들에 대해 철저하게 알았더라면, 중국 문헌들에서 오늘날의 중국인과 중국 학자들조차 알지 못하는 많은 것들을 발견할 수 있었을 것입니다. 그렇지만 부베 신부와 저는 복희의 문자의 참된 의미를 발견하였습니다. 이 복희의 문자는 저의 이진법 산술Arithmetique[Arithmétique] binaire과 제가 나중에 발견한 이분법 논리logique des Dichotomies를 모두 포함하고 있습니다. 이것은 오늘날 중국의 학자들에게는 전혀 알려지지 않은 것입니다. 그러므로 사람들〔현대의 중국인들〕은 그 문자를 일상적으로 쓰고는 있지만, 키르허 신부가 이집트 문자를 전혀 이해하지 못했던 것처럼 그들도 그 문자의 참된 의미를 전혀 이해하지 못하며 그 문자들이 어떤 상징과 상형문자들을 만들어내는지 알지 못합니다. 이 복희의 문자는 경건 및 참된 도덕, 인류의 이론, 올바른 마음뿐만 아니라 학문의 깊이와 관련해서도 고대 중국인들이 현대 중국인보다 훨씬 뛰어나다는 것을 보여줍니다.)[102]

§39. 그러므로 롱고바르디와 생트 마리 신부가 현대의 중국인에게 부여한 권위는 〔실상은 그들이 가진〕 스콜라주의적 선입견에 불과할 뿐입니다. 그들은 중세 유럽의 학파[103]가 선입견에 사로잡혀 자신의 해석과 주석만으로 고대 저자들이 성스러운 법과 인간적인 법에 대해 기록한 텍스트를 판단한 것과 같은 방식으로 후대의 중국 학파들을 판단한 셈입니다. 이것은 철학자들, 법학자들, 도덕주의자들, 그리고 신학자들 사이에 공통적으로 퍼져 있는 결점입니다. 아직 특정한 학파도 없으며, 불변적으로 통용되는 〔학술〕 언어도 갖지 않은 의학자들도 고대인(그들은 이러한 멍에를 떨쳐버리기를 열망합니다)들을 무시하다가 제멋대로의 해석에 빠져버렸습니다. 왜냐하면 의학자들은 경험 혹은 관찰 이외의 방법을 통해 수립된 것은 인정하지 않기 때문입니다. 그러나 경험 혹은 관찰 자체도 종종 불확실할 때가 있습니다. 결론을 내리자면 의학은 몇몇 탁월한 사람들의 신뢰할 만한 결속에 기초해서 철저하게 재건될 필요가 있어 보입니다. 이 몇몇 탁월한 사람들은 공동

의 언어를 다시 형성하고, 불확실한 것으로부터 확실한 것을 구분하여 개연성의 정도를 잠정적으로 정해서 과학의 발전 방법을 발견해야만 할 것입니다. 그러나 이것은 말이 난 김에 한 말입니다.[104]

§39a. 주석가들의 권위가 없어져가는 오늘날에도 사변적 이론 및 도덕에 대한 현대의 견해보다는 고대 교부들의 이론을 선호하는 매우 현명한 신학자들이 있다는 사실이 저를 놀라게 만듭니다. 그럼에도 불구하고 [롱고바르디와 생트 마리는] 중국의 신학을 고대인의 눈으로보다는 현대인의 눈으로 판단하기를 요구합니다. 통속적 신학이나 철학 학파의 단순한 생각을 분명하게 반영하고 있는 롱고바르디 신부나 생트 마리 신부에게서 그런 면모를 발견한다고 해서 놀랄 일은 아닙니다. 그러나 이런 중국의 교설의 문제에 대해 예수회 사람들과 대립적인 견해를 취하고 있는 학구적인 신학자들 중에는 완전히 다른 방식으로 그것을 판단하려는 사람들도 있습니다.

§40. 생트 마리 신부는 고대 [중국의] 철학자들은 [기독교 교리와 일치하는] 진정한 믿음을 가지고 있지 않았다고 말했습니다. 그러나 그는 이 점에 대해 자세히 설명하지 않았기 때문에 그가 [자신이 기록해 놓은] 그러한 문제를 충분히 검증했는지 혹은 분명히 알고 있었는지는 의문입니다. 그렇지만 저는 이 문제를 덮어버리고 싶지 않기 때문에 최대한 솔직하게 다루려 합니다. 생트 마리 신부는 위에서 언급한 공자의 훌륭한 구절을 인용(89)한 후에, 저자[공자]가 제자들을 가르치면서 계속해서 심한 오류를 범하고 있다고 주장합니다. 왜냐하면 (이 신부에 따르면) 공자가 정신들은 진실로 모든 사물들과 하나를 이루고 있으며

모든 사물들과 융합하고 있어서 그 사물들은 완전히 파괴되지도 분리되지도 않는다고 말하기 때문입니다. (신부의 말에 의하면) 이 견해는 공자의 전반적인 철학을 너무나 잘 드러내주고 있으며, 공자는 이 철학을 통해 자연과 사물의 본질은 리, 태극이라 가르칩니다. 이 리와 태극의 제일원리이자 창조주가 하늘의 왕으로서 상제(최상의 왕)라 불린다고 합니다. 그리고 생성과 소멸이 일어나는 영역에서 하위의 개별적 존재들을 지배하는 것은 귀신이라고 합니다. 질료와 형식이 구성한 전체가 파괴되지 않고서는 그것들이 서로 분리될 수 없는 것처럼 사물들과 결합되어 있는 이 정신〔귀신〕들은 그들 자신이 파괴되지 않고서는 사물들을 떠날 수 없다고 합니다.

§41. 저는 생트 마리 신부의 말들을 검토할 의도로 그의 말을 그대로 인용하고자 했습니다. 우선 미리 지적해두고 싶은 것은, 앞에서 언급한 것들은 분명 공자의 이론이 아니라, 현대적 해석의 기초 위에서 해석된 공자의 견해란 믿음을 갖게 되었다는 점입니다. 왜냐하면 공자에 관한 기록은 실제로 〔생트 마리가 말하는〕 그러한 의미를 지니지 않기 때문입니다. 만약 그러한 의미를 지닌다면, 우리는 공자가 종교의 베일을 쓰고 순진한 독자를 우롱한 것이라고 주장할 수밖에 없습니다. 그런데도 그〔공자〕가 진정한 무신론적 신념을 가지고 있다고 비난한다면 분명하게 그 비난의 이유를 제시해야만 합니다. 저는 지금까지 현대의 주석가의 베일을 쓴 해석을 빼고는 이러한 비난을 뒷받침할 만한 근거를 전혀 보지 못했습니다. 현대의 주석가들도 감히 〔공자가 무신론자라고〕 명시적으로 단언할 수는 없을 것입니다. 공자가 정신들에 관해 이러한 〔무신론적〕 견해를 취했다면, 그가 생각한 정신들이란 우리의 학자들〔데카르트주의자들〕

중국인의 자연신학론 131

이 동물의 영혼과 관련해 가르치는 것과 같을 것입니다. 우리의 학자들은 동물의 영혼은 동물 그 자체와 함께 소멸한다고 믿습니다. 만약에 그렇다면 공자가 어떻게 이 정신들과 정령들이 보기 드문 덕과 위대한 완전함을 지녔으며, 우리의 인정과 경배를 받을 만한 불가사의한 작용과 위대한 선행을 베푼다고 말할 수 있었겠습니까?

§42. 더 나아가 공자와 고대인들은 정신들과 〔최상의 신을 위해〕 봉사하는 정령들이 몇몇 사물, 정신들과 〔최상의 신을 위해〕 봉사하는 정령들이 전혀 속할 것 같지 않는 것들, 즉 사람들, 도시들, 그리고 지역들에도 속해 있다고 생각하는 것 같습니다. 그렇지 않다면 산 또는 강과 일체가 되어 있는 정신〔신〕,[105] 사계절 그 자체와 일체가 되는 사계절의 정신〔신〕, 덥거나 추운 성질들과 일체가 되는 정신〔신〕이 어떻게 존재할 수 있겠습니까? 그렇다고 해서 이 고대의 중국인들이 백성을 현혹하고 오도했다고 말할 수는 없습니다. 우리는 검증도 하지 않고 그들을 비난해서는 안 됩니다. 백성들을 현혹하고 오도했다는 이유로 그들을 비난할 수 없다면, 우리는 그들이 하위의 정신들, 신성을 위해 봉사하는 대리자, 그 자신의 분야에서 각각의 물질을 지배하는 〔정신적〕 실체를 믿었다고 말해야 합니다. 그러지 않는다면 고대 그리스인과 로마인들이 각각 신들의 이름을 달리 부르면서도 하나의 신성을 섬긴 것과 같이 고대 중국인들도 정신들과 〔최상의 신을 위해〕 봉사하는 정령들의 이름을 통해 도처에 가득 퍼져 있는 하나의 신성한 성질을 공경했다고 말해야만 합니다.

§43. 더욱이 생트 마리 신부가 『중용』 16장의 말미를 정신들은 〔자신

들이) 파괴되지 않고서는 그들이 지배하는 사물들과 분리될 수 없다는 것으로 해석하는 것을 보고 그가 공자의 의미를 잘못 이해했다는 생각을 하게 되었습니다. 제가 보기로는 공자는 정신들은 그들이 지배하고 있는 사물들이 파괴되지 않고서는 그 사물들과 분리될 수 없다고 말해 왔습니다. 롱고바르디 신부가 『중용』 16장을 인용(11:57)하여 말한 것처럼 공자는 정신들이 사물들의 존재를 구성하는 부분들이라고 가르친 다음에 정신들은 그러한 사물들이 파괴되지 않고서는(공자는 정신들이 파괴된다고 말하지 않았습니다) 그 사물들과 분리될 수 없을 것이라 덧붙여 말합니다.[106] 더욱이 공자가 정신들을 사물들의 부분으로 설명할 때, 그가 모든 정신을 의미하지는 않았을 것입니다. 왜냐하면 제가 [§41과 §42에서] 끌어들인 이유 때문입니다. 이 부분이란 용어도 아마 보다 넓은 의미로 사용되었을 것입니다. 다시 말해 그것[정신]은 한 사물에 속해 있는 것이지만, 그 사물을 유지하고 지탱하기 위해 반드시 필요한 것입니다.

§44. 현대의 중국인들은 대개 공자나 고대인의 추종자가 되려고 합니다. 그러나 그들은 질료 이외에는 정신적 실체의 존재나 진정한 실체의 존재를 전혀 인정하지 않습니다. 그들은 질료가 오로지 운동과 우유적偶有的 성질에 의해서만 변화한다고 생각합니다. 제가 말씀드린 이 현대 중국인들은, 고대 중국인들이 사물들에 속한다고 여긴 천상의 정신들이나 그 밖의 다른 정신들은 질료라고 하는 우유적 성질의 덩어리를 나타내는 이름에 불과할 뿐이며, 그것들은 스콜라주의자들이 말하는 우유적으로per accidens[107] 생겨난 존재들, 즉 돌 더미, 모래 산 등등을 구성하는 정신과 같다고 합니다. 그것[돌 더미, 모래 산 등등을 구성하는 정신]

중국인의 자연신학론   133

들은 짐승의 영혼들보다 더 하위의 것이 분명합니다. 우리는 이 영혼들을 스콜라철학의 방식으로, 혹은 ([스콜라철학보다] 훨씬 더 체계적이지만 아직도 영혼을 우유적 성질의 덩어리로 취급하는) 데카르트적 의미로 해석할 수도 있습니다. [스콜라철학적 해석이든 데카르트적 해석이든] 둘 중의 어떤 것을 따르든지 간에 이 영혼들은 제사를 지내야 할 만한 것과는 거리가 멉니다. 왜냐하면 (예를 들어) 하늘의 정신[천신], 자연적 원인의 정신, 산山의 정신[산신]은 살아 있는 생명체라고 보기 힘들기 때문입니다. 게다가 이러한 정신들은 의식의 능력을 결여하고 있으며 더욱이 의식을 가질 가능성조차 없기 때문입니다. 그러므로 그들에게 제물을 바치는 것은 순전히 기만일 뿐입니다.

§45. 롱고바르디 신부에 따르면, 독창적인 책이자 가장 오래된 책인 『서경』1장 11절(11:51)을 보면 중국인들은 [중국] 제국의 건설자인 요堯와 순舜의 시대 이래 신을 섬겨왔고, 네 종류의 신을 위해 네 종류의 희생물을 바쳐왔다고 합니다.(1:10) 유類Lui라고 불리는 첫 번째 제물은 하늘, 즉 통칭해서 상제라 불리는 하늘의 신에 바쳐진 것입니다. 인禋In이라 불리는 두 번째 제물은 원리적 원인을 나타내는 여섯 신들, 즉 일년의 사계절, 열과 냉, 태양, 달, 별, 비와 건조함에 바쳐진 것입니다. 망望Vuang이라 불리는 세 번째 제물은 산과 커다란 강에 바쳐진 것입니다. 그리고 편徧Pien이라 불리는 네 번째 제물은 우주에서의 중요성이 훨씬 덜한 사물들의 신과 제국의 뛰어난 인물들에 바쳐진 것입니다.[108] 그리고 롱고바르디 신부는 [『서경』의] 본문에 따라 귀 혹은 신, 또는 [귀와 신을] 연결해서 귀신이라 불리는 몇 가지 다른 정신들이 있다고 말합니다.(2:13) 이 귀신은 산, 강 혹은 보다 낮은 세계의 다른

사물들을 관장한다고 합니다. 그러나 〔현대 중국의〕 해석가들은 이것 〔귀신〕을 자연적 원인들 혹은 어떤 작용을 야기하는 것들이라고 설명합니다.

§46. 옛날에 무지한 백성들은 주피터나 허공의 정령이 번개를 던진다거나 하얀 수염을 기른 늙은이들이 산과 계곡에 앉아 강에다 오줌을 쏟아 붓는다고 생각했습니다. 현대 중국의 해석가들이 이러한 생각을 받아들이지 않고, 모든 것은 질료의 성질에 의해 자연적으로 일어난다고 믿고 있다면, 그들은 옳습니다. 그렇지만 롱고바르디가 인용한 〔현대〕 중국의 해석가들이, 고대인들이 이 〔자연 그대로의〕 거친 대상에 경의를 표하기 위해 제일원리, 즉 하늘의 지배자—또는 우주의 지배자라 해도 좋습니다—를 이 거친 성질의 덩어리와 똑같은 것으로 여겼다고 믿는다면, 그들은 옳지 않습니다. 왜냐하면 우리가 어떻게 일어나는지 전혀 알 수 없는 불가사의한 일들은 제일원리의 지혜로써만 이해할 수 있기 때문입니다. 그러므로 우리는 두 가지 견해 중 하나를 믿을 수밖에 없습니다. 그 첫 번째 견해에 따르면, 중국의 옛 현자들은 몇몇 정령들이 하늘과 땅의 최고 주재자를 위해 봉사하는 사역자로서 지상의 사물들을 관장한다고 믿었습니다. 두 번째 견해에 따르면, 중국의 옛 현자들은 그때까지 개별적 사물들의 성질을 통해, 즉 대중의 상상력을 위해 붙인 정신을 지칭하는 〔이런저런〕 이름을 통해 위대한 신〔기독교의 하나님〕을 경배하기를 원했습니다. 만약 후자의 견해가 옳다면, 고대 중국의 현자들은 그러한 방식으로 모든 것은 하나라고 믿은 것입니다. 그리고 그들은 위대하고 유일한 원리가 지닌 덕은 철저하게 개별적 사물들의 힘을 통해 나타나기 때문에 계절의 정신〔사계절의 신〕, 산의 정신〔산신〕, 강의 정신〔강신〕은 하

중국인의 자연신학론 135

늘을 다스리는 상제와 같은 것이라고 믿은 것입니다.[109)

§47. 두 번째 견해야말로 참된 것입니다. 첫 번째 견해는 정령이 자연적 사물들과 하늘의 영역 등등을 관장하고 있음을 인정합니다. 그렇다고 해도 제가 이미 앞에서 언급한 것처럼[110) 기독교의 입장에서 첫 번째 견해를 전혀 용납할 수 없는 것도 아니며, 〔첫 번째 견해가〕 기독교를 파괴하는 것도 아닙니다. 만물은 일자의 힘으로 환원된다고 하는 공리를 합리적으로 해석해서 중국인들에게 어떤 것이 가장 진정한 것인가를 가르치고 그것을 수용하게 하는 것은 쉬운 일입니다. 다시 말해 생명이 없는 모든 피조물의 힘은 그들 자신의 지혜를 드러내지 않고, 사물을 창조한 창조주의 지혜를 드러냅니다. 그 힘들은 단지 제일원리가 그 사물들 안에 주입시켜놓은 힘의 자연적 결과일 뿐입니다. 그렇지만 우리 시대의 진정한 철학[111)에 따르면 생명이 있는 실체들은 잠재적으로는 모든 곳에 존재할 수 있지만, 실제로는 지각될 수 있는 몸을 가진 곳에서만 존재합니다. 또한 이 생명이 있는 실체들은 인간처럼 그들 자신의 영혼이나 정신을 가집니다. 인간의 영혼이나 정신보다 상위에 있거나 하위에 있는 실체들은 무한히 많습니다. 그러나 이러한 사실을 중국인들에게 납득시키기는 쉽지 않을 것입니다. 〔인간의 정신 혹은 영혼보다〕 상위에 있는 그러한 실체들을 우리는 천사 혹은 정령들이라 부릅니다. 특히 그들 중 몇몇은 최상의 〔정〕신을 섬기며, 이 최상의 〔정〕신의 의지를 이해하고 그 의지에 따릅니다. 또한 덕 있는 사람의 영혼은 이런 실체〔천사 내지 정령〕들과 연관을 가지고 있기 때문에 경배할 만한 가치가 있습니다. 그러나 이러한 실체만을 경배하느라 최상의 실체를 경배해야 하는 우리의 의무를 망각해서는 안 됩니다.

§48. 그러므로 우리는 현대 중국의 해석가들의 견해에 만족하여 그들에게 찬사를 보낼 수도 있습니다. 그들은 자연적 원인이 하늘과 그 밖의 다른 사물들을 지배한다고 생각하기 때문에 초자연적인 기적이나 그리스 연극에 등장하는 기계 장치로 된 신Deus ex Machina과 같은 그러한 정신을 찾는 대중의 무지와는 거리가 있기 때문입니다. 우리는 여러 가지 자연의 크나큰 경이에 대해 실질적인 수학적 근거를 제시한 유럽의 새로운 발견들과 또 대우주와 소우주의 참된 체계를 중국인들에게 자세히 알려주어 그들을 한층 더 계발할 수 있을 것입니다. 그러나 이와 동시에 중국인들에게 이성이 요구하는 바에 따라 다음과 같은 것을 인식하게 만드는 것도 필요합니다. 즉 특별한 시점에 정확하게 자신의 기능을 행함으로써 불가사의한 일들을 생겨나게 하는 자연적 원인들이 있다고 한다면, 그 원인들은 최상의 실체의 지혜와 힘에 의해 미리 준비되고 형성된 메커니즘이 없이는 결코 그러한 기능을 행하지 못할 것이라는 점을 인식시켜야 합니다. 우리는 이 최상의 실체를 중국인들처럼 리라고 부를 수도 있을 것입니다.

§48a. 공자는 하늘, 사계절, 산, 그리고 다른 무생물들의 정신을 섬길 때 진정으로 섬겨야 할 것은 〔그러한 정신을 통해 드러나는〕 최상의 정신인 상제, 태극, 리라고 생각했기 때문에 사물에 깃든 정신〔귀신〕에 대해 설명하려고 하지 않았던 것 같습니다. 그렇지만 그는 감각적으로 파악되는 대상들에서 최상의 정신을 떼어내어 생각해볼 수 있는 능력이 백성들에게 있다고는 믿지 않았습니다. 그래서 그는 자연적 사물들에 깃든 정신〔귀신〕에 관해 이야기하고 싶어하지 않았던 것입니다.[112] 그렇기 때문에 롱고바르디 신부에 따르면, 『논어Lunxin』 3권 3부[113]에

서 자공子貢Zuku[114]이라는 공자의 제자 하나가 〔귀신에 대한〕 스승의
태도에 대해 아주 불만족스럽다는 듯이 다음과 같은 이야기를 합니다.
"그〔공자〕가 말년에 인간의 본성과 하늘의 자연적 상태에 대해 말하는
것을 빼고는 그 점〔귀신〕에 대해 이야기하는 것을 들어본 적이 없다."
같은 책에서 공자는 다음과 같이 말합니다. "백성을 다스리는 적절한 방
법은 백성들이 정신〔귀신〕들을 경배하게 하는 한편 백성들을 정신〔귀신〕
들과 거리를 두게 하는 것이다."[115] 다시 말해 그는 백성들로 하여금 정
신〔귀신〕들이란 무엇이고 그들이 행하는 바가 무엇인지를 조사하지 못
하게 한 것이다. (같은 책 『논어Lunçu』 6장[116]에 보면, 공자는 제자 자
로子路로부터 죽음이란 무엇인가라는 질문을 받고 다음과 같이 아주 무
미건조하게 대답했다고 한다. 삶이 무엇인지를 모르는 자가 어떻게 죽
음이 무엇인가를 알겠느냐고.) 4권 6쪽에서는 공자가 굳게 침묵을 지켰
던 네 가지 것[117]이 있는데 그중의 하나가 정신〔귀신〕이라고 한다. 주석가
들은 여기에는 이해하기 어려운 몇 가지 문제가 있어서 모든 이에게 그
것들에 대해 이야기하는 것은 부적절하기 때문이었다고 그〔공자가 침묵을
지킨〕 이유를 설명합니다. 『카일루Kailu』[118]라는 책에서는 공자가 제자들
이 (정신〔귀신〕, 이성적 혼과 사후의 일들에 대해 끊임없이) 계속되는 질
문으로부터 빠져나오기를 원했기 때문에 제자들에게 다음과 같은 규
칙을 제시하기로 마음먹었다고 합니다. 즉 그는 눈에 보이는 세계에
관한 물음, 즉 육합六合〔동·서·남·북·상·하〕(이에 대해서는 더 배울
필요가 있습니다)에 관한 물음들은 제자들이 원하는 만큼 주장하고 토
론하도록 했지만 〔제자들의〕 그 밖의 문제에 대한 물음은 자세히 검토
하지 않고 그냥 내버려두기로 했다고 합니다.

§49. 롱고바르디 신부는 이런 사실을 통해 유가학파는 스승들에게만 전수되어 내려오는 비밀스런 교설을 가지고 있다는 결론을 도출합니다.(3:28) 그러나 그런 일은 전혀 있을 수 없습니다. 왜냐하면 공자 자신도 그가 더욱 깊이 탐구하고자 하지 않았던 것에 대해서는 몰랐을 수 있기 때문입니다. 공자가 위선자가 아닌 한, 그가 그런 비밀스런 학파를 형성했을 리 없습니다. 이 모든 것으로 볼 때, 오늘날 중국에 그러한 비밀스런 학파는 없습니다. 그리고 설령 그러한 학파들이 존재한다고 할지라도, 우리는 그들이 책으로 펴내 공개적으로 주장하는 것만을 받아들이면 됩니다. 어디를 가더라도 자기 자신들의 교설을 스스로 비웃는 사람들이 항상 있기 마련입니다. 대부분의 유학자가 살아 있는 정신들이나 제사를 받는 정신들을 인정하는 반면에 명망 있는 유학자들은 단지 생성과 소멸의 정신(이 정신들은 아주 단순한 물질적 속성들입니다)만을 인정하므로 이 후자의 유학자들에게 경의를 표해야 한다고 롱고바르디 신부가 말하는 것(11:58)을 보고 저는 깜짝 놀랐습니다. [롱고바르디와 반대로] 저는 선교사들이 그들[후자의 유학자들]을 [정통적 유교 이론과는 다른] 이단으로 여겨야만 하며, 상식적이고도 공적인 [유교의] 교설에 의지해야만 한다고 믿습니다.

§50. [롱고바르디] 신부는 공자가 [귀신에 대해] 침묵하는 것을 보고 공자가 그에 대한 잘못된 견해를 가지고 있다는 결론을 이끌어낸 것 같습니다. 그리고 신부는 자신의 책에서 시종일관 고대 중국인들도 현대 중국인들처럼 무신론자라고 말합니다. 그는 『중국 종교론』 16장 84쪽에서 그 점을 분명하게 말하고 있습니다. 그리고 그는 공자의 그런 방법이 중국 학자들의 마음을 훼손하고 그들의 정신을 몽매하게 만들어

중국인의 자연신학론 139

버렸다고 믿습니다. 왜냐하면 공자의 방법은 눈에 보이며 손에 잡히는 사물들만을 심사숙고하는 쪽으로 중국의 학자들을 몰아갔기 때문이라 합니다. 그래서 그들은 모든 악 중에서 가장 커다란 악인 무신론 쪽으로 타락해버렸다는 것입니다. [귀신에 대한] 공자의 침묵과 접근이 실제로 그와 같은 생각을 하게 하는 여지를 제공했기 때문에 저는 공자가 좀더 자신의 입장에 대해 설명을 했더라면 좋았을 것이라고 믿습니다. 그렇지만 현대의 중국인들은 [정신, 즉 귀신에 관한] 문제를 공자가 정해놓았던 방법을 넘어서까지 다루었던 것처럼 보입니다. 공자가 정신[귀신]들과 종교를 부정했다고 보기는 어려우며, 단지 자신의 제자들이 그런 문제들에 대해서 논전을 벌이는 것을 원하지 않았던 것 같습니다. 그리고 공자는 자신의 제자들이 상제와 정신[귀신]들의 본질을 파헤치거나 그들이 어떻게 작용하는지에 대해 깊이 파고들지 말고, 상제와 정신[귀신]들의 존재와 활동성을 깨달아 그들을 경배하고 그들의 맘에 들도록 덕행을 쌓기를 원했다고 말할 수 있을 것입니다. 우리 자신의 역사를 보더라도 어떠한 악한 의도 없이 [공자와] 동일한 충고를 해주었던 기독교적 저술가들[학자들]이 있었습니다. 그러므로 저는 고대 중국인들에 반대하는 언급은 모두 근거 없는 추측에 불과하다고 봅니다.

§51. 정신[귀신]들에 관한 중국의 권위 있는 교설은 [롱고바르디] 신부가 인용한 중국인 철학자가 쓴 구절에 아주 분명하게 잘 드러납니다.(12:61 이하) 주자朱子는 위대한 철학[19] 28권 2쪽에서 다음과 같이 묻습니다. "정신[귀신]들은 공기로 만들어졌는가?" 이 물음에 대한 답은 이렇습니다. 정신들은 공기 그 자체라기보다는 공기 안의 활력, 에너지, 활동

성이다.[120] 13쪽에서 그[주자]는 일, 월, 주, 야 등에 좋은 영향을 미치는, 명석함과 공정함을 지닌 좋은 정신[귀신]들과 그와 반대되는 사악하고 어두운 정신[귀신]들을 구분합니다.[121] 그는 세 번째 범주의 정신[귀신]들이 있다고 덧붙여 말합니다. 이 세 번째 범주의 정신[귀신]은 사람들이 자신에게 요청하는 물음에 응답하며, 그들의 기도를 들어줍니다.[122] 그리고 그는 38쪽에서 다음과 같은 추론에 의해 정신[귀신]들이 있다는 것을 입증합니다. 정신[귀신]들이 없었다면, 옛날 사람들이 단식이나 다른 금욕적 행위를 하고 나서 그들에게 어떠한 기도도 하지 않으려 했을 것이다. 더욱이 황제는 하늘과 땅에 제물을 올렸다. 왕자들과 대신들(혹은 영웅)은 커다란 강과 산에 제물을 바쳤다. 귀족들은 오사五祀에 제사를 드렸다 등등.[123]

§52. 그 저자[주자]는 더 나아가 다음과 같이 묻습니다. "우리가 하늘과 땅에, 산과 물에 제물을 바칠 때, 짐승을 도살해서 제물로 바칠 때, 비단 수건을 태우고 과실주를 제주祭酒로 바칠 때 이 모든 것은 오직 마음의 좋은 의도를 드러내기 위한 것인가 아니면 실제로 제물을 받는 어떤 공기un Air[기]가 있기 때문에 그렇게 행하는 것인가? 우리가 바친 제물을 아무도 받지 않는다면, 그렇다면 우리는 누구에게 제물을 바치는 것인가? 그리고 우리로 하여금 경외로 가득 차게 하고 인류로 하여금 제물을 바치고 경외감을 갖게 하는 저 위에 있는 것은 무엇인가? 우리가 그것은 구름 마차를 타고 [세상에] 내려온다고 말한다면, 그것은 대단한 사기일 것이다."[124] 이 저자는 무신론자의 회의주의와 유치한 백성들의 상상력 사이에서 중도적 입장을 취하려는 것처럼 보입니다. 그는 사람들이 정신들[귀신들]을 인정하고 경배하기를 바랍니다. 그

러나 그는 [대중들이] 상상하는 바와 같은 그러한 방식으로 존재하는 정신[귀신]들을 믿지 않습니다.

§53. 더 나아가 주자는 39쪽에서 하늘의 정신, 즉 위에 계신 왕에 대해 논의하고 있는데, 하늘의 공기[기]가 도처에 퍼져 있기 때문에, 그는 이것을 신이라 부릅니다.[125] 롱고바르디 신부는 이것으로부터 추론해서 다음과 같이 말합니다. "중국인은 지성을 갖춘 정신이 하늘에서 살고 있다고는 생각하지 않으며, 단지 활동과 작용을 하는 공기[기]의 실체만이 있을 뿐이라고 생각한다."(12:64) 그러나 이 훌륭한 신부는 여기서 자신의 선입견만을 확인시켜줄 뿐입니다. 중국인 저자[주자]는 정신[신]들에 힘 혹은 활동성뿐만 아니라 지성도 부여합니다. 왜냐하면 정신[신]들은 두려움과 존경을 불러일으키기 때문입니다. 주자는 공기 자체, 즉 미세한 물체는 단지 정신[신]들의 수레[운반자]에 불과한 것으로 여깁니다.

§54. 그 저자[주자]는, 우리가 제사를 지내는 [최상의] 정신과 제물을 바치는 사람 사이의 관계나 균형 감각을 찾고자 합니다. 그렇기 때문에 황제는 위에 계신 왕[상제], 즉 천주에게 제물을 바쳐야만 하는 것입니다. 그래서 그는 천자라 불립니다. 왕자들과 제후들은 그들의 삶과 관련한 다섯 종류의 보호신[126]에게 제사를 지내고, 학자들은 대학에서 공자에게 제사를 지냅니다. 또한 이러한 관계는 더 나아가 각 개인으로 하여금 자신의 조상에게 제사를 지낼 것을 요구합니다. 주자는 이러한 관계를 통해 정신[신]들이 질서에 따라 지배하며 그것에 순응하는 사람들을 도와준다는 것을 강조하고 싶었을 것입니다. 롱고바르디 신부가

이 구절에서 정신들은 단지 공기와 질료로만 만들어졌다고 결론을 내린 반면에(12:65), 그 중국인[주자]은 그 반대의 것을 시사하고 있습니다.

§54a. 저는 『중국철학』[『성리대전』]에서 우상숭배에 대항하는 아주 매력적인 논증을 발견했습니다. 롱고바르디 신부가 보고한 바에 따르면 (12:60), 정이程頤Ching Lu[127] 박사는 공자의 『중용』을 설명하면서, 증기로 비를 생산해내는 산이나 물은 소홀히 하면서 절간에 있는 나무나 흙으로 된 우상에게 비를 내려달라고 비는 것은 아주 바보스러운 짓이라고 말합니다.(28권, 37쪽)[128] 그는 사물들 간의 관계나 조화를 고려하여 제사가 반드시 이성에 기초해야만 한다는 것을 암시하고 있습니다. 따라서 제사는 신들의 뜻에 맞아야만 하거나, 혹은 이와는 달리 상제, 보편적 신의 뜻에, 귀하[르몽Nicholas de Remond]가 원하신다면, 리, 즉 모든 것을 다스리는 최상의 이성의 뜻에 맞는 것이어야만 한다고 합니다. 지금 훌륭한 신부가 이런 점으로부터 후자[정이]는 물과 산에는 의식이 없는 물질적 공기 이외에 다른 정신적 존재가 없는 것으로 여겼다는 결론을 이끌어내는데, 그것은 그가 이 저자가 의미하는 것을 전혀 간파하지 못했다는 증거입니다.

§54b. 같은 의미로 공자 역시 자신의 수 룸 주Su Lum Ju[129](생트 마리 신부의 견해에 의하면, 29쪽)에서 너의 상태와 조건에 맞지 않거나 너에게 맞지 않는 정신[신]에게 제사를 지내는 것은 무모하고도 무익한 아첨이며, 이것은 정의와 이성에 어긋나는 것이라고 말합니다. 이제 춤 코 라오Chum Ko Lao[130]에 따르면, 하늘과 땅에 제사를 바치는 것은 황제만이 할 수 있는 일입니다. 왕국의 영웅들만이 산과 물에 제사를 지

낼 수 있으며, 화려한 공적을 쌓은 사람만이 정신들[신들]에게 제사를 지낼 수 있습니다. 그 밖의 백성은 그들의 조상에게 제사를 지낼 책임이 있습니다. 『철학대전』『성리대전』에서는(생트 마리에 따르면, 31쪽) 영혼은 동일한 질의 정신[신]을 찾아 그것과 최상의 관계를 유지한다고 합니다. 예를 들어 농부가 아주 뛰어난 인물이 지녔던 정신[신]을 향해 말을 건넸다면, 그는 [그로부터 아무런 대꾸도 듣지 못할 것이기 때문에] 금세 좌절할 것이며, 정신[신]도 [그 농부에게] 해줄 것이 아무것도 없을 것입니다. 그러나 자신의 신분에 맞는 정신[신]에게 빈다면 그는 자신이 정신[신]에게 영향을 미쳤으며 정신[신]이 자신에게 은혜를 베풀어줄 것이라는 것을 확신할 수 있을 것입니다. 생트 마리 신부는 이런 이유 때문에 [중국에서는] 학자들만이 공자에게 제사를 드리는 것이라고 덧붙여 말합니다.(32) 그리고 1656년 로마에서 마르티니 신부가 공자의 사당이라 불리는 [중국의] 사원은 오로지 학자들에게만 개방되어 있다고 한 말을 이런 방식으로 이해해야만 합니다. 또한 생트 마리 신부는 중국 병사들은 고대의 훌륭한 장군 타이 쿵T'ai Kung에게 제사를 지내며, 의사들은 중국의 아스킬레피오스에게 제사를 지내며, 금세공장이들은 그들이 수 후앙Su Huang이라 부르는 고대 연금술사에게 제사를 지낸다고 적어놓고 있습니다.(50)[131]

§55. 이 [생트 마리] 신부는 [제사에 대하여] 더욱 상세하게 다룹니다.(95) 그에 의하면, 중국인은 매우 숭고한 상제와 여타의 정신들인 귀신이 세계를 지배한다고 생각하고 있습니다. 전자[상제]는 자신의 궁궐인 하늘에 거주하는 최상의 지배자로서 군림하며, 후자[귀신]는 상제의 신하들로서 각자 자신에게 부여된 위치에서 주재합니다. 어떤 귀신들

은 태양, 달, 별, 구름, 번개, 우박, 폭풍과 비를, 다른 귀신들은 땅, 산, 호수, 강, 농작물, 열매, 숲, 풀을, 또 다른 귀신들은 인간들과 동물들을, 몇몇 귀신들은 집, 문, 우물, 부엌, 화덕, 가장 불결한 장소를 주재하고 있습니다. 다른 귀신들은 전쟁, 학문, 의학, 농법, 항해, 그 밖의 모든 기술을 감독합니다. 중국인들은 자신들이 불러내어 기도드리는 정신[신]을 자신의 보호신으로 여기며 제사를 통해서 그 정신[신]이 자신을 좋게 대해주기를 원합니다. 중국인들은 가족이나 가문의 신[가신家神]에게 제사 지내는 것처럼 자신의 조상들에게 제사를 지냅니다. 중국인은 [자신의 가족이 아니었던] 사람이 죽으면, 그것은 [자기와는] 상관없는 낯선 정신[신]으로 취급합니다. 중국인은 공자와 그의 뛰어난 제자들을 학파와 학문을 주관하는 정신[신]으로 섬깁니다. [생트 마리] 신부는 중국인은, 질료적인 신이 우주를 운행하고 다른 하위의 신들과 함께 우주를 지배하기 위해 우주 전체에 퍼져 있다고 생각하는 스토아주의자와 비슷하다고 덧붙여 말합니다. 그러나 저는 질료 그 자체 속에 자신의 지혜와 권능을 드러내고, 우리의 천사나 영혼과 유사한 지능을 갖춘 정신들의 섬김을 받는 단 한 분의 정신적 신God을 별 다른 어려움 없이 발견할 수 있었습니다. 평범한 [중국] 사람들도 이단들과 마찬가지로 너무나 많이, 그리고 필요 이상으로 개별적인 정신[신]들을 증가시켜왔다고 할 수 있습니다. 이에 반해 [중국의] 현자들은 최상의 신을 믿는 것으로 만족했습니다. 그리고 그의 신하들[하위의 신들]이 어떤 일을 맡고 있는지에 대해서는 대개 밝히지 않았습니다.

§56. [이 글의] 초두에서 중국인의 제의와 관련하여 어떤 점을 비난하고 또한 어떤 점을 인정할 것인가를 검토하려는 것이 아니라 단지 그

들의 교설을 탐구하고자 한다고 말씀드린 적이 있습니다. (모든 것을
고려해볼 때) 저의 생각은 이렇습니다. 리 혹은 최상의 이성이 자연 그
대로의 사물—이 사물들의 이성은 그것들의 창조자에게 속해 있습니
다—속에 직접적으로 존재하든지 아니면 신하들로서 사역하는 하위의
정신[신]들—유덕한 영혼이 이들과 관련되어 있습니다—을 통해서 존
재하든지 간에 중국의 현자들은 모든 곳에서 눈에 띄게 활동하는 리 혹
은 최상의 이성을 공경하려고 했습니다. 이 현자들은 최상의 지혜가 보
다 [개별적이고] 특별한 방식으로 나타나는 사물들에 주목하고자 했습
니다. 그리고 이 현자들은 앞에서 언급한 방식에 따라 자신의 신분에
가장 적합한 대상에 경의를 표하고자 했습니다. 그래서 황제는 하늘과
땅에 경의를 표합니다. 대신들은 곡식의 생산에 영향을 끼치는 [강, 산과
같은] 거대한 물체에, 학자들은 위대한 철학자와 입법자의 정신[신]에 경
의를 표합니다. 그리고 모든 사람들은 그들 가족 중 덕 있는 영혼에 경의
를 표합니다. 생트 마리 신부는 [이와 관련한] 훌륭한 구절을 기록해놓
았습니다.(25) 그 구절에서 중국인 해석가들은 체상禘嘗Ty Chang132)이
란 두 글자는 그들의 조상을 경배하라는 뜻이라고 말합니다. 이에 대한
그들의 해석은 다음과 같습니다. 황제가 자신의 조상에게 제사를 지낼
때, 자신의 정신을 고양시켜서 자신의 시조가 유래하게 된 조물주를 생
각하고 [조상과 조물주] 이 양자를 하나인 것처럼 여겨 조상과 조물주
에게 제물을 바쳐야 한다고 합니다. (저는 그렇게 믿고 있기 때문에 우
리가 양자[조상과 조물주]를 동등한 것으로 생각해서는 안 된다고 말하
는 것입니다.) 생트 마리 신부는 이 두 글자에 대한 고대의 해석은 동
일한 것이라고 덧붙여 말합니다. 왜냐하면 '체'라는 글자는 조상에게
제사를 지내는 사람이 제사를 통해 자신이 유래했고 죽어서 되돌아가

야 할 기원에 자신을 연관시키는 것을 뜻하기 때문입니다. 이 때문에 제사를 지내는 사람은 항상 우선순위에 따라 조심스럽게 조상을 모십니다. 달리 말하자면 조상의 영혼은 최상의 정신이나 하늘과 땅의 보편적 주인에 비해 하위의 정신으로 여겨집니다.

3. 중국인의 영혼, 영혼 불멸, 사후의 보상과 처벌론

§57. 우리는 중국인에게 리, 태극 또는 상제라는 이름으로 알려진 조물주이자 지배자인 제일원리에 대해 논의했습니다. 그리고 제일원리의 신하들, 즉 신, 툰신Tunxin,[133) 귀신이라 불리는 하위의 정신들에 대해서도 논의했습니다. 중국인의 신학에 대한 논의를 마무리하려면 이제 인간의 영혼에 대해 논의해야만 합니다. 롱고바르디에 따르면, 영혼이 거친 물체와 분리되면 혼Hoën이라 불리며(8:44), 또한 영혼Ling-Hoën[134)이라 불리기도 한다고 합니다.(롱고바르디, 서문 6, 2:19) 생트 마리 신부의 글을 보면 Sing Hoën이라는 말이 나옵니다.(58) 그러나 저는 그것을 인쇄가 잘못된 것이라고 생각합니다. 그렇지만 저는 확실히 그렇다고는 주장하지 못하겠습니다. 왜냐하면 신부가 죽은 사람들이 신귀神鬼SinKuei[135)라고 불린다고 계속해서 말하기 때문입니다.(93) [생트 마리 신부의 말에 의하면] 이 신귀는 이승의 삶을 떠난 것을 의미한다고 합니다. 중국인들은 영혼을 정신[귀신]에 속한 것으로 여기기 때문에, 영혼은 중국인들의 제례에서 빼놓을 수 없는 요소입니다. 그러나 중국인 학자가 이승의 삶 이후에 정신[귀신]들과 그들의 상태에 대해 어떻게 주장하는가를 알아보기 위해서는 특별히 영혼에 관

중국인의 자연신학론 147

해 논의할 필요가 있습니다.

§58. 초기에 나온 중국 텍스트들은 영혼이라는 이름으로 인간의 영혼에 대해 언급하기 때문에, 롱고바르디는 죽음 이후에 지속되는 영혼에 대한 이해가 〔중국인들에게도〕 있었다고 시인합니다.(2:14) 『시경詩經Xi-King』 6권 1쪽에서 고대 중국의 왕인 문왕이 하늘의 높은 곳에 존재한다고 한 것도 그런 이유에서입니다.[136] 그리고 그는 상제 혹은 높은 곳에 계신 왕, 즉 하늘의 주의 옆에 존재하며, 때때로 〔땅과 하늘 사이를〕 오르락내리락한다고 합니다.(2:14, 15:83) 육체와 분리된 영혼은 유혼幽魂Jeu Hoën, 즉 방랑하는 영혼(15:83)이라 불립니다. 거리낌 없이 말하자면, 저는 그것이 방랑하는 혼을 의미한다고 생각하고 있습니다. 〔롱고바르디 신부에 따르면〕 기독교를 신봉한 학자 바울Paul[137] 박사는 중국인이 진정한 신에 대한 지식을 갖고 있는지에 대해 의심했다고 합니다. 그러나 영혼을 주시하던 그는 중국인이 매우 혼란스러운 것일지라도 신에 대한 약간의 지식을 가지고 있다고 믿게 되었습니다.(17:100) 유능한 선교사들은 중국인이 신에 대한 약간의 지식을 가지고 있다는 점을 이용해서 그들을 〔기독교적으로〕 계몽하고 〔신에 대해 느끼는〕 그들의 혼란스러움을 말끔히 털어버리려고 했을 것입니다. 이제 그 일을 시작해보도록 하지요.

§59. 중국인들은 사람의 죽음은 그를 구성했던 요소들의 분리일 뿐이라고 말합니다. 그리고 분리 이후에 그 요소들은 자신들에게 적당한 장소로 되돌아간다고 합니다.(15:81) 그러므로 혼 혹은 영혼은 하늘로 올라가고, 백 혹은 육체는 땅으로 돌아갑니다. 이것은 『서경』 1권 16쪽

에서 나와 있는 것으로 거기서는 요왕의 죽음을, 그가 올라가고 내려왔다는 말로 표현합니다. 주석에서는 그가 올라가고 내려왔다라는 것은 그가 죽었다는 것을 뜻한다고 설명했습니다.[138] 왜냐하면 사람이 죽을 때, 불과 공기로 된 그의 본질(주석가에 따르면 이것은 생명이 깃든 공기, 즉 영혼을 뜻합니다)은 하늘로 올라가고 육체는 땅으로 되돌아가기 때문입니다. 이 [『서경』의] 저자는 마치 성경을 다 읽은 사람처럼 말합니다. 그러므로 [『성리대전』] 28권 41쪽쯤에서 이 문제에 대해 말하고 있는 『중국철학』[『성리대전』]의 저자 역시 마찬가지입니다. 그 저자는 자신의 책에서 정자程子Chin-Zu[139]의 문장을 이렇게 기록해놓고 있습니다. 사람이 이 세상으로 올 때—하늘과 땅이 하나가 될 때—우주적 본성도 [함께 이 세상으로] 오는 것은 아니다. (왜냐하면 그것은 항상 현존하는 것이기 때문이다.) 사람이 죽을 때—하늘과 땅이 분리될 때—우주적 본성마저 떠나는 것은 아니다.[140] (왜냐하면 우주적 본성은 항상 무소부재하기 때문이다.) 그러나 하늘의 본질인 공기는 하늘로 되돌아가고, 땅의 본질인 육체적 요소는 땅으로 되돌아간다.[141]

§60. 몇몇 중국인 선비는 사람을, 특히 위대한 인물을 천사의 화신이라고 생각하는 것 같기도 합니다. 미카엘Michael이라는 이름을 가진 중국인 박사[142]는 기독교인이지만 중국의 교설을 신봉하는 인물입니다. 그는 십계의 해설에 덧붙인 서문에서 중국의 고대 학자들은 신 혹은 천사가 육화肉化한 것이라 말하면서, 그들이 계속하여 세상에 나왔다고 주장합니다. 그리고 그는 가장 위대한 인물들에 대한 존경 탓인지 그들 안에는 상제 그 자체 혹은 최상의 신이 육화했다고 믿습니다. 그는 그러한 예로 요, 순, 공자 등의 인물들을 들고 있습니다. 이것은 명백한

중국인의 자연신학론 149

오류입니다. 왜냐하면 육화는 오로지 예수 그리스도에게만 일어날 수 있기 때문입니다. 이 중국인 박사의 말은 그가 유사 기독교인에 불과하다는 것을 잘 보여줍니다. 그러나 그는 영혼은 무상하다거나 덧없는 것이라는 것을 부정한다고 해서 중국의 오래된 교설에 누를 끼친다고는 생각하지 않았습니다. 왜냐하면 육화한 천사는 출생 이전에도 그리고 죽음 이후에도 존속하기 때문입니다. 이 교리는 플라톤과 오리게네스의 것과 일치합니다.[143] 기독교로 개종한 또 다른 중국인 박사는 롱고바르디 신부에게 [영혼의] 문제에 대해 자신은 미카엘 박사와 매우 비슷한 견해를 가지고 있다고 고백합니다.(17:87)

§61. 생트 마리 신부가 (76쪽에서) 보고한 바에 따르면, 중국인들은 공자, 왕 그리고 고대 중국의 철학자들—이들은 비범한 덕을 갖춘 신탁의 사제들이기도 했습니다—이 모두 하늘의 신, 즉 상제의 화신이라고 믿고 있습니다. 신부는 몇몇 고대 철학자의 견해와 아우구스티누스가 전해준 마니교도의 견해, 그리고 아베로이스트와 스피노자의 견해까지 인용해가며 그러한 [중국인들의] 견해를 설명합니다. 스피노자는 영혼은 신의 부분이거나 변형이기 때문에 사후에 독립된 개별적 존재를 갖지 않는다고 합니다. 그러나 이 설명에 따르면, 위대한 사람들이 다른 [평범한] 사람들에 비해 나은 것이라고는 하나도 없는 셈입니다. 죽은 뒤에 천사[귀신]가 되는 그런 사람들의 영혼은 사후에도 지속된다고 하면서, 어째서 [신부는] 비교할 수 없을 정도로 매우 위대한 사람들의 영혼은 [사후에] 계속해서 존속할 수 없다고 하는 것일까요? 더군다나 [중국인들이] 최고의 신은 위대한 사람들의 영혼과 육체에 특별한 방식으로 연결되어 있다고 말하는데도 말입니다.

§62. 그러므로 중국 고전의 교설에 따르면 인간의 영혼은 비록 최상의 정신에 봉사하는 정신들보다 하위에 있다고 할지라도 그러한 정신들과 유사합니다. 이러한 주장을 막는 것은 아무것도 없습니다. 저는 오히려 이 주장을 더욱 뒷받침해주는 것만을 보게 됩니다. 이단적이며 무신론적인 (중국의) 학자들(중국에서는 무신론을 설파하더라도 처벌받지 않습니다)이 오늘날 중국에 퍼져 있는 이상한 견해를 롱고바르디 신부와 생트 마리 신부에게 알려주었기 때문에, 이 신부들이 이러한 주장에 반대하는 것은 전혀 놀랄 만한 일이 아닙니다. 그러나 그 이상한 견해는 바로 고대의 교설과 3,000여 년 전에 중국 제국에서 제도화된 종교적 의례에 반하는 것입니다. 그러한 견해는 다음과 같은 것을 주장합니다. (1) 리 자체(최상의 이성) 혹은 최상의 정신(상제, 질서 또는 이성의 실체) 그리고 이 최상의 정신을 섬기는 모든 지성적 정신들은 단지 허구에 불과하다. (2) 최상의 정신 혹은 보편적 원리는 제일질료 또는 물질적 공기 그 이상도 그 이하도 아니다. (3) 일반 백성들의 공경을 받는 정신들은 공기의 한 부분이다. (4) 우연이든 필연이든 간에 발생하는 모든 것은 그것을 지도하는 어떠한 지혜나 섭리 또는 정의가 없기 때문에 야만적인 방식으로 발생한다. 이렇게 보면 중국의 모든 종교는 우스갯거리에 불과합니다. 앞에서 자세히 설명했던 것처럼 하나님과 천사에 대한 이러한 비방은 모두 근거 없는 것입니다. 영혼에 관해서도 이와 같은〔그러한 비방이 근거 없는 것이라는〕 판단을 내릴 수 있을 것입니다.

§63. 저는 이 신부들〔롱고바르디와 생트 마리〕이 인간의 영혼이나 신과 천사에 관한 자신들의 주장을 충분히 뒷받침해줄 수 있는 권위 있는 저

자들, 즉 고대나 현대의 권위 있는 저자들이 쓴 구절을 제시하는 것을 본 적이 없습니다. 이 신부들은 권위 있는 저자들은 전혀 인용하지 않고 텍스트를 왜곡하거나 심지어는 파괴하는 해석만을 덧붙여놓아 텍스트를 우습게 만들고 모순적으로 만들며 기만적인 것으로 만들어놓고 있습니다. 우리는 앞에서 중국인(『서경』의 저자)의 견해에 따라 죽음은 하늘의 것과 땅의 것을 분리하며, 하늘의 것은 공기나 불 같은 것으로 하늘로 되돌아간다고 진술했습니다. 롱고바르디 신부는 이러한 진술을 통해 영혼은 공기나 에테르에 들어 있는 물질적인 단순한 것이라는 결론을 내립니다. 그러나 (롱고바르디가 사용한) 똑같은 논거를 통해 우리는 천사가 단지 불일 뿐이라고 말할 수도 있습니다. 성경에 따르면 신은 화염을 자기 사색자로 삼으시기 fecit Ministros suos flammam ignis[144] 때문입니다. 우리는 이 정신들이 비록 미세한 물질적인 외피를 두르고 있다 할지라도 정신적인 실체라고 말해야만 할 것입니다. 고대에는 이교도이든 기독교도이든 간에 보통 사람들도 정령들, 천사들, 악령들에 대해 생각하고 있었습니다. 영혼은 하늘로 되돌아가 여러 곳에 흩어져 있는 천상의 질료와 결합되기 때문에 천사처럼 신의 의지를 더욱 잘 따르게 됩니다. 그러므로 고대 중국인들이 영혼이 하늘이나 상제와 다시 결합되었다고 말했다는 것은 그들이 그 점을 분명하게 이해하고 있었다는 것을 말해줍니다.

§64. 이 신부들과 그들에게 그러한 인상을 심어주었던 사람들은 모든 것은 하나라는, 즉 모든 것은 하나에 참여하고 있다는 중국의 공리를 잘못 이해했습니다. 그 신부들은 그 중국인들의 견해에 따라 모든 것은 질료일 뿐이고, [질료의] 상이한 배열로 이루어졌으며 상제조차도 그

와 같은 것일 뿐이라는 것과 리, 즉 '이성' 혹은 제일의 실체는 질료 자체의 원인이요, 모든 것은 그 자신의 역량에 따라 이 원인의 완전성에 참여하고 있다는 것을 믿게 하려 했습니다. 따라서 그들은 영혼이 돌아간다는 것은 에테르적 질료가 분해된다는 것과 다르지 않다고 주장합니다. 이렇게 되면, 영혼은 육체적 기관을 통해 획득한 모든 지식을 잃을 수 밖에 없습니다. 모든 개연성을 고려해 볼 때, 그들이 말하는 신과 리 또는 상제는 마니교도와 아베로이스트들이 말하는 세계의 혼이라 말할 수 있습니다. 이 세계의 혼은 유기적 몸체에 작용을 가함으로써 개별적 영혼들을 창조해내고, 그 몸체들이 해체되자마자 그 영혼들을 소멸시켜버립니다. 그러나 이러한 견해는 이성과도 모순되고 개별자의 본성과도 모순될 뿐만 아니라, 또한 롱고바르디가 인용한 중국 저자가 쓴 구절과도 모순됩니다. 그 저자는 분명하게 리와 상제를 뜻하는 우주적 본성과 영혼의 개별적 본성을 구분하기 때문입니다. 중국인 저자가 말하는 바와 같이 우주적 본성은 오지도 가지도 않지만 영혼은 오고 가며, 올라가고 내려옵니다. 이것은 영혼이 때로는 조악한 몸체와 결합되기도 하고 때로는 고상하고 섬세한 몸체와 결합되기도 한다는 것을 뜻합니다. 우리는 이것에 의해 영혼이 계속 존재한다는 것을 깨닫게 됩니다. 그렇지 않다면 영혼은 보편적 본성으로 되돌아갈 것입니다.

§64a. 이제 생트 마리 신부가 (40쪽에서) 영혼에 대해서 무엇이라 말했는지 살펴보도록 하지요. 〔그에 따르면〕 중국인들은 인간의 영혼에 관해 여러 가지 실수를 범했다고 합니다. 어떤 중국인들은 인간의 영혼은 죽지 않고 단순히 이동해서 다른 몸체, 즉 다른 인간이나 동물의 몸체에 깃들어 계속해서 다시 태어난다고 믿고 있습니다. 또 어떤 중국인

들은 인간의 영혼이 지옥에 떨어졌다가 시간이 지난 후 그곳에서 다시 나온다고 믿고 있습니다. 또 다른 중국인들은 아직도 영혼이 불사의 것이라고 알고 있습니다. 그들은 신선神仙Xin-Sien이라 불리는 이 영혼들이 아주 먼 산을 방랑한다고 주장합니다. 그들은 이 [신선이라는] 이름을 가진 영혼들을 위해 특정한 사당을 지어놓았습니다. 선비들과 교양 있는 사람들은 우리의 영혼이 미세한 공기의 작은 부분이라거나 자신의 기원인 하늘의 가장 미세한 질료로부터 떨어져 나온 불과 같은 하늘의 증기라고 믿습니다. 그래서 그 중국인들은 영혼이 육신을 떠나자마자 그들의 중심이자 기원이며, 그들이 다시 모이게 되는 하늘로 올라간다고 합니다. 중국의 철학 대전인 『성리대전Singlitaciven』[145] 28권—육체와 영혼에 관한 논문—은 영혼의 본래적이고도 참된 기원은 공기처럼 하늘에 있다고 말합니다. 또한 공기와 같은 영혼은 [사후에] 하늘과 똑같은 실체가 되기 위해 다시 높이 날아오른다고 말합니다. 그리고 육체는 땅으로부터 기원하며, [사후에] 흙으로 분해되어 땅으로 되돌아간다고 합니다. 이 [『성리대전』 28권의] 저자는 [고대의 저자보다] 후대의 사람이며, 그의 권위는 고대의 저자의 권위에 미치지 못합니다. 그렇다 하더라도 그 구절을 무시할 필요는 없습니다. 저는 번역자[생트 마리 신부]가 영혼은 하늘과 동일한 실체가 된다고 한 것을 보고 번역자의 선입견에 의해 그 구절의 의미가 다소 손상되었다고 생각합니다. 아마 중국인 저자는 그 둘[영혼과 하늘]이 사후에 하나로 된다고만 말하고 싶었을 것입니다. 그러나 설령 그 구절이 [생트 마리 신부가 말한 것과] 같은 것을 말한다고 할지라도 그와 같은 아주 일반적인 표현에는 항상 어떤 궁극적인 의미가 주어져 있습니다. 왜냐하면 모든 천상의 정신들은 하늘과 같은 실체이며, 영혼은 천상의 정신이 됨으로써 역시 하늘과 같은

154

실체가 되기 때문입니다. 그러나 우리는 하늘을 전체 하늘의 위계질서, 즉 우주의 대군주 아래에 있는 하늘의 군대exercitus Coelorum로 이해해야 합니다. 이 하늘은 우리 눈에 보이는 하늘이 아닙니다. 위에서 인용한 중국인의 견해에 따르면 하늘의 공기는 (하늘의 신들과 함께) 도처로 확장해나갑니다. 그러므로 그들은 하늘과 전적으로 별개의 것인 영혼을 인식하는 일은 불필요하다고 합니다. 〔영혼이〕 산 이곳저곳을 돌아다니며, 〔하늘로〕 올라갔다 내려오고, 상제의 옆에 존재한다는 등의 말은 상상에 근거한 것일 뿐입니다.

§65. 영혼은 이승의 삶이 끝난 후에 반드시 보상과 벌을 받는다고 주장하는 고대 중국의 교설을 해석해보면, 영혼의 불멸에 대한 중국인의 믿음이 보다 분명하게 드러날 것입니다. 유가들은 천국이나 지옥에 대해서 말하지 않습니다. 그리고 중국의 기독교도인 미카엘 박사는 천국과 지옥을 제의했던 불가佛家를 찬양하면서 유가의 〔천국과 지옥에 대한〕 입장을 마지못해 인정합니다.(17:95) 자신들을 계몽된 사람이라고 자처하는 현대의 중국인들은 이 세상 이후의 또 다른 삶에 대해 말하는 그런 〔불가의〕 견해를 비웃는 것처럼 보입니다.(17:89) 그러나 그들이 최상의 실체가 자신이 창조한 정신과 영혼에 완전하게 작용하는 것을 곰곰이 생각해본다면, 그런 견해를 비웃으려고만 하지는 않을 것입니다. 현명한 왕은 자신의 의지에 따라 신하들을 창조해내지 못했더라도 신하들에게 영향을 끼칩니다. 그렇다 하더라도 현명한 왕이 신하들을 다스리는 것은 어려운 일입니다. 왜냐하면 신하들이 왕에게 전적으로 의존하지 않기 때문입니다. 이렇게 현명한 왕도 자신의 왕국에서 〔자신의 뜻에 따라 창조하지 않은〕 신하들에게 영향을 끼치는데, 하물며

최상의 실체가 자신이 창조한 정신들과 영혼들에게 영향을 끼치지 않겠습니까? 그러므로 이 위대한 지배자가 다스리는 정신의 왕국에는 사람의 왕국보다 더 나은 질서가 있는 것입니다. 〔최상의 실체가 지배하는〕 왕국에서는 그러한 질서에 따라 덕은 보상을 받고 이승에서 정의를 충분하게 행하지 않은 악은 징벌을 받습니다.

§65a. 고대 중국인들은 이미 그러한 것을 암시하고 있었습니다. 고대 중국인들이 현명하고 덕이 있는 황제를 상제의 옆에 자리를 잡게 하고 위대한 사람들의 영혼을 천사의 화신으로 여겼다는 사실은 이미 우리가 언급했던 것입니다. 생트 마리 신부는 고대 중국의 왕 가운데 몇몇을 언급하고 있는 『시경』(학자들에게 중요한 다섯 가지 책〔《오경》〕 중의 하나)을 인용합니다.(27) 이 왕들은 사후에 최상의 왕을 계몽하고 도와주기 위해(저는 이 말을 "보조하고 섬기기 위해"로 번역해야 한다고 생각합니다) 하늘로 올라가 상제의 좌우에 앉는다고 합니다.[146] 같은 책〔『시경』〕에서 땅에서 하늘로 올라갔다가 다시 하늘에서 땅으로 내려온 이 왕들은 후원자와 보호자로서 왕국을 돕고 은혜를 베푼다고 합니다.

§66. 조상과 위대한 사람에 대한 제사는 고대 중국인이 제정해놓은 것입니다. 살아 있는 사람의 고마움을 나타내는 제사는 실제로 하늘이 소중하게 여기고 보상을 해주는 덕을 드러내어 살아 있는 사람들로 하여금 후대에 인정받을 만한 일들을 실행하도록 격려하는 목적을 가지고 있습니다. 그렇지만 고대 중국인은 우주의 왕국의 궁궐에서 빛나는 광채에 싸여 있는 유덕한 조상신들이 그들의 후손에게 선과 악을 가져다줄 수 있는 능력이 있다고 믿었습니다. 최소한 이것만 보더라도, 고

대 중국인은 그들 조상[의 영혼]이 지속적으로 존재하는 것으로 생각했다고 할 수 있습니다.

§66a. 그들[고대 중국인]이 이 문제에 대해 어떻게 생각하는가를 살펴보는 것이 좋을 것 같습니다. 생트 마리 신부에 따르면, 공자가 순황제Empereur Xum를 조상 제사(『중용』 17장)[147]의 창시자라고 말했다고 합니다.(21 이하) (고전의 하나인) 제왕의 연대기이자 보편적 역사서인 퉁키엔Tung-Kien[148]에 따르면 이 [순]황제는 중국 제국이 건설된 이래 다섯 번째 황제입니다. 공자는 그를 대단히 찬양했고 중국 제국이 번영하게 된 원인을 그가 제정한 제사에서 찾았습니다. 그리고 공자는 78장[149]에서 고대의 왕들을 번영의 모델로서 제시하고 있습니다. 또한 그는 이 장의 마지막 부분에서 하늘과 땅의 제사가 갖고 있는 뜻을 완전히 이해하고, 조상에 대해 제사를 드리는 참된 이유를 아는 사람은 손바닥을 들여다보듯이 확신을 가지고 왕국을 지배하여 평화로운 번영을 이루게 될 것이라고 합니다.

§67. 중국의 학자들이 지옥이나 연옥에 대해 말하지 않는 것은 사실입니다. 그러나 중국의 학자들 대개가 산과 숲 여기저기를 돌아다니며 방랑하는 영혼은 일종의 연옥에 있는 것이라는 사실을 믿고 있거나 혹은 이전에 믿었을 가능성은 있습니다. 우리는 이미 이 방랑하는 영혼에 대해서 말한 적이 있습니다.[150] 기독교인과 이교도[중국인]의 견해 차이를 지나치게 과장하지 않기 위해, 우리는 콘스탄츠의 교구 감독인 성자 콘라드Conrad의 생애에서 그들이 말한 것과 유사한 것을 찾아내고자 합니다. 이 성자의 일대기는 저의 전집의 2권[151]에 수록되어 간

행되었습니다. 그 일대기에는 성자 콘라드와 그의 친구인 성자 우달리크Udalic가 라인 폭포에서 저주를 받아 새가 된 영혼들을 발견하고는 기도로 그 영혼들을 구원했다는 기록이 있습니다. 그래서 고대의 중국인이든 현대의 중국인이든 몇몇 선비들에 따르면, 벌을 받아야 할 영혼은 그들이 지은 죄를 속죄할 때까지 낮은 지위의 정신이 되어 문, 부엌, 화덕을 지킨다고 합니다. 우리는 〔중국인〕 학자들의 교설에 정통하지 못하기 때문에 이 문제를 상세하게는 다룰 수 없습니다.

4. 중국 제국의 창시자, 복희가 자신의 글과 이진법 산술에서 사용한 문자에 관하여

§68. 우리 유럽인들이 중국 문헌에 관한 충분한 정보를 가지고 있었더라면, 분명히 우리는 논리학, 비판적 사고, 수학, 그들〔중국인〕의 것보다 더 정확한 우리의 표현 방식에 힘입어서 고대 중국의 글에 담겨 있는 많은 것들을 발견해내었을 것입니다. 그것들은 현대의 중국인들과 〔고전을 주석한〕 주석가들[152]—사람들은 이들의 주석도 권위 있는 것이라 생각합니다—조차 알 수 없었던 것입니다. 존경하는 부베 신부와 저는 제국의 창시자인 복희의 문자로 쓰여진 텍스트가 가진 진정한 의미를 발견했습니다. 그 문자들은 부러진 선과 부러지지 않은 선의 결합으로 구성되어 있으며, 가장 단순한 형식의 〔중국에서〕 가장 오래된 책이라고 알려져 있습니다. 변화의 책이라 불리는 『역경』에는 64괘상이 포함되어 있습니다. 복희 이후 몇 세기가 지나 문왕Ven Vam[153]과 그의 아들 주공Cheu Cum[154] 그리고 그로부터 5세기가 지난 후 공자 등이

158

그 속에 든 철학적 비밀을 탐구했습니다. 다른 사람들은 그 64괘로 일종의 흙점을 치기도 하거나 다른 허황된 것을 끌어내기도 했습니다. 실제로 64괘는 이 위대한 입법자[복희]가 파악하고 있었던 이진법 산술을 묘사하고 있는 것입니다. 그리고 저는 그것을 몇 천 년 후에 다시 발견한 것입니다.

§68a. 이진법 산술에는 오로지 두 개의 기호, 즉 0과 1이 있을 뿐입니다. 그리고 이 두 개의 기호로 모든 수를 표시할 수 있습니다. (저는 [64괘를] 분할하는 수가 항상 정확하게 대응한다는 것에 주목하여, 이것이 대단히 쓸모 있는 이분법 논리를 포함하고 있다는 사실을 깨닫게 되었습니다.)[155] 부베 신부는 저와 이 [이진법 산술] 체계에 대해 의견을 주고받다가 부러진 선을 0, 부러지지 않은 선을 1이라고 보면,[156] ([이진법에서] 하나의 수 앞에 필요한 만큼 0을 놓고, 『주역』에서] 가장 작은 수가 가장 큰 수처럼 많은 선을 갖게 된다는 것을 가정한다면)[157] 0과 1의 수[이진법 산술 체계]는 복희의 문자와 정확하게 대응한다는 것을 알게 되었습니다. 이 산술은 변화를 만드는 가장 간단한 방법을 제공합니다. 왜냐하면 거기에는 단지 두 구성 요소[0과 1]만이 있기 때문입니다. 저는 아주 젊었을 때 이에 대해 짤막한 에세이를 쓴 적이 있습니다. 이 에세이는 오랜 시간이 지난 후 저의 허락도 없이 다시 간행되었습니다.[158] 복희는 조합 이론에 대한 지식을 가지고 있었던 것 같습니다. 그러나 그 산술법은 잊혀져버렸고, 중국인은 복희의 문자를 그런 [산술] 방식으로 생각하지 않았습니다. 그리고 우리가 진정한 의미에서 빗나갔을 때 그러는 것처럼, 훌륭한 신부 키르허가 이집트 오벨리스크의 비문에 대해 아무것도 모르면서 그랬던 것처럼 그들은 복

6 SINICÆ HISTORIÆ

Antiquiſſi-
mum Sinarum
librum Habent. Sinæ librum YEKING dictum, qui totus in his figuris explicandis est; magni apud eos pretij ob ces arcanas, quas illic latére sibi persuadent. Mihi quædam philosophia myſtica videtur esse Pythagoricæque persimilis, etsi multis seculis prior; quippe quæ initium habuit a FOHIO, de quo dicemus infrà. Multa sunt meo libro de generatione & corruptione, de fato, de aſtrologiâ judiciariâ, de quibuſdam principijs naturalibus. Sed ea jejune diſputantur & exi-

마르티니Martini의 *Sinicae Historiae decas prima*에 실린 64괘도

희의 문자로 제가 알 수 없는 어떤 상징과 상형문자를 만들어냈습니다. 이 모든 것이 (가장 완전한 도덕의 기초가 되는) 신앙심뿐만 아니라 학문에 있어서도 고대 중국인이 현대 중국인보다 매우 뛰어났다는 것을 보여줍니다.

§69. 그러나 이 이진법 산술은 『베를린 논총Miscellanea Berlinensia』[159]에서 설명되었음에도 불구하고 아직도 거의 알려지지 않았고, 이 이진법 산술과 복희의 문자가 유사하다는 사실이 1705년에 나온 독일 잡지에 실린 고故 텐첼Tentzel의 논문[160]에서만 발견되기 때문에 저는 〔이진법 산술을 논의하기에〕 아주 적당한 자리인 여기서 그것을 설명하

고자 합니다. 이 논의는 고대 중국인의 교설을 정당화할 것이고 그들이 현대의 중국인보다 우월하다는 것을 보여줄 것이기 때문입니다. 저는 이 문제를 다루기 전에 그라이펜하겐 출신이요, 베를린의 주임 사제를 지냈으며, 유럽을 한 번도 떠나본 적이 없었던 유럽 사람 고故 뮐러[161]에 대해 언급하고자 합니다. 그는 중국 문자를 면밀히 연구했고, 압달라 바이다베우스Abdalla Beidavaeus가 중국에 관해 논했던 것에 주석을 달아 발간했습니다. 이 아랍인 저자는 자신의 책에서 복희가 특이한 방식의 글쓰기, 산술, 축약, 계산peculiare scribendi genus Arithmeticam, contractus et Rationaria을 발견했다고 써놓았습니다.[162] 그는 그 책을 통해 고대 철인 왕의 문자가 수로 환원된다는 저의 설명을 확증해주고 있습니다.

§70. 고대 로마인은 오진법과 십진법이 혼합된 산술을 사용했습니다. 우리는 아직도 로마인의 산술에서 그런 흔적을 봅니다. 아르키메데스가 모래알 수를 계산한 방식을 보면, 이미 그때에 십진법 산술을 이해하고 있던 것으로 보입니다.[163] (십진법은 아랍에서 스페인을 거쳐 우리에게 전해진 것으로 보입니다. 십진법은 나중에 실베스테르 2세라는 이름의 교황이 되는, 유명한 제르베르[164]에 의해 더욱 잘 알려지게 됩니다.) 10을 기수基數로 한 십진법 산술이 널리 퍼지게 된 것은 우리가 열 개의 손가락을 갖고 있다는 사실에 기인하는 것 같습니다. 그러나 이 〔십진법의〕 기수는 임의적인 것입니다. 어떤 이들은 12진법, 그리고 12진법의 12진법 등에 의한 계산법[165]을 제안했기 때문입니다. 그 반대로 고故 에르하르트 바이겔리우스Erhard Weigelius〔Weigel〕는 피타고라스주의자들처럼 보다 작은 진법인 4진법 혹은 테트락티스Tetractys를 취합니다.[166] 그러므로 0, 1, 2, 3, 4, 5, 6, 7, 8, 9를 이용해서 모든

중국인의 자연신학론 161

수를 기록하는 십진법의 진행과 마찬가지로, 그는 0, 1, 2, 3을 이용하는 4진법을 통해 모든 수를 기록합니다. 예를 들어 [사진법의] 321는 그에게 $3 \times 4^2 + 2 \times 4^1 + 1$ 혹은 48+16+1입니다. 이것은 일상적인 [십진법의] 체계에 따르면 65를 의미합니다.[167]

§71. 저는 이런 사실에 근거해 이진법 혹은 이치적二値的 [산술의] 진행을 통해 모든 수를 0과 1로 기록할 수 있다는 생각을 하게 되었습니다. 즉

	1	1
10 = 2	10	2
100 = 4	100	4
1000 = 8	1000	8
등등	10000	16
	100000	32
	1000000	64
	등등	등등

따라서 모든 수는 다음과 같이 표현됩니다.[163쪽 참조]

이진법의 가설에 따라 [십진법의 7과 25는] 다음과 같은 기호로 표현할 수 있습니다. 예를 들어

111=100+10+1=4+2+1=7

11001=10000+1000+1=16+4[168]+1=25

〔이진법의〕숫자를 보면, 하나의 수에 하나의 수가 계속해서 더해지는 것을 발견할 수 있습니다. 예를 들어

$$
\begin{array}{r}
1 \\
\cdot 1 \\
\hline
10 \\
1 \\
\hline
11 \\
\cdot\cdot 1 \\
\hline
100 \\
1 \\
\hline
101 \\
\cdot 1 \\
\hline
110 \\
1 \\
\hline
111 \\
\cdot\cdot 1 \\
\hline
1000
\end{array}
$$

〔1 옆에 찍은〕이 점들은 계산할 때 올림을 기억하기 위해 찍어둔 것입니다.

0	0
1	1
10	2
11	3
100	4
101	5
110	6
111	7
1000	8
1001	9
1010	10
1011	11
1100	12
1101	13
1110	14
1111	15
10000	16
10001	17
10010	18
10011	19
10100	20
10101	21
10110	22
10111	23
11000	24
11001	25
11010	26
11011	27
11100	28
11101	29
11110	30
11111	31
100000	32
등등	등등

중국인의 자연신학론 163

§71a. 계속해서 우리가 모든 자연수를 나타내는 일람표를 만들고자
한다면, 더 이상 계산할 필요가 없습니다. 왜냐하면 각 수의 열이 주기
적이라는 것과 동일한 주기가 무한히 계속된다는 점에 유의하는 것만으
로도 충분하기 때문입니다. 첫 번째 열은 0, 1, 0, 1, 0, 1 등으로 나갑
니다. 두 번째 열은 0, 0, 1, 1, 0, 0, 1, 1 등으로, 세 번째 열은 0, 0, 0,
0, 1, 1, 1, 1, 0, 0, 0, 0, 1, 1, 1, 1 등으로, 네 번째 열은 0, 0, 0, 0, 0, 0,
0, 0, 1, 1, 1, 1, 1, 1, 1, 1, 0, 0, 0, 0, 0, 0, 0, 0, 1, 1, 1, 1, 1, 1, 1, 1 등
으로 나갑니다. 그리고 각 열의 빈 곳은 0으로 채워진다고 가정하면 이후
의 열도 그런 방식으로 계속 진행해나갈 수 있습니다. 그러므로 우리는 이
열들을 단번에 쓸 수도 있고 계산을 하지 않고서도 그에 따라서 자연수의
표를 만들어낼 수 있습니다. 이것이 명수법命數法Numeration[Numération]
이라는 것입니다.

§72. 이제 덧셈에 대해서 말씀드리겠습니다. 더해야 하는 수들이 있
다면 그것을 계산하고 점을 찍음으로써 덧셈은 간단하게 이루어집니
다. 덧셈은 다음과 같은 방식으로 이루어지게 됩니다. 예를 들어 29라
는 숫자는 도표에서 11101로 표기됩니다. 그러므로 열 아래에 1을 쓰
고, 두 번째 열 아래에 점〔 · 〕을 찍고, 세 번째와 네 번째 열도 그런 식
으로 계속해나갑니다. 이 점들은 다음 열에서 계산할 때 단위 하나를
올림한 것을 나타내기 위해 필요한 것입니다.[169]

§73. 이에 따르면 **뺄셈**은 정말 단순합니다.[170] 곱셈은 단순한 덧셈으
로 환원되기 때문에[171] 피타고라스주의자들의 도표의 도움을 받지 않
아도 됩니다. 0 곱하기 0은 0, 0 곱하기 1은 0, 1 곱하기 0은 0, 그리고

164

1 곱하기 1은 1입니다.

§74. 나눗셈을 할 때도 우리는 평소처럼 계산할 필요가 없습니다.[172]
우리는 단지 제수가 앞의 나머지보다 큰가 작은가를 보기만 하면 됩니다. 첫 번째 경우, 나눈 몫의 기호는 0이고, 두 번째 경우, 그것은 1입니다. 제수는 앞의 나머지로부터 다른 나머지를 얻기 위해 빼도 되는 것입니다.

§75. 이 이진법이 어느 정도 알려지고 난 뒤부터 어떤 현명한 사람이 줄기차게 이러한 단순한 계산법을 제안해오고 있습니다.[173] 이진법의 주된 효용은 그것으로 수학을 완성시킬 수 있다는 점입니다. 왜냐하면 모든 계산이 주기성週期性에 의해 진행되기 때문입니다. 이진법의 주목할 만한 업적은 자연수의 계열에 제곱을 함으로써 만들어졌지만, 자연수보다 더 높은 질서를 가지고 있는, 동일한 질서의 수적인 힘〔이진법〕은 그들의 뿌리인 자연수보다 더 큰 수의 주기를 결코 갖지 않는다는 것입니다. 〔여기서부터 문장이 중단되어 있음.〕

제3부 「중국인의 자연신학론」을 중심으로 살펴본 라이프니츠의 중국관

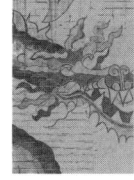

「중국인의 자연신학론」을 중심으로 살펴본 라이프니츠의 중국관

1. 라이프니츠의 생애와 중국

라이프니츠는 법학, 수학, 정치학, 언어학, 역사학, 기계학 등 다방면에 걸쳐 두각을 나타냈던 천재이자, 여러 중요한 인사들과의 만남 혹은 서신 교환을 통해 자신의 관심 영역을 넓혀갔던 열정적인 인물이다. 이런 점에서 보면, 라이프니츠의 중국에 대한 관심은 그의 지적인 호기심과 열정에 기초한 다양한 관심 중의 하나로 보일 수도 있다. 그러나 그것은 그의 생애 내내 줄곧 지속되어온 철학적 관심 및 문제를 반영하고 있다. 라이프니츠의 중국에 대한 관심이 단순한 호기심에서 비롯된 것이 아니라는 점을 분명하게 지적하기 위해 라이프니츠의 중국에 대한 관심을 그의 생애와 관련하여 우선 설명해두고자 한다.

라이프니츠와 뉘른베르크(1646~1667)

라이프니츠는 1646년 7월 1일 라이프치히에서 태어났다. 그가 태어난 해는 30년 전쟁이 막 끝나가던 무렵이었다. 그의 아버지 프리드리히 라이프뉘츠Friedrich Leibnütz는 문서관이자 라이프치히 대학의 법학자이며 윤리 교수였고, 그의 어머니 카타리나 슈무크Catharina Schmuck는 라이프치히의 명망 있는 법학자 집안 출신이었다. 라이프니츠는 1661년 열다섯 살의 나이에 라이프치히 대학에 입학하여 스콜라철학과 근대의 기계론적 철학 및 데카르트를 공부하였다. 이때 그의 학문적 관심은 주로 근대의 기계론적 철학에 대한 것이었지만, 다른 한편으로 스콜라철학의 쟁점이었던 유명론과 실재론에 대해서도 많은 흥미를 가지고 있었다. 그는 이 시기에 아리스토텔레스주의자 야콥 토마시우스Jakob Thomasius의 지도를 받아 학사 논문 「개별화의 원리에 대한 형이상학적 논박Disputatio metaphysica de principio individui」을 제출하였다. 라이프치히 대학을 마치고 그는 예나로 가서 수학자이자 도덕철학자인 에르하르트 바이겔과 함께 연구하였다. 바이겔은 근대철학과 아리스토텔레스철학의 화해를 모색하는 중이었다. 라이프니츠는 예나에서 라이프치히 대학으로 돌아와 3년 동안 일련의 학술 논문을 쓰고 그것을 출간하는 일에 매달렸다. 그는 학위 논문으로 「결합법론Dissertatio de arte Combinatoria」을 써서 라이프치히 대학에 법학 박사 학위를 신청했지만 거절당하였다. 그가 제출한 논문이 질적으로 자격 미달이 아니었음에도 불구하고, 박사 학위자의 수를 제한했던 라이프치히 대학은 그의 어린 나이를 문제 삼아 불이익을 가하였던 것이다. 라이프니츠는 1666년에 당시 학문과 기술의 중심으로 부각되고 있던 뉘른베르크 교외의 작은 대학인 알트도르프 대학에 입학하여 「법의 난문제De causibus perplexis in jure」라는 논문으로 학위를 취득한다. 알트도르프 대학은 그의 능력을 높이 평가하고 교수직을 제의하였으나 라이프니츠는 그 제의를 거절한다. 라이프니츠는 루터교파 선교단의 일원인 설교가 뉘른베르크 딜허Nürnberg Dilher의 지원으로 1666년부터 1667년까지 비텐베르크에 머물렀다. 이때 그는 스피첼G. Spizel이 쓴『중국의 문자론De re literaria Sinensium』(Leiden, 1660)과 키르허[1]가 쓴『성스럽고도 세속적인 고문서, 자연적 요소들, 예술 그리고 다른 주장들을 통해 해명된 중국China monumentis qua sacris profanis, nec non variis naturae & artis spectaculis, aliarumque rerum memorabilium argumetisn illustrata』(Paris, 1667)[2]〔대개 *China illustrata*라 약칭함〕을 읽게 되었다. 그는 키르허의 책을 통해 예수회 선교사 마테오 리치와 그의 동료들이 중국에서 벌이는 선교 활동에 대해서 알게 된다.

프랑크푸르트와 마인츠(1667~1672)

라이프니츠는 21살이던 1667년 가을에 뉘른베르크를 떠나 프랑크푸르트를 거쳐 마인츠로 갔다. 그는 마인츠에서 자신의 삶에 중요한 전기가 된 요한 크리스티안 폰 보이네부르크Johann Christian von Boineburg를 만난다. 보이네부르크는 교황권 제한주의파의 카톨릭교도였지만 개신교도이면서도 신구교 일치를 주장한 라이프니츠에게 상당한 영향을 주었다. 보이네부르크는 라이프니츠를 마인츠의 선제후이자 감독인 쇤보른Johann Philipp von Schönborn에게 소개해 그가 마인츠 고등법원의 고문관 보조로 일할 수 있게 해주었다. 라이프니츠는 보이네부르크를 통해 예수회 사람과 접촉하게 되었는데, 이때 아사펜부르크의 요한 가멘스Johann Gamens를 알게 되었다. 요한 가멘스는 다시 라이프니츠에게 몇몇 뛰어난 예수회 신부를 소개했는데, 그중의 한 사람이 바로 키르허였다. 라이프니츠와 키르허는 보편적 언어 개발이라는 공동의 관심사를 갖고 있었다. 그리고 폴란드의 궁정 수학자인 아담 코한스키도 그에 대한 관심을 표명했다. 라이프니츠는 코한스키와도 중국에 대한 견해를 서신으로 주고받았다. 코한스키는 예수회의 중국 선교를 이끌고 있던 베르비스트와도 서신을 주고받았다. 라이프니츠는 예수회를 도울 목적으로 러시아의 표트르 대제에게 중국으로 통하는 문을 열어달라고 간청했지만 표트르 대제는 이를 받아들이지 않았다. 훗날 그는 표트르 대제에게 '러시아 학술원'을 만들 것을 제의하고, 이 학술원이 지리적 장점 때문에 동서의 학문을 잇는 가교 역할을 할 수 있을 것이라고 설득하였으나 이것 또한 성공하지 못하였다.

파리와 런던(1672~1676)

라이프니츠는 1671년에 이집트 원정 계획Consilium Aegyptiacum을 기획하고 1672년에는 보이네부르크의 후원으로 파리로 여행을 떠난다. 이때 그의 여행 목적은 프랑스의 루이 14세에게 네덜란드를 공격하는 대신에 터키와 이집트를 공격하라고 설득하는 것이었다. 그러나 라이프니츠는 이런 외교적 목적을 달성하지는 못하였다. 나중에 이 계획은 나폴레옹에 의해 현실화된다.[3] 라이프니츠 자신은 이 여행으로 다른 수확을 얻게 되는데, 그것은 당시에 대단한 발전을 이룩했던 파리의 문화와 과학을 직접 접할 수 있었다는 점이다. 1672년부터 1676년까지 파리에 머무는 동안 그는 뛰어난 신학자인 아르노와 수학자 호이겐스Christiaan Huygens(1629~1695) 등을 만난다. 이 시기에 그는 또한 미적분을 발견하고, 최초의 계산기 모델을 제작하기도 한다. 1673년 그는 찰스 2세를 만나기 위해 영국으로 여행을 떠난다. 라이프니츠는

1673년 4월 19일에 영국 왕립협회의 회원이 된다. 그러나 선제후의 사망으로 다시 파리로 돌아와야만 했던 그는 영국 출신의 화학자 로버트 보일Robert Boyle(1627~1691)을 만난다. 얼마 지나지 않아 보이네부르크마저 사망하자 라이프니츠는 후원자와 재정적 지원을 잃고 파리에 남게 된다.

하노버(1676~1716)

라이프니츠는 1676년 10월 도서 책임자와 궁정 고문관으로 일하라는 하노버공의 제안을 받아들여 파리를 떠난다. 그는 런던, 암스테르담 그리고 헤이그를 거쳐 새로운 임지인 하노버에 도착한다. 그는 암스테르담에서 스피노자를 만났지만, 무신론자로 알려진 스피노자와 만난 사실이 오해를 불러일으킬 것을 염려해서 무슨 대화를 나누었는지는 공개하지 않았다. 그는 하노버에서 요한 프리드리히 폰 브라운쉬바이크-뤼네부르크Johann Friedrich Von Braunschweig-Lüneburg 공작의 사서로 일하다가 나중에는 전체 도서관을 관장하는 도서관장이 된다. 또한 그는 1678년에 공작의 궁정 고문관으로 임명되었다. 같은 해에 필립 쿠플레 신부는 예수회 신부들의 일종의 그룹 보고서라 할 수 있는 『중국의 철학자 공자, 중국의 학문Confucius Sinarum Philosophus sive Scientia Sinensis』을 편집해 출간했는데, 그 책에는 쿠플레 신부가 루이 14세에게 올리는 글을 비롯해서 유교 경전의 역사와 요지, 중요한 주석서의 소개, 유교가 불교나 노장과 다른 점에 대한 약술, 『주역』의 64괘에 대한 설명과 예수회 신부들이 공동으로 번역한 『논어』, 『대학』, 『중용』을 포함한 중국 고전이 실려 있었다. 프란츠 메르켈Franz Merkel의 『라이프니츠와 중국 선교G. W. von Leibniz und die China Mission』[4]에 의하면, 라

쿠플레의 *Confucius Sinarum Philosophus sive Scientia Sinensis*에 실린
공자 초상

이프니츠가 1687년 10월 9일과 10일에 에른스트Ernst에게 보낸 서신을
통해 그가 이 책을 정독했다는 사실을 확인할 수 있다. 라이프니츠는
1716년에 러시아의 표트르 대제에게 보낸 서신에서 중국에 대한 자신
의 이해는 키르허와 쿠플레에게 빚진 것이라고 말한다. 또한 쿠플레의
책이 발간되어 나오던 때와 거의 같은 시기에 베를린의 니콜라이 교회
의 주임 사제였던 뮐러는 『중국어 해독을 위한 열쇠』를 저술했지만 발
간하지는 않았다. 라이프니츠는 대선제후 프레드릭 빌리엄Frederick
William의 물리학자인 엘스홀츠Johann Elsholz를 통해 중국어와 관련한
뮐러의 연구에 대해 전해 들었다. 그는 뮐러의 연구를 통해 중국어에
관심을 갖게 된다. 1679년 라이프니츠는 간행되지 않은 뮐러의 『중국

174

어 해독을 위한 열쇠』를 읽고, 그에 대해 14개의 질문을 보냈다. 이 질문들을 검토해보면, 라이프니츠의 한자 및 『주역』 연구는 중국어 이론에 영향을 받은 것처럼 보인다. 뮐러에 의하면, 중국어는 의미론적·음성학적 언어라기보다는 상형문자이다. 개혁 교회 목사인 그렙니츠는 중국어는 신에 해당하는 말을 상형문자로 나타내어 우상을 숭배하게 만들며 그것은 제2계명을 위반하는 것이라고 공격했다.[5] 그렇지만 뮐러는 중국어를 끝까지 옹호했다. 중국의 상형문자를 둘러싼 논쟁으로 인해 뮐러는 대선제후가 약속했던 지원을 받을 수 없게 되었다.

라이프니츠는 1684년 10월에 잡지 『학예 공보』에 「극대와 극소를 위한 새로운 방법Nova Methodus pro maximis et minimis」을 발표하였다. 이 논문은 미적분에 대해 최초로 언급한 것이었다. 1686년부터 라이프니츠는 아르노와 철학적 내용이 담긴 서신을 교환한다. 그리고 같은 해에 그는 『형이상학론Discours de métaphysique』을 쓴다.

라이프니츠는 브라운쉬바이크 대공으로부터 벨펜가의 역사를 기술하라는 임무를 부여받고, 1687년에 벨펜가의 기원을 조사하기 위해 일종의 답사 여행을 시작한다. 그는 프랑크푸르트를 거쳐 뷔르츠부르크, 뮌헨, 빈, 베네치아, 로마, 나폴리 등을 방문하고 1690년에 하노버로 되돌아온다. 이 여행 중에 라이프니츠는 그리말디를 만난다. 하노버에 있는 라이프니츠-그리말디 파일에 의하면, 라이프니츠는 1689년경 로마를 방문했다가 그리말디를 만난 것으로 추정된다. 그리말디는 강희제가 수학적 도구와 책을 사용하여 하루에 서너 시간씩 베르비스트와 함께 공부를 한다고 라이프니츠에게 전해주었다.[6] 그리말디와의 만남을 통해 라이프니츠의 중국의 대한 관심은 더욱 고조되었는데, 그는 유럽의 학문을 통해 중국에 기독교를 전파할 수 있다는 예수회 선교사의

「중국인의 자연신학론」을 중심으로 살펴본 라이프니츠의 중국관　**175**

견해와 의견을 같이했다.

라이프니츠는 1691년에 하노버의 볼펜뷔텔 도서관의 관장으로 임명
된다. 1695년에는 『자연의 새로운 체계Systéme nouveau de la nature』를
발표하고 1697년에는 『최신 중국 소식』을 발간했다. 라이프니츠는 중
국에서 파리로 돌아와 있던 요하임 부베 신부가 보낸 강희제의 전기인
『중국 황제전Portrait historique de l'Empereur de la Chine』(이하『강희제전』
이라 함)을 전해 받은 뒤부터 부베와 서신을 주고받기 시작한다. 그는
『최신 중국 소식』의 개정 증보판에 부베의 『강희제전』과 강희제의 초
상화를 함께 싣기도 했다.

1700년 3월 13일, 라이프니츠는 파리 학술원의 외국 회원으로 선출
된다. 같은 해 7월에 그가 기획한 베를린 학술원이 브란덴부르크 영주
프리드리히 3세의 인정을 받아 출범한다. 라이프니츠는 7월 12일 이
단체의 회장으로 임명된다. 그리고 7월 15일에 브란덴부르크의 법률
담당 추밀 고문관이 된다. 1702년에는 『신정론Essai de Théodicée』의 초
고를 쓴다.

라이프니츠는 1697년부터 1707년까지 부베와 서신을 주고받으면서
『주역』해석에 관한 대화를 나누었는데, 그가 쓴 『최신 중국 소식』에는
그에 대한 기술이 보이지 않는 것으로 보아 후에 읽은 롱고바르디의 『중
국 종교론』과 생트 마리의 『중국 선교론』이 라이프니츠로 하여금 중국
철학에 대해 집중적인 관심을 갖게 해준 것으로 보인다. 라이프니츠는
프랑스어 번역본으로 보았던 로크의 『인간오성론』에 대한 비판을 담은
『신인간오성론Nouveaux Essais de l'Entendement human』을 1705년에 완
성한다. 라이프니츠는 1706년부터 1716년까지 데 보스Bartholomew des
Bosses와 서신을 주고받는다. 1710년에는 『신정론』을 암스테르담에서

강희제의 초상

발간한다. 1711년에는 베를린에 몇 달간 체류한다. 그해 10월에는 토르가우에서 표트르 대제를 처음으로 만난다. 1712년에 표트르 대제를 다시 만났는데, 표트르 대제는 그를 법률 담당 추밀 고문관으로 임명한다.

라이프니츠는 1712년부터 1714년까지 오스트리아 빈에 체류한다. 거기서 그는 오이겐 왕자와 자주 만났고, 결국 제국 궁정의 고문으로 임명된다. 이 시기에 그는 오이겐 왕자를 위해『모나드론Monadologie』과『이성에 기초한 자연과 은총의 원리Principes de la nature et de la grâce fondés en raison』를 발표하고, 빈 학술원 설립을 제안한다.

라이프니츠는 1713년에 그의 『신정론』을 읽고 고무된 르몽과 서신을 주고받기 시작한다. 라이프니츠는 롱고바르디의 『중국 종교론』과 샌트 마리의 『중국 선교론』 그리고 말브랑슈Nicolas de Malebranche(1638~1715)[7]의 『어떤 기독교 철학자와 어떤 중국 철학자 사이에 벌어진 신의 존재와 본성에 관한 대화Entretien d'un philosophie chrétien et d'un philosophe chinois sur l'existence et la nature de Dieu』(이하 『대화』라 함)[8]를 르몽이 보내주어 읽게 된다.

그리고 그는 이러한 정보들에 기초해서 생애의 마지막 해인 1716년에 「중국인의 자연신학론」을 쓴다. 라이프니츠는 1716년 11월 4일에 세상을 떠났는데, 임종 시에 고백성사를 거부당했다고 한다. 생전에 교회에 자주 나가지 않았고, 교회 공동체와도 어울리지 않았기 때문이었다. 라이프니츠에 대한 세간의 인식은 아이러니하게도 그가 비신자라는 것이었다. 장례를 집전하려는 성직자가 없었기 때문에 모든 분야에서 눈부신 활약과 업적을 남긴 그의 장례식에는 비서 에크하르트Eckhart만이 참석했다. 나중에 프랑스 학술원이 그를 추도하는 글을 발표한 것이 유일한 의식이었다.

2. 라이프니츠의 「중국인의 자연신학론」 집필 동기

이 책의 중심인 「중국인의 자연신학론」은 원래 라이프니츠가 당시 섭정 오를레앙 공의 법률 고문관이자 의전장이었던 르몽에게 보냈던 한 통의 긴 서신이었다. 이 서신은 편집자 코르톨트Christian Kortholt의 명명에 따라 「르몽에게 보내는 중국철학에 관한 라이프니츠의 서신 Lettre de M. G. G. Leibniz sur la Philosophie Chinoise à N. de Remond」으로 알

178

려져 있다. 그러나 라이프니츠 자신은 이 서신에 「중국인의 자연신학론Discours sur la Théologie naturelle des Chinois」이란 이름을 붙였다.[9] 라이프니츠는 사망하기 약 1년 전쯤에 이 서신을 작성했다. 르몽은 1714년 12월에 라이프니츠에게 보낸 한 서신에서 자신이 롱고바르디의 『중국 종교론』과 말브랑슈의 『대화』를 읽었다면서 라이프니츠에게 중국인의 철학과 종교에 대한 논문을 작성할 수 있는지 물어본다.[10] 라이프니츠는 아직 롱고바르디나 말브랑슈의 논문을 읽지 못했다고 답변한다.[11] 라이프니츠의 1715년 9월 4일의 서신에 따르면, 르몽은 롱고바르디의 저서와 말브랑슈의 논문 그리고 생트 마리의 저술을 라이프니츠에게 보내준다. 1715년 11월 4일의 서신에서 라이프니츠는 르몽이 보내준 롱고바르디와 생트 마리의 저술에 대해 언급하고 있으나 그에 대한 논문을 작성하고 있다는 언급은 하지 않는다. 그에 대한 언급은 라이프니츠가 1716년 1월 27일에 르몽에게 보낸 서신에서 처음으로 보인다. 이 서신에서 그는 중국인들의 자연신학에 나타난 신, 정신, 영혼을 다룬 논문을 완성해가는 중이라고 말한다. 그해 3월에 라이프니츠는 르몽에게 다시 서신을 보내 이 논문을 좀더 보완할 필요가 있다고 말하지만, 끝내 이 말을 지키지 못한 채 그해 11월에 세상을 떠난다.

3. 라이프니츠의 서신에 나타난 논쟁의 배경과 그 인물들: 마테오 리치, 롱고바르디, 생트 마리

마테오 리치의 입장
라이프니츠의 중국 이해의 기초가 된 예수회 선교사들의 중국에 대한 보고서와 중국 고전의 번역서는 계몽주의 시대 유럽의 중국 수용뿐만 아니라 이후의 중국 이해에 있어서도 상당한 영향력을 발휘하였다.[12] 예수회의 동방 선교는 프란시스코 사비에르에게서 비롯되었다. 사비에르는 1541년에 포르투갈 식민지였던 인도의 고아로 가서 전도 활동을 하다가 1549년에는 일본 가고시마鹿兒島로 옮겨 전도 활동을 했다. 사비에르는 기독교적 '전 세계 군주국'이나 '천년왕국'의 최종적 완성은 동아시아의 전도 활동에 달려 있으며, 그러기 위해서는 동아시아의 문화와 정신적 기원인 중국 전도가 필요하다고 생각하고 있었다. 사비에르는 정작 중국 대륙을 밟아보지도 못한 채 1552년에 사망하지만, 25년 뒤인 1597년 발리냐노Alessandro Valignano(1538~1606, 중국명은 范禮安)가 그의 유지를 이어받는다. 발리냐노는 고아에 있던 루지에리Michele Ruggieri(1543~1607, 중국명은 羅明堅)를 중국 선교를 위해 불러 온 다음, 1582년 8월 7일에는 고아에 와 있던 젊은 마테오 리치도 마카오로 불러 이 둘로 하여금 중국 선교를 맡게 하였다. 이렇게 해서 마테오 리치는 루지에리와 함께 광동성 조경肇慶에 도착해 선교 활동을 시작하게 되었다.[13]

마테오 리치는 새로운 접근 방식으로 중국 선교를 시도했다. 그는 기독교 전통과는 다른 문화 전통을 가진 이교도에 대한 스페인인들이나 포르투갈인들의 선교 방식이 상당한 갈등을 빚는 것을 경험하고는 다른 선교 방식, 즉 기독교와 토착 문화와의 화해 방식을 채택했다. 리치는 처음 중국에 건너갔을 때, 불교 승려의 복장을 하고 있었다. 그러나 그는 곧 중국에 기독교 신앙을 보다 빠르고 효과적으로 전파하려면 지식인들, 즉 문인[士] 계급과 접촉해서 그들을 개종시켜야 한다는 것을 깨닫게 된다.[14] 실질적으로 중국을 다스리는 것은 문인 계급이었기 때문이다. 리치는 중국 고전에 대한 이해가 없으면 중국의 학자, 즉 문인 계급에 접근하는 것이 불가능하다는 것을 잘 알고 있었다. 그는 중국적 사고 속에서 기독교적 요소를 찾기 위해서는 중국 문인의 정신적 바탕이 되는 중국 고전을 읽어야 한다는 것을 느꼈고, 고전을 해독할 수 있을 정도의 한문 실력을 배양하기 위해 엄청난 노력을 하였다.

리치는 중국 고전을 습득해가면서 중국인들이 예전에는 참된 신에 대한 지식을 가지고 있었지만 시간이 지나면서 불행하게도 그 사실을 잊어버리고 무신론자가 되어버린 것이 틀림없다고 믿게 된다. 리치는 중국인들이 기독교적 신 관념과 같은 신에 관한 표상을 갖고 있지 않고 또한 신의 존재를 분명하게 의식하지 못함에도 불구하고 높은 도덕심과 자연적 종교성을 가진 것을 보고 그것을 나름대로 이해하려고 애를 썼다. 그래서 도달한 결론이 '자연적 이성의 빛'이라는 개념이었다. 리치는 1609년에 마카오에서 쓴 한 서신에서 중국적 정신의 근본 원리를 '자연적 이성의 빛'에 따른 것이라고 설명하고 있다.

고대에 중국인들은 우리[유럽]의 나라들이 그랬던 것처럼 자연법칙을 좇았다. 수천 년이 지나는 동안에도 이 민족은 이집트, 희랍, 로마처럼 비난받을 만한 그런 우상을 만들거나 섬기지 않았다. 확실히 신성은 매우 덕성스러운 것이며 이것은 그들의 훌륭한 책들 속에 나타나 있다. 사실 그들은 가장 영향력 있고 가장 오래된 경전 속에서 이미 천지와 이 양자[하늘과 땅]의 주인을 섬기고 있다. 이 책들을 정확하게 탐구해보면 우리는 자연적 이성의 빛을 거스르는 어떠한 것도 발견할 수 없을 것이며 그 책들이 많은 점에 있어 자연적 이성의 빛에 따르고 있는 것을 볼 것이다.

「중국인의 자연신학론」을 중심으로 살펴본 라이프니츠의 중국관

리치는 '자연적 이성의 빛'이 당연히 신으로부터 유래한 것이라고 보았다. 그랬기 때문에 그는 중국 고전에서 기독교적 요소들을 끄집어내려고 애를 썼다. 그는 이에 기초해서 중국 고전에 등장하는 성인들이 말하고자 했던 것이 기독교 신학자들이 말한 것과 다르지 않다는 것을 중국인들에게 입증하고자 하였다. 리치는 중국인 친구들의 도움을 받아 중국 고전에서 기독교 교리와 어울려 보이는 몇 가지 개념을 찾아냈다. 그것은 '천주', '상제' 등의 개념이었다. 리치는 이런 개념들로 인해 더욱더 자신의 신념을 굳혀갔고 『천주실의天主實義』15)에서 다음과 같이 말한다.

우리[서양]의 천주는 바로 [중국의] 옛 경전에서 말하는 '하나님[상제]' 입니다.16)

마테오 리치의 이 테제는, 라이프니츠도 읽었던,17) 선교사들의 중국에 대한 종합 보고서 격인 쿠플레 신부의 『중국의 철학자 공자, 중국의 학문』의 서론에서도 찾아볼 수 있다. 예수회 선교사들은 이 책에서 고대 중국인들이 참다운 신, 즉 기독교 신에 대한 지식을 가지고 있었고 그를 경배했을 것이라는 리치의 견해를 대변하고 있다. 또한 선교사들은 리치의 견해에 따라 중국의 '상제'는 기독교의 신에 상응하고, '귀신'과 '천신'은 천사와 영혼에 해당할 것이라는 설명을 하고 있다. 리치의 중국에 대한 이러한 견해는 리치의 조력자였던 벨기에 출신의 트리고Trigault(1557~1628, 중국명은 金四表) 신부가 편집하고 수정한 『중국인에 대한 기독교의 전파De progatione Chrstiana apud Sinas』에 담겨 1615년에 유럽에서 출간되었다. 중국에 대한 리치의 견해는 그의 위치와 영향력으로 인해 별다른 문제로 부각되지 않았지만, 그가 죽고 나자 그의 후계자인 롱고바르디와 예수회와 경쟁했던 프란체스코파의 생트 마리에 의해 비판받는다.

롱고바르디의 입장

리치의 후계자인 롱고바르디는 리치의 보유론적 선교 방식에 의문을 나타냈다. 롱고바르디의 철학과 신학은 리치보다 한 수 아래로 평가된다. 그렇지만 롱고바르디가 전혀 철학적 소양이 없었던 것은 아니다. 그는 1600년경에 중국의 제례에 대한 비판적인 태도를 담은 라틴어 논문 「공자와 그의 교의론De Confucio ejusque doctrina tractatus」을 발표하나, 선교에 도움이 되지 않는다는 이유로 부교구장인 푸르타도François Furtado에게 정죄당한다. 그러나 나바레테가 이 논문을 스페인어로 번역하여 마드리드에서 간행하였다. 그리고 시세Monsignor de Cicé가 프랑스어로 번역한 것을 파리의 이방 선교회에서 출간한 것이 바로 앞에서 언급한 『중국 종교론』이다. 롱고바르디는 이 책에서 중국철학에 대해 리치와는 다른 견해를 피력하고 있지만, 리치가 살아 있을 때는 자신의 입장을 내비치지 않았다. 중국철학에 대한 입장을 제외하면 롱고바르디는 선교를 포함한 많은 문제와 관련해서 리치의 입장에 동의했던 것으로 보인다. 그랬기 때문에 리치가 롱고바르디를 후계자로 지목했을 것이다. 롱고바르디도 리치처럼 중국인들을 교화하려는 의도에서 중국 고전을 읽었지만 리치와는 다른 견해에 도달한다. 롱고바르디는 "기독교 교리를 중국 고전과 연관시키고, 중국 고전을 중국적 전통과는 완전히 이질적인 기독교적 의미"로 해석하려는 리치의 선교 전략을 대단히 위험한 것으로 보았다. 롱고바르디는 중국 고전이 대단히 이해하기 어렵고 불분명하기 때문에 기독교 교리를 중국 고전에 응용하는 것이 쉽지 않다는 점을 피력한다. 롱고바르디는 『중국 종교론』에서 중국인들은 질료와 구분되는 어떠한 정신적 실체도 인정하지 않는다는 테제를 내세웠다. 그는 이 책을 통해 기독교의 신 관념은 중국인들에게 원래 낯선 것이라는 견해를 피력하며 리치의 견해에 이의를 제기한다. 또한 그는 중국인들이 우주의 물리적 법칙을 인간적 도덕성 혹은 인간 정신과 동일시하는 것에 대해서 못마땅하게 생각한다. 그가 무엇보다 중요하게 생각한 것은 인간은 영혼을 가지고 있기 때문에 비인간적, 자연적 생물들과 구분된다는 관점이었다. 이런 이유 때문에 롱고바르디는 우주의 모든 것이 자연적인 것이든 인간적인 것이든 '리理'를 포함하고 있다고 말하는 신유가의 이론을 상당히 못마땅하게 여겼다.[18]

생트 마리의 입장

라이프니치의 「중국인의 자연신학론」을 읽어보면, 프란체스코회 신부 생트 마리가 중국철학의 '전일적 성격'을 스피노자와 비교해 언급하는 것을 볼 수 있다. 생트 마리는 동료 신부들과 예수회 신부들 그리고 중국의 기독교인들에게 설문한 것을 토대로 1637년에 예수회의 선교방식을 비판하는 보고서를 상급자에게 올렸다. 생트 마리의 이 보고서는 전례典禮 논쟁 연구를 위한 귀중한 일차적 자료에 해당한다. 그러나 이 보고서는 3년이 채 되지 않는 그의 중국 경험을 반영한 것으로서 문제점이 많다. 이후 생트 마리는 1668년 12월에 중국에서 보낸 30년의 세월을 토대로 한 『중국 선교론』을 완성한다. 스페인어로 쓰인 이 논문은 프랑스어로 번역되어, 1701년에 파리에서 간행되었다.

생트 마리의 『중국 선교론』은 전례 논쟁의 발단이 되는 사건을 배경으로 하고 있다. 생트 마리와 함께 중국으로 건너갔던 모랄레스Juan Bautista de Morales(중국명은 黎玉範)는 예수회의 보유론적 선교 방식이 기독교 교의를 중국의 여러 가지 미신적인 이야기로 더럽히고 있고, 기독교 의식을 중국의 제례와 뒤섞어놓았다는 맹비난을 가했다. 이런 편협한 비난 때문에 중국인들은 모랄레스 신부를 추방해버렸고, 추방당한 모랄레스는 로마로 건너가 그간의 정황을 교황청에 부정적으로 보고했다. 이에 대해 예수회는 마르티니 신부를 로마로 보내 교황청의 전례 문제에 대한 질의에 대답하고 해명하고자 하였다. 예수회는 전례 문제의 해명을 통해 중국 선교에서 우위적 위치를 계속 고수하고자 한 것이다. 생트 마리는 이런 논쟁의 배경을 잘 알고 있었기 때문에『중국 선교론』에서 특히 마르티니가 변호했던 관점들을 논박하는 데 주력하였다. 생트 마리는『중국 선교론』에서 1659년에 로마에서 막 돌아온 마르티니 신부를 만났으나 그와 의견의 일치를 보지는 못했다고 진술한다.

또한 생트 마리는『중국 선교론』에서 롱고바르디와 보조를 같이하며 리치의 견해에 반대한다. 그는 중국인들이 처음부터 무신론자였다고 주장한다. 생트 마리도 롱고바르디처럼 '리理' 개념에 대해 비판적이었다. 그는 '리'가 그 자체로 족한 것이라면, 중국인들은 세계를 설명하면서 '리'[19] 외의 신을 필요로 하지 않을 것이라고 보았기 때문이다. 그당시 중국 성리학자들의 견해에 따르자면, '리'는 수천 년 전부터 하늘을 항상 동일하게 움직이도록 한 유일한 원인이었다.[20] 신 관념이 없이도 세계의 생성과 운동을 설명하는 이 이론이 생트 마리에게는 이해할 수 없는 무신론으로 보였던 것이다.

4. 「중국인의 자연신학론」과 전례 논쟁

리치의 보유론적 접근은 '전례 논쟁'이라고 알려진 논쟁의 빌미를 제공했고, 전례 논쟁은 나중에 예수회가 해체되고 중국이 기독교에 대해 문을 닫아버리는 결과를 가져온다. 초기 전례 논쟁의 주요 쟁점은 기독교의 하나님을 나타내는 중국어와 중국인의 전례 허용에 관한 것이었다. 그러나 그 이면의 한편에는 예수회와 도미니크회 사이의 선교를 둘러싼 주도권 다툼이 있었고, 다른 한편에는 예수회를 지원하는 포르투갈과 도미니크회 및 다른 선교회를 지원하는 스페인 사이의 식민지 확대와 동방 무역을 둘러싼 다툼이 자리 잡고 있었다. 예수회는 아시아에 식민지를 확대하려는 포르투갈 국왕의 보호 아래 인도, 중국, 일본에서의 선교 사업을 독점하고 있었다. 예수회 선교사들이 동방으로 진출하기 위해서는 포르투갈 국왕에게 충성을 맹세한 뒤 리스본에서 포르투갈의 배를 타고 포르투갈의 식민지인 인도의 고아를 경유해야만 했다. 그러나 17세기에 들어 포르투갈의 해상권이 쇠퇴해지자 스페인의 후원 아래 도미니크회, 프란체스코회, 아우구스티누스회 등이 중국으로의 진출을 모색하게 된다. 도미니크회는 1631년에 중국 복건성에 포교 기지를 꾸렸고, 1633년에는 프란체스코회도 그 뒤를 따랐다.[21]

도미니크회는 처음부터 중국의 전통적인 전례인 제천, 공자 제사, 조상 숭배를 미신이라 단정하고 이를 긍정하는 예수회를 공격하였다. 앞에서 언급한 것처럼 중국에서 추방된 모랄레스가 교황청에 가서 예수회의 전례 허용과 보유론적 선교 방식을 비난하자 예수회 선교사들은 이에 대응하기 위해 마르티니 신부를 로마로 보낸다. 마르티니 신부는 1700년 11월 30일에 '경천敬天, 사군친事君親, 경사장敬師長은 미신이 아니라 천하의 통의通義'라는 강희제의 친필이 실린 예수회의 글을 로마 교황청에 전달하고 중국에서 포교를 하려면 현지에 맞는 유용한 선교 정책을 펼쳐야 한다는 점을 역설했지만, 효과를 거두지는 못했다.[22] 교황청이 이교도이자 비신자인 중국 황제의 견해를 가치 없는 것으로 보고 일축해버린 것이다.

1692년에 강희제는 최초의 동서 조약인 네르친스크조약 체결(1689년)에 결정적인 역할을 한 예수회에 보답하기 위해 천주교를 공허公許한 바 있었다. 물론 예수회식의 선교 방식만을 인정한다는 조건이 붙기는 했다. 그러나 1704년에 클레멘스 11세가 중국 전례에 참가하는 것을 금지하는 칙서를 내리자 강희제는 중국의 전례에 대해 비판적인 선교사에게 압력을 가하기 시작한다. 1705년 바티칸 당국의 특사로 중국에 왔던 투르농Charles de Tournon 대주교가 중국의 전통적인 관례 및 세계관과의 타협을 허용치 않는 강경한 입장을 표명하자 강희제는 분노하여 그를 마카오에 억류시켜버렸다. 투르농은 1710년에 마카오에서 사망한다. 강희제는 1706년에 급요給栗 정책을 선포해 선교사들의 포교 활동을 엄격히 통제한다. 급요 정책이란 중국에 파견된 선교사들을 선별해서 일부 선교사에게만 거주권을 인정하고 나머지는 국외로 추방시키는 것으로 중국 선교의 모든 발판을 무너뜨리는 것이었다.

그러나 강희제는 전례 문제의 해명을 위해 여러 차례 특사를 파견하는 노력을 보였다. 1706년 여름에 강희제는 전례 문제의 해명을 위해 마리아니Sabino Mariani(1665~1721)와 요하임 부베를 로마로 파견하나 광동으로 가는 도상에서 둘 사이의 의견 대립이 심해졌다는 보고를 받고 명령을 철회해버린다. 강희제는 그해 10월 17일에 예수회 선교사 보볼리에Antoine de Beauvollier(1657~1708)와 바로Antonio de Barros(1664~1708)

를 다시 특사로 보낸다. 그 두 사람은 각기 다른 배를 타고 갔지만, 포르투갈 근처에서 배가 파손되는 바람에 모두 익사하고 만다. 강희제는 로마로부터 응답이 없자, 다시 1708년 1월 14일에 프로바나Antonio Provana(1662~1720), 노엘Francis Noel(1651~1729) 등을 로마로 보낸다. 1709년에 프로바나가 드디어 로마에 도착했지만 이미 바티칸의 입장은 돌이킬 수 없이 기울어져 있었기 때문에 소기의 목적을 거둘 수가 없었다.

전례 논쟁이 도미니크파의 승리로 끝났기 때문에 중국 선교의 길은 영영 막혀버리게 된다. 강희제의 뒤를 이어 즉위한 옹정제擁正帝는 천주교 포교를 금지하는 교서를 내린다. 그리고 예수회는 클레멘스 14세의 칙서에 의해서 1773년부터 해체의 길을 밟게 된다. 전례 논쟁은 근원적으로 볼 때 다른 문화를 이해하고 그것과 기독교와의 화해를 추구한 현지 적응적 태도와 타문화를 제대로 이해하지 못한 채 기독교 교리와 문화만을 강조하는 배타적인 유럽 중심적 태도의 차이에서 비롯된 것이었다.

볼테르는 전례 논쟁을 보면서 이런 배타적인 유럽 중심적 태도를 신랄하게 논박하였다. 그는 중국 의례에 대한 이와 같은 태도가 중국의 풍습을 자기 나라의 풍습에 따라 판단한 데서 기인했고, 유럽인들의 편협한 생각과 풍습을 극동 천 리 밖에 있는 나라에까지 강요한 것이라고 보았다. 옹정제는 1727년 7월 20일에 포르투갈 대사가 자신을 방문하자 유럽의 오만함에 대해 다음과 같이 반문하였다. "만약 내가 당신들이 살고 있는 유럽 어떤 지방에 승려를 보낸다면 당신들의 왕은 그를 받아들이지 않을 것이다."

전례 논쟁은 중국 선교의 가능성을 막아버리는 부정적 결과를 낳았지만, 역설적으로 유럽에서는 중국에 대한 연구를 자극시켜 많은 사람들이 중국에 대한 관심을 갖게 하는 계기를 만들었다.

라이프니츠는 자신의 사망(1716년)으로 1774년의 예수회 해체로 끝이 난 전례 논쟁의 최종 결과를 지켜볼 수는 없었지만, 중국의 전례를 둘러싸고 예수회와 다른 선교회들이 벌인 초기 논쟁 때부터 관심을 보였고 1704년에 클레멘스 11세가 교서를 내려 선교사들의 중국 전례 참가와 마테오 리치식의 선교 방식을 금지하자 그 점에 대해 무척 불만스러워했다. 라이프니츠의 「중국인의 자연신학론」의 배경은 바로 예수회의 패배로 일단락된 이 전례 논쟁이다. 마테오 리치의 선교 방식을 따르는 예수회가 전례 논쟁에서 패배했음에도 불구하고, 라이프니츠는 「중국인의 자연신학론」에서 롱고바르디와 생트 마리가 '유물론적'이며 '무신론적'이라고 파악했던 중국철학의 주요 개념을 다시 검토하고, 전례 논쟁의 주요 쟁점이 되었던 천주, 상제, 귀신과 영혼, 그리고 제사의 문제를 새롭게 해석함으로써 마테오 리치의 입장을 적극 옹호한다.

5. 「중국인의 자연신학론」의 구조와 그 내용

「중국인의 자연신학론」의 구조와 중국 측 문헌 자료

우리가 제2부에서 본 「중국인의 자연신학론」은 모두 4장으로 나누어져 있지만, 원래는 서신이었기 때문에 애당초 제목이나 단락 구분이 없었다. 라이프니츠의 글 대부분이 서신 또는 초고의 형태라, 몇몇의 경우를 빼고는 초기 편집자들이 붙인 제목을 그대로 따르고 있다. 코르톨트는 「중국인의 자연신학론」에 「르몽에게 보내는 중국철학에 관한 라이프니츠의 서신」이라는 제목을 붙이고 4장 75절로 나눈 다음, 장마다 다음과 같은 제목을 붙였다. 1. 중국인의 신 관념(1~23절), 2. 신의 창조물 혹은 제일질료 혹은 신들에 관한 중국인의 견해(24~56절), 3. 중국인의 영혼, 영혼 불멸, 사후의 보상과 처벌론(57~67절), 4. 중국 제국의 창시자, 복희가 자신의 글과 이진법 산술에서 사용한 문자에 관하여(68~75절).

우선 이 장 구분에 따라 라이프니츠가 인용하는 중국 문헌을 살펴보면 다음과 같다. 1장에서 3장까지 라이프니츠가 주로 인용하는 중국 문헌은 『주역』, 『서경』, 『시경』, 『논어』, 『대학』, 『성리대전』 그리고 『통감』23)이다. 『주역』을 제외하면, 「중국인의 자연신학론」에 나오는 중국 고전들은 롱고바르디의 『중국 종교론』과 생트 마리의 『중국 선교론』에서 언급되었거나 인용되었던 자료들이다. 라이프니츠는 중국 선진 시대의 고전을 중국인의 사유 방식과 종교성을 알 수 있는 기본적 텍스트라고 주장했지만, 그가 주로 언급하는 것은 『성리대전』과 신유가의 철학자들이 선호하는 『중용』, 『논어』 등이다. 라이프니츠가 『성리대전』을 주로 인용한 것은 롱고바르디와 생트 마리의 인용절을 재인용하여 새롭게 해석함으로써 자신의 논증의 타당성을 보여주고, 또한 롱고바르디와 생트 마리의 잘못된 해석을 바로잡기 위해서였다. 그렇다고는 해도 라이프니츠는 『성리대전』을 마치 자명한 고전 텍스트처럼 인용하는데, 그것이 중국 고전에 대한 후대의 해석의 산물이란 점에 별로 개의치 않는다.

4장은 주로 『주역』에 관한 것이다. 라이프니츠는 『주역』에 대한 전거를 롱고바르디나 생트 마리의 보고가 아니라 부베와 교환한 서신에서 찾는다. 그는 1697년부터 1707년까지 부베와 서신을 주고받았으며, 부베는 1701년 11월 4일자 서신에 선천차서先天次序의 사본을 함께 보내 주기도 하였다.(자세한 내용은 제3부의 '라이프니츠와 요하임 부베' 참조)

라이프니츠는 앞의 세 장에서 중국철학의 주요 개념들을 둘러싼 리치와 롱고바르디 그리고 생트 마리의 견해 차이를 다루고 있다. 네 번째 장에서는 『주역』과 이진법 산술의 연관성을 다뤄 기독교인의 창조 개념을 밝혀주는 이진법적 산술과 복희의 괘상에 숨겨져 있는 이진법적 산술 체계가 놀랍게도 일치한다는 점을 밝히고 있다. 네 번째 장은 라이프니츠가 1697년에 작성한 「창조의 비밀」이라는 서신과 함께 읽어야 그 의미가 보다 분명해진다.(제1부의 「창조의 비밀」 참조)

「중국인의 자연신학론」의 내용과 라이프니츠의 철학적 입장

라이프니츠는 「중국인의 자연신학론」의 1장에서 리치의 보유론적 선교 방식과 그러한 방식에 이의를 제기한 롱고바르디와 생트 마리의 입장을 비판적으로 소개한다. 그리고 선교 방식 논쟁에 있어서 가장 기초적이고도 중요한 문제인 중국적 정신과 기독교적 정신의 일치 가능성을 제기한다. 라이프니츠는 롱고바르디와 생트 마리가 중국 철학자들의 견해를 빌려 소개하는 '리理'의 개념을 꼼꼼하게 검토한 한 후 리는 결국 '제일원리' 혹은 '신'과 일치하는 것이라고 판단한다. 그러나 라이프니츠의 판단과 달리 롱고바르디는 '리'가 '제일질료'에 불과하다는 주장을, 생트 마리는 '리'는 물질적 원리에 불과하다는 주장을 한다. 롱고바르디와 생트 마리가 중국인들이 '물질적 원리'만을 긍정할 뿐 '정신적 실체들'(제2부 「중국인의 자연신학론」 §2 참조. 이하 해당 절만 표시함)을 인식하지 못한다고 비난한 반면에, 라이프니츠는 "그들도 정신적 실체들을 긍정"(§2)하고 있기 때문에 중국철학에 대한 새로운 해석이 필요하

다고 주장한다. 라이프니츠는 자신의 주장을 확실히 논증하기 위해, 이 두 사람이 인용하는 중국 고전의 구절들만을 해석의 대상으로 삼아 두 사람의 해석이 잘못되었다는 것을 지적하고 중국인의 철학이 갖는 정신적 특성을 밝혀내고자 한다. 그래서 라이프니츠는 롱고바르디와 생트 마리의 논증이 근거하고 있는 중국철학의 개념들, 특히 신유가의 중요한 철학적 개념들을 주로 살펴본다. 이와 관련해서 라이프니츠는 롱고바르디와 생트 마리가 "모든 것은 하나다"라고 이해한 "중국적 원리"를 "하나가 모든 것이다"라는 전일적 방식으로 이해해야 한다고 말한다. "중국적 원리"를 "모든 것은 하나다"라는 식으로 이해해서는 사물의 다양성과 사물 간의 운동을 설명하기 어렵다고 보았기 때문이다. 라이프니츠는 사물들의 다양성을 인정하면서도 그 다양성에는 모든 개별적 사물들을 이루는 "능동적인 힘"이 하나의 보편적 원리로서 내재해 있어야 한다고 보았고, 그런 것을 중국의 '리' 개념에서 발견했다. 리의 이런 개념적 특성 때문에 라이프니츠는 신유가의 핵심적 개념인 '리'를 '제일원리'로 파악한다. 라이프니츠는 '제일원리'를 힘을 가진 '엔텔레케이아'이자 '순수한 활동성'이며 사물을 이루는 '능동적 원리'로 본다. 그는 롱고바르디의 『중국 종교론』에 인용된 구절에 기초해서 '리'를 다음과 같이 보다 더 자세하게 특징짓는다. "그보다 더 크거나 더 나은 것이 없으며", "위대한 보편적 원인"이며, "순수하고, 정적이며 심원하지만, 육신이나 형태가 없다."(§4) 라이프니츠는 '리'를 "모든 자연의 기초이자, 가장 보편적인 이성이며 실체"로 본다. 그는 이 보편적 이성이 우리의 지성 속에 자리 잡고 있다고 보기 때문에 이것을 중국과 서양의 일치를 꾀할 수 있는 중요한 토대로 여긴다. 롱고바르디와 생트 마리의 인용에 기초한 것이기는 하지만, 라이프니츠는 '리'를 "제일원리"(§4)로뿐만 아니라 "보편적 질서", "모든 피조물의 근원, 원천, 그리고 원리"(§4a)로 이해한다. 또한 그는 '리'를 "하늘과 땅과 그 밖의 다른 물질적 사물의 물리적 원리"이자 "정신적 사물의 도덕적 원리"(§5)로 이해한다. 라이프니츠는 이런 '리'의 개념적 특성이 자신의 '모나드'와 합치한다고 믿었던 것 같다. 왜냐하면 라이프니츠는 모나드를 "자연의 참된 원소"이자 "사물의 요소들"(『모나드론』, §3)이라고 설명하면서 동시에 사물을 구성하며 사물을 '생물'로 만드는 능동적 원리, '엔텔레케이아' 또는 '혼anima'으로 부르기 때문이다.(『모나드론』, §63) 또한 모나드를 물질적 사물의 원리이면서 동시에 비非물질적인 정신적 요소와 '정신의 도덕적 원리'도 함께 지니고 있다고 보았기 때문이다. 라이프니츠가 인간의 정신과 구별해서 쓰고 있는 일반적인 동물적 영혼은 "'피조물의 세계', 즉 '자연의 세계'를 단순히 반영하기만 하는 살아 있는 거울 내지 이미지miroir vivant ou images de l'univers des créatures"에 불과하지만 이성적 영혼, 즉 인간의 정신은 '신 그 자체, 자연의 창조자'의 이미지이다. 인간의 정신은 창조자의 모습을 닮았기 때문에 창조자가 건축한 우주의 체계를 인식할 수 있고, 그것을 통해 물리적 자연의 세계와 구별되는 신의 나라인 도덕적 영역에 참여한다.(『모나드론』, §83) 라이프니츠는 정신을 통해 우리가 신의 나라, 즉 '우주 속에 있는 도덕적 세계'와 관계를 맺을 수 있다고 본다. 이 점에서 라이프니츠가 주장하는 모나드론은 우주의 정연한 질서이면서 또한 도덕적 성격을 띠는 신유가의 '리'의 개념과 상당히 유사다고 할 수 있다.

2장에서는 '리'와 '기'의 관계를 다루고 있다. 라이프니츠는 '리', '태극', '상제'의 개념을 다루면서 이러한 개념들에 대한 롱고바르디와 생트 마리의 견해를 비판한다. 라이프니츠는 '리'를 '제일형식'으로 그리고 '순수한 활동성'으로 파악하기 때문에 스피노자처럼 '리'를 '제일질료'로 보려는 입장에 반대한다. 그는 스피노자적인 '제일질료'는 부분을 가지며,[24] 각 부분인 개체 안에는 '세계영혼'이 작용한다고 보았다. 그러나 라이프니츠는 제일질료는 단지 수동적이며 단순한 저항과 연장으로만 되어 있기 때문에 사물을 구성하는 능동적인 원리를 갖고 있지 않다고 본다. 그리고 스피노자처럼 실체를 '제일질료'로 본다면, 각각의 개체는 그 자신의 정신이나 개별성을 가질 수 없게 된다. 그러므로 그는 '리'를 '순수한 활동성'인 '제일형식'으로 이해해야 한다고 주장한다. 그래야만 우리는 '기'가 '리'에서 연장되는 것이 아니라 산출, 즉 창조되어 나온 이유를 이해할 수 있다. 동물, 인간 정신 혹은 정령들과 같은 개별적 실체들은 동일한 힘인 '리'에서 나왔지만, '기'에 의해 구성되기 때문에 다양하게 존재할 수 있다. 라이프니츠는 이 개별적 실체들은 그 자체로 '하나'인 '리'를 반영함으로써 다양성 속에서 '하나'를 이루며 '리'의 완전성에 참여할 수 있다고 본다. 그래서 '리'가 '근원적 모나드Urmonade'와 유사한 개념적 내용을 가지고 있다고 한 것이다. 라이프니츠는 이에 기초해서 '리'에 대해 이렇게 설명한다.

> ['리'에 의해] 모든 사물은 활동할 수 있게 되는 것입니다. 그리고 모든 사물은 리, 즉 모든 사물에 완전성을 주는 동일한 근원적 정신(하나님)에 귀속됨으로써만 엔텔레케이아들, 정신들, 영혼들을 소유합니다.(§21)

라이프니츠는 다음과 같은 말을 하고자 했을 것이다. 개개의 모든 존재는 그의 완전성의 정도에 따라 '제일원리'인 '리'에 참여한다. '리'는

194

세계 속에 존재할 뿐만 아니라, 동시에 세계 위에 존재한다. 그래서 '리'는 근원적 모나드인 신이 모나드들 간의 예정 조화의 질서를 행하는 것처럼 그렇게 작용한다.[25] 이런 관점에서 라이프니츠는 롱고바르디가 무신론적이자 유물론적으로 해석했던 중국의 대표적 성리론자인 주희나 정이의 언명을 달리 해석한다.

> 저는 『중국철학』〔『성리대전』〕에서 우상숭배에 대항하는 아주 매력적인 논증을 발견했습니다. 롱고바르디 신부가 보고한 바에 따르면(12:60), 정이程頤Ching Lu 박사는 공자의 『중용』을 설명하면서, 증기로 비를 생산해내는 산이나 물은 소홀히 하면서 절간에 있는 나무나 흙으로 된 우상에게 비를 내려달라고 비는 것은 아주 바보스러운 짓이라고 말합니다.(28권, 37쪽) 그는 사물들 간의 관계나 조화를 고려하여 제사가 반드시 이성에 기초해야만 한다는 것을 암시하고 있습니다. 따라서 제사는 신들의 뜻에 맞아야만 하거나, 혹은 이와는 달리 상제, 보편적 신의 뜻에, 귀하〔르몽〕가 원하신다면, 리, 즉 모든 것을 다스리는 최상의 이성의 뜻에 맞는 것이어야만 한다고 합니다. 지금 훌륭한 신부가 이런 점으로부터 후자〔정이〕는 물과 산에는 의식이 없는 물질적 공기 이외에 다른 정신적 존재가 없는 것으로 여겼다는 결론을 이끌어내는데, 그것은 그가 이 저자가 의미하는 것을 전혀 간파하지 못했다는 증거입니다.(§54a)

3장에서는 중국의 영혼론을 다룬다. 라이프니츠는 이 장에서도 롱고바르디와 생트 마리의 견해를 반박한다. 롱고바르디 신부는 중국인들이 말하는 영혼이란 결국 죽으면 물질로 되돌아가는 것에 불과하다고 주장한다. 그는 그 전거로서 『시경』과 『서경』에 기록된 문왕의 죽음과 요왕의 죽음을 인용해, "죽음은 땅의 것을 하늘의 것과 분리하며, 하늘의 것은 공기나 불 같은 것으로 하늘로 되돌아간다"고 말함으로써 중국인들이 말하는 영혼은 공기나 에테르로 분해되는 단순한 물질이라는 견해를 내세운다. 이에 반해 라이프니츠는 '영혼'은 '리'의 보편적 성질을 띤 것이기 때문에 사후에 다시 '상제'로 상징화되는 '리'와 결합할 수 있다고 주장하며, 이렇게 말한다.

중국인들은 사람의 죽음은 그를 구성했던 요소들의 분리일 뿐이라고 말합니다. 그리고 분리 이후에 그 요소들은 자신들에게 적당한 장소로 되돌아간다고 합니다.(15:81) 그러므로 혼 혹은 영혼은 하늘로 올라가고, 백 혹은 육체는 땅으로 돌아갑니다. 이것은 『서경』 1권 16쪽에서 나와 있는 것으로 거기서는 요왕의 죽음을, 그가 올라가고 내려왔다는 말로 표현합니다. 주석에서는 그가 올라가고 내려왔다라는 것은 그가 죽었다는 것을 뜻한다고 설명했습니다. 왜냐하면 사람이 죽을 때, 불과 공기로 된 그의 본질(주석가에 따르면 이 것은 생명이 깃든 공기, 즉 영혼을 뜻합니다)은 하늘로 올라가고 육체는 땅으로 되돌아가기 때문입니다. 이 〔『서경』의〕 저자는 마치 성경을 다 읽은 사람처럼 말합니다. 그러므로 〔『성리대전』〕 28권 41쪽쯤에서 이 문제에 대해 말하고 있는 『중국철학』〔『성리대전』〕의 저자 역시 마찬가지입니다. 그 저자는 자신의 책에서 정자程子Chin-Zu의 문장을 이렇게 기록해놓고 있습니다. 사람이 이 세상으로 올 때—하늘과 땅이 하나가 될 때—우주적 본성도 〔함께 이 세상으로〕 오는 것은 아니다. (왜냐하면 그것은 항상 현존하는 것이기 때문이다.) 사람이 죽을 때―하늘과 땅이 분리될 때―우주적 본성마저 떠나는 것은 아니다. (왜냐하면 우주적 본성은 항상 무소부재하기 때문이다.) 그러나 하늘의 본질인 공기는 하늘로 되돌아가고, 땅의 본질인 육체적 요소는 땅으로 되돌아간다.(§59)

라이프니츠는 이런 주장을 통해서 중국의 제사가 우상숭배가 아니란 점을 말하고자 하였다. 그는 중국인들의 죽은 사람, 즉 조상에 대한 제사나 강과 산에 대한 제사가 죽은 사람의 개별적 영혼이나 그 물질 자체에 대한 것이 아니라고 보았다. 그것은 강과 산의 개별체가 품수하고 있는 '리', 즉 최고의 보편자이자 최상의 존재인 '상제', '하나님'에 대한 존경의 표시인 것이다. 라이프니츠는 이런 논의를 통해 리치가 '상제', '천주'라는 용어로 하나님을 나타내는 것에 동의한다.

4장은 『주역』과 이진법 산술에 대한 것이다. 앞서 언급한 것처럼 라이프니츠는 『주역』에 대한 정보를 주로 부베와의 만남과 서신 교환을 통해 얻었다. 그는 부베와 함께 수학적 관점에서 『주역』을 연구하고자 하였다. 라이프니츠는 인류가 공통적인 보편적 정신을 소유하고 있다고 보고, 그것에 기초한 의사소통이 가능하다고 믿었다. 그는 수학과 같이 모든 사람이 이해할 수 있는 '보편 문자'²⁶⁾의 필요성을 주장했는데, 중국의 상형문자와 『주역』의 괘상에서 그 가능성을 보고 있었다. 「중국인의 자연신학론」에는 『주역』에 대한 간략한 언급과 이진법 산술에 대한 설명만이 나와 충분하지 않은 느낌을 준다. 그러나 라이프니츠는 이보다 훨씬 앞서 1703년에 쓴 「0과 1만을 사용하는 이진법 산술에 대한 해설」(제1부 참조)에서 그 의미를 다음과 같이 말하고 있다.

세월이 흘러 중국 문자들이 변하기는 했지만, 중국에서는 그것의 창시자가 복희라고 믿고 있다. 중국인들이 이 중국 문자들은 수와 관련이 있다고 신봉하는 것처럼, 중국 문자의 기초를 밝혀낼 수만 있다면, 복희의 산술 실험은 수와 관념들과 관련해서 이루어지는 또 다른 주목할 만한 발견으로 이어질 수 있을 것이다. 존경하는 부베 신부는 문자의 기초를 밝혀내려는 작업을 하고 있고, 다양한 방식으로 그런 일을 수행할 수 있는 능력을 가지고 있다. 그러나 중국 문자에 내가 기획했던 하나의 문자[보편 문자]가 필요로 하는 성질과 비슷한 것이 있는지 모르겠다. 내가 말하고자 하는 것은, 개념으로부터 도출될 수 있는 모든 합리성이 [이진법이라고 하는] 일정한 방식의 계산으로 이루어진 그들[중국인]의 문자에 의해서도 도출될 수 있다는 점이다. 이것은 인간의 정신을 도와줄 수 있는 가장 중요한 수단으로서 봉사할 수도 있을 것이다.

6. 라이프니츠와 요하임 부베

요하임 부베는 루이 14세가 1685년에 중국으로 파견한 다섯 명의 예수회 신부 가운데 한 사람이었다.[27] 파리의 과학 아카데미에서 일하던 과학자들로 구성된 이 예수회 신부들은 1688년에 북경에 도착하였다. 이 그룹은 선교뿐만 아니라 프랑스의 이해관계를 대변하고, 자연과학적 관찰을 통한 자료 조사와 그 결과를 유럽의 아카데미와 학자들에게 알리려는 목적도 갖고 있었다. 이들 다섯 명 가운데 부베와 제르비용 두 사람만이 중국의 궁정에 남아 있을 수 있었다. 이 두 신부는 강희제

의 가정교사로서 수학, 화학, 식물학, 약학 등을 가르쳤다. 이들에게 대
단히 만족한 강희제는 1693년에 요하임 부베에게 더 많은 학식을 지닌
신부를 데려오라는 임무를 주어 프랑스로 보낸다. 이와 함께 프랑스 궁
정과의 외교적 관계를 개척하는 임무도 부여되었던 것 같다. 부베 자신
도 이 여행을 통해 중국을 유럽에 더욱 자세히 알리고, 또한 자신들의
활동상과 업적을 보고해 프랑스 궁정과 유럽의 지성인들로부터 중국 선
교에 대한 후원을 얻고 싶어 했다. 이미 여러 선교사들의 글에 의해 소
개된 중국의 군주는 이상적인 절대 군주로 여겨지고 있었다. 루이 14세
주변의 인물들과 몇몇 후기 계몽주의자들은 이런 맥락에서 중국을 모
범적 지배 체제로 여겼다. 루이 14세 자신도 중국 문화와 중국의 정치
체제에 대해 매우 커다란 관심을 보였고, 많은 학자들이 그의 후원을
받아 중국으로 건너갔다. 그는 강력하고 교양 있는 중국의 계몽 군주처
럼 자신도 그렇게 비쳐지기를 원했다. 부베는 자신이 쓴 강희제의 전기
인『강희제전』을 루이 14세에게 헌정하여 환심을 사고자 하였다.『강희
제전』은 유럽 사람들에게 중국의 계몽 군주에 대한 관심을 불러일으키
기에 충분하였다. 부베는 강희제의 면모를 다음과 같이 그리고 있다.

> 황제는 수학 연구에 무상의 쾌락을 느끼고 있었다. 그 결과 황제는
> 매일 빠짐없이 두세 시간을 우리들과 같이 지냈다. 이 외에도 밤낮
> 을 가리지 않고 자기 방에서 많은 시간을 수학 연구에 소비했다.
> 이것은 황제가 항상 무기력한 생활과 무위한산無爲閑散을 몹시 싫
> 어해서 아무리 밤늦게 자더라도 아침 일찍 일어나지 않을 수 없었
> 기 때문이다. 그러므로 우리들이 어떻게 빨리 궁성에 가려고 마음
> 을 먹더라도, 그전에 마중하는 사람을 보내온 적이 여러 번 있었

다. 그것도 때로는 전날 밤에 황제가 계산한 것을 우리들에게 음미
시키기 위한 것이었다. 왜냐하면 기하학에서도 아주 신기한 문제
를 학습하면 이것을 실제에 응용하거나 수학 기계의 조작법을 익
히는 것을 매우 즐기고 있었기 때문이다. 우리가 전날에 설명해둔
문제와 비슷한 문제를 독자적으로 해설하는 데 얼마나 노력하셨는
가 참으로 경탄하지 않을 수 없었다.[28]

　부베는 1697년 10월 18일 중국으로 떠나기에 앞서 라이프니츠가 보
내준 『최신 중국 소식』에 대한 답례로 자신이 쓴 『강희제전』을 보내고,
중국에 관한 소식도 전했다. 라이프니츠는 『최신 중국 소식』의 재판에
강희제의 초상화를 전면에 싣고, 부베의 『강희제전』을 함께 수록한다.

　부베가 르 고비앙Charles le Cobien 신부를 통해 라이프니츠에게 보낸
1700년 11월 8일자 서신에는 "중국에서, 그리고 아마도 세계에서 가장
오래된 책"이라며 『주역』을 소개하는 부분이 있다. 부베는 중국철학에
대한 당시의 많은 비판에도 불구하고 『주역』을 중국의 모든 과학의 근원
으로 그리고 당시 유럽의 철학보다 우위에 있을 중국철학의 근원으로서
찬양하고 있다. 부베는 『주역』의 64괘상을 전통적인 중국의 주석과는 달
리 해석하고, 이 64괘에는 피타고라스의 학문처럼 수학, 음악, 천문학,
의술이 완전한 상태로 축약되어 있다고 보았다. 부베는 『주역』을 수로 이
루어진 인간 정신의 보편적 상징으로 보고 전설 속의 왕 복희가 만들었다
고 한다. 복희라는 인물을 탐구하던 부베는 복희를 인류의 법률 제정자로
본다. 부베는 중국인들에게 복희라는 이름으로 알려진 이 인물은 이집트인
과 그리스인에게는 헤르메스 트리스메기스투스Hermes Trismegistus로, 히
브리인에게는 에녹Enoch으로, 페르시아인에게는 조로아스터Zoroaster

라는 각기 다른 이름으로 알려진 동일한 인물이라고 한다.

부베가 라이프니츠의 이진법 산술을 알게 된 것은 다음과 같은 두 자료를 통해서인 것으로 추정된다. 첫째는 라이프니츠가 1696년 12월 20일에 그리말디에게 보낸 서신이다. 이 서신에게 라이프니츠는 이진법에 대해 설명하는데, 부베가 그리말디를 자주 언급하고 또한 라이프니츠와 그리말디가 주고받은 서신에 대해 잘 알고 있는 것으로 봐서는 부베가 이 서신을 보았을 가능성이 크다. 둘째는 라이프니츠가 브라운쉬바이크에서 1701년 2월 15일에 부베에게 보낸 서신이다. 부베는 1701년 11월 4일에 답신을 보내면서 라이프니츠가 보내준 서신에서 본 이진법의 산술 체계가 중국 선교 및 서양과 중국의 학문적 원리를 규명하는 데 도움이 될 것이라 한다. 또한 라이프니츠의 산술 체계가 복희의 『주역』과 놀랄 만한 유사성을 보인다고 하면서 선천차서의 사본을 함께 보낸다.

부베는 라이프니츠의 이진법 산술에 기초해 『주역』을 해석하려는 시도를 한다. 부베는 『주역』의 "끊어진 선과 끊어지지 않은 선", 즉 --과 —을 "보편적이고도 신비한 두 상징"이라고 언급하면서 이것이 모든 지식의 원리를 담고 있다고 말한다. 부베는 라이프니츠와 함께 『주역』의 "끊어진 선"을 0으로, "끊어지지 않은 선"을 1로 치환함으로써 『주역』의 괘의 배열과 이진법의 수의 배열의 일치를 끌어낼 수 있었다.[29]

라이프니츠와 부베가 1697년부터 1707년까지 주고받은 서신들은 하노버에 있는 니더작센 주립 도서관에 보관되어 있다. 라이프니츠의 유고에서 발견된, 부베가 마지막으로 보낸 서신의 날짜는 1702년 11월 8일로 기록되어 있다. 그 이후에 라이프니츠가 부베에게 계속해서 보낸 다섯 통의 서신이 발견되었지만 이에 대한 부베의 답신은 보이지 않는다. 부베의 답신이 보이지 않는 이유에 대해서는 여러 가지 추정이 가능하다. 첫째는, 부베가 황실 업무로 인해 시간을 내기가 어려웠을 가능성이다. 둘째는, 전례 논쟁이 첨예화되면서 예수회 선교사들이 개신교 신자인 라이프니츠와 교신하는 것을 적절치 못한 것으로 여겼을 가능성이다. 셋째는, 1705년 4월 8일에 교황의 특사로 광동에 도착한 투르농 대주교와 강희제 사이에서 통역을 맡으면서 다른 일에 정신을 쏟을 겨를이 없었을 가능성이다.[30] 그러나 부베가 라이프니츠의 서신에 답신을 보냈을 가능성도 지적되고 있다. 앞의 전례 논쟁에서 언급했던 프로바나는 특사로 로마에 가면서 네 꾸러미의 책자를 가지고 갔다. 그 책자들은 1709년에 로마에서 다시 파리로 보내졌는데, 그 안에는 부베가 비뇽Abbé Bignon과 라이프니츠에게 보내는 서신이 들어 있었다고 한다.[31]

7. 중국철학과 서양철학의 일치에 대한 진지한 모색

「중국인의 자연신학론」을 비롯하여 중국과 관련한 라이프니츠의 모든 글 속에서 우리는 동서양의 정신적·문화적 만남에 대한 진지한 모색과 노력을 발견할 수 있다. 라이프니츠가 평생 동안 다방면에 걸친 활동을 하면서도 일관되게 추구해온 것은 인류의 보편적 정신에 기초한 신구교 간의 일치, 동서 문명의 일치였다. 그가 추구한 일치는 한편으로의 일방적인 합방을 뜻하거나 기존의 문화와 전통을 버리고 새로운 하나로 합치는 것을 뜻하지 않는다. 그가 말하는 일치는 그의 모나드론에서 드러나는 것처럼, 다양성을 인정하면서도 그 다양성 속에 기초로 놓여 있는 통일성을 추구하는 것이다. 다시 말해 그는 동서 문화와 그 안에 나타난 삶의 모습의 다양성을 인정하면서도 그러한 두 문화의 의사소통과 만남을 가능케 하는 인류의 보편적 이성에 대한 신뢰를 버리지 않았다. 라이프니츠는 그리말디 신부에게 보낸 서신에서 인류가 가진 이 보편적 이성에 기초한 동서의 만남을 통해 인류의 복지가 증대될 수 있으리라는 희망을 다음과 같은 말로 표현한다. "빛을 빛으로 밝힙시다!"(제1부의 「그리말디 신부에게 보낸 서한」 참조)

라이프니츠는 보편적 이성을 통한 동서 문명의 일치라는 목표를 위해 누구나 이해할 수 있는 논리적 구조를 갖고 있으면서도 단순하고 간결한 '보편 문자'를 기획하기도 했고, 그 기획은 부베와의 공동 작업을 통해 이진법 산술에 기초한 『주역』해석이라는 성과를 가져오기도 했다. 그는 자신의 희망인 중국과 유럽의 문화와 학문 교류를 구체화하기 위해 러시아의 표트르 대제에게 동서의 가교 역할을 할 러시아 학술원의 설립을 제안했다. 그는 전례 논쟁 때문에 동서의 최초의 진지한 만남이 실패로 돌아가는 것을 목격하면서도 동서 문명의 일치에 대한 희망을 버리지 않았다. 1704년에 클레멘스 11세가 중국 전례 참가와 '상제'와 '천'이라는 용어를 금지하고 '천주'라는 용어만을 인정했음에도 불구하고, '상제', '천', '태극'이라는 용어가 기독교의 하나님과 같은 것이라는 대담한 주장을 하는 데서도 그의 그러한 희망을 엿볼 수 있다. 라이프니츠는 동서 문명의 일치를 추구하기 위해 제도화된 종교의 좁은 테두리를 넘어서 인간의 종교성과 자연적 이성에 대해 상당한 신뢰를 걸었다. 그의 철학 속에서 기독교의 영향이 쉽게 감지되지만, 그는 이성과 신앙을 대립적인 관계가 아니라 일치하는 방향 속에서 파악하고자 노력하였다. 그에게는 이성과 신앙, 진리와 도덕이 같은 함의를 갖는 것이었다.

　'자연 윤리적 성격'을 갖는 중국의 사상은 신앙과 이성은 일치할 수 있다는 계몽주의 시대의 자연신학과 일치하는 것이었기 때문에 라이프니츠에게 동서 일치의 가능성을 보여주었다. 그는 중국인들이 자연적 이성을 통해서 높은 도덕심과 종교심을 이미 가지고 있다고 보았다. 라이프니츠가 이해하는 자연신학의 성격은 다음과 같은 신의 이해 속에 잘 드러난다.

　　(기적을 제외한다면) 사물의 자연적 질서는 실체들에게 이러저러한 속성을 자의적으로 부여하는 신의 의지에 의존하지 않는다. 그리고 신은 [자연적] 실체들에게 항상 그들의 자연적 본성에서 나오는 그러한 속성만을 부여할 것이다. 이러한 속성들은 그들의 자연적 본성으로부터 추론될 수 있으며, 설명될 수 있는 것이다.[32]

　라이프니츠는 자연신학의 중심적 테마가 활동적인 신적 은혜의 영향과는 무관한 인간의 자연적 이성이고, 이러한 자연적 이성으로부터 나오는 자연적 도덕이며, 또한 그에 기초한 종교라고 보았다. 이러한 의미에서 라이프니츠는 자연적 이성에 기초한 중국철학의 도덕적이고 종교적인 성격을 높게 평가한다. 라이프니츠에게는 신의 나라가 진리의 세계이며 동시에 완전한 선이 구현된 도덕적 세계이기 때문이다. 그래서 그러한 신의 나라, 즉 우주를 반영하는 인간 사회는 바로 도덕적 세계의 모습으로 나타날 수밖에 없다. 이런 점은 우주의 조화적 질서를 인간의 삶과 사회의 도덕적 모범으로 삼으려는 중국 유교 철학의 근본적 경향과도 상당 부분 일치한다. 라이프니츠는 중국에서는 이미 자연

적 이성에 기초한 도덕이 중국 사회 전반을 지배하고 있고 또한 실천적
으로 적용되고 있다고 보았다. 이런 점에서 그는 일방적인 기독교적 진
리의 우월성을 강조하는 선교사들과 달리, 오히려 중국에 의해 유럽이
계몽되기를 다음과 같이 희망하기도 하였다.

> 우리 유럽이 직면한, 감당할 수 없을 정도로 증가하고 있는 도덕적
> 타락을 바라보면서 나는 우리가 계시신학을 가르쳐줄 수 있는 사
> 람들을 그들에게 보냈던 것처럼 중국 측에서도 우리에게 선교사들
> 을 파견하여 자연신학의 적용과 실천을 우리에게 가르쳐주었으면
> 하는 생각을 떨쳐버릴 수 없다.[33]

8. 라이프니츠와 동서 교류의 가능성

라이프니츠의 바람과는 달리 평화적이며 평등한 동서의 만남과 교류
는 불행하게도 일어나지 않았다. 이미 라이프니츠 당시의 전례 논쟁에
서 보았듯이 기독교에 기반을 둔 유럽 중심주의에 의해 동서의 만남이
결렬되었고, 그후 '대포와 군함'을 앞세운 서양의 일방적인 공세로 동
서의 만남은 파국적으로 진행되었다.

그리고 라이프니츠가 긍정적으로 보았던 자연신학도 '자연에 대한
이성의 승리'를 구가하던 근대 유럽의 시선을 더 이상 끌지는 못하였
다. 계몽주의를 거친 '근대 이성'은 자연 속에서 자신의 '존재론적·도
덕적 동일성'을 찾기보다는 자연에 대한 합리적 지배로 나아갔다. 베버
가 "자연의 탈주술화Entzauberung der Natur"라고 표현한 것처럼 자연

「중국인의 자연신학론」을 중심으로 살펴본 라이프니츠의 중국관   205

에 대한 합리적 지배는 이후 산업화와 맞물려 엄청난 물질적 생산으로 나타났고, 이와 동시에 서구 사회는 엄청난 부와 힘을 가지게 되었다. 동서의 만남은 이 부와 힘을 앞세운 서양에 의해 한쪽을 철저하게 배제하고 파괴하는 방식으로 진행되었다. 이와 같은 동서의 만남은 '도덕과 진리'에 기초해서 '인류의 복지'를 증대한다는 라이프니츠의 생각과는 거리가 멀었다.

오늘날 우리는 근대 이성에 기초해 자연을 합리적으로 지배함으로써 엄청난 물질적 생산을 할 수 있게 되었고 그로 인해 부의 혜택도 누리게 되었지만, 한편으로는 우리의 생명의 고향이라 할 수 있는 자연을 파괴하여 심각한 생태계의 위기를 초래하고 있다.

동서의 교류가 점점 더 빈번해지고 있는 오늘날, 동서의 만남은 상대를 철저하게 배제하고 파괴하는 과거의 야만적 적대성이 아닌 다른 길을 찾아야만 할 것이다. 그 길은 이제까지 우리의 세계를 지배해온 '근대 이성'이 초래한 위기에서 벗어나게 할 수 있는 것이어야 한다. 서로 상보적으로 융합할 수 있는 그 길을 어디서 어떻게 찾아야만 할 것인가? 자연적 이성의 '존재론적·도덕적 동일성' 위에서 조심스럽게 동서의 일치 가능성을 타진했던 라이프니츠의 노력은, 이런 물음에 직면해 있는 우리에게 아직도 시사하는 바가 많을 것이다.

| 주석 |

제1부 중국의 문화와 종교와 철학

1. 그리말디 신부에게 보낸 서신〔본문 15~24쪽〕

1) 라틴어로 쓰여진 이 서신은 Leibniz가 1692년 3월 21일경에 Grimaldi에게
보낸 것이다. 급하게 흘려 쓴 글씨에 여기저기 수정한 흔적이 많은 이 서신
은 하노버의 Leibniz 문서보관소에 보관되어 있다.(LBr. 330 BI. 39.2) G. W.
Leibniz, *Akademie Ausgabe* I, 7, Sämtliche Schriften und Briefe, Nr. 348,
pp. 617~622 참조.

2) 천문 관측 기관인 흠천감欽天監을 뜻한다.

3) Grimaldi는 이탈리아 북서부의 피에몬테에서 태어나 열아홉 살에 예수회에
입문했다. 2년간의 긴 여행을 거쳐 1669년에 광동에 도착한 그는 곧 북경으
로 옮겨간다. 그리고 1676년에 강희제의 명을 받아 Verbiest 신부와 함께 러
시아 대사와의 협상을 돕게 된다. Grimaldi를 포함한 예수회 신부들은 중국
어와 라틴어 실력을 발휘해 중국 대표단과 러시아 대표단 사이에서 통역을
하여 동양과 서양의 최초의 조약이라 할 수 있는 네르친스크조약 체결에 결
정적 역할을 하였다. Grimaldi는 1683년과 1685년에 강희제의 타타르 지역
순행을 수행했다. 그는 1686년에 광동을 떠나 유럽으로 돌아와 1689년에 로

주석   207

(본문 16~19쪽)

마에서 Leibniz와 만나 알게 된다. 그리고 1690년에는 수학과 천문학을 담당하는 흠천감의 책임자가 되어 다시 중국으로 건너갔다. Leibniz와 Grimaldi는 수학에 대한 관심으로 인해 서로 가까워진 것 같다.

4) Leibniz는 1689년 7월 19일에 Grimaldi 신부에게 30가지의 질문이 담긴 서신을 보내 한가할 때 읽어보고 답을 해달라고 부탁했다. 중국의 천문학, 비단, 도자기, 의술, 기하학, 기계 등에 관한 이 30가지의 질문은 Leibniz의 중국에 대한 관심이 얼마나 폭넓은 것인지를 보여준다.

5) 〔영〕 Leibniz의 기대와는 달리 이 서신은 페르시아에 있는 Grimaldi에게 전달되지 못한 것 같다. 1692년 Leibniz는 이 서신의 사본을 적어도 두 개 이상 만들어, 그중 하나를 폴란드 궁정의 예수회의 Kohanski에게 보냈다. 그 사본이 1693년 12월에 인도의 고아Goa에 있던 Grimaldi에게 전해진 것 같다. 그리고 다른 사본은 파리에 있던 아시아 문서 담당자인 Verjus 신부에게 맡겨졌다.

6) 족장은 구약성서에 나오는 아브라함, 이삭, 야곱을 뜻하며, 족장의 시대는 그들의 시대를 뜻한다.

7) 70인역 구약성서는 이집트의 알렉산드리아에 살고 있던 유대인들이 자녀들의 신앙 교육을 위해 히브리어로 기록된 성서를 그리스어로 번역한 것이다. 흔히 LXX(70)이라고 표기되어 70인역 구약성서라고 불리지만, 72명의 장로가 번역했다고 한다.

8) 이 사전의 제목은 '말의 바다'라는 뜻의 사해詞海이다. Leibniz는 그것을 대해라고 착각한 것 같다. 이 사전은 강희제의 재위 기간 중에 만들어진 것으로 『강희자전康熙字典』으로 알려져 있으며, 강희제의 명을 받들어 대학사 장옥서張玉書, 진정균陳廷敬 등 30명의 학자가 편찬하였다. 『설문해자說文解字』와 『옥편玉篇』을 기초로 하여 역대의 자전을 집대성한 것으로 총 4만 9,030자를 수록하였고, 42권에 달한다.

208

(본문 19~21쪽)

9) 〔영〕 Loubère가 시암어로 된 천문학적-연대기적 순환 주기를 프랑스어로 번역한 것(*Règles de l'astromie siamoise pour calculer les mouvements du soleil et de lune*)을 말한다.

10) 〔영〕 Cassini는 *Reflexions sur la Chronologie chinoise*의 저자이다.

11) 〔영〕 주판을 말하는 것 같다.

12) Vota는 이탈리아 토리노의 지리학 아카데미의 원장이었다. 그는 교황 Innocentius 11세의 사절로 빈과 바르샤바에 파견되었다. 그리고 Pyotr 대제가 즉위하고 얼마 되지 않아 모스크바 예수회의 수장이 되었다. 그는 1684년부터 1689년까지 모스크바에 머물렀다.

13) Adam Kohanski는 Leibniz와 1670년부터 1698년까지 서신을 주고받았다.

14) 〔영〕 Johann Terenz〔라틴어명 Terrentius〕 Schreck은 예수회에 가입하기 전 주목받는 천문학자였다. 그리고 Copernicus와도 오래전부터 알고 있었다. 그는 중국의 역법을 개혁하는 일을 돕기 위해 중국에 파견되었다.

15) 〔영〕 Albert Curtz는 잉골슈타트의 예수회 수학자로 Kepler의 친구였다. 그는 Terenz가 편지를 보낸 지 4년이 지난 1627년 11월에 Kepler에게 그 편지를 보여준다.

16) 〔영〕 1627년 12월의 서신에 대한 것은 *Kepler, opera omnia*, vol 7, pp. 667~681을 보라. 예수회 신부들은 처음에 Galilei에게 도움을 요청했다. 그러나 그에게서 아무런 대답도 듣지 못했다. 그래서 예수회 신부들은 그 물음에 흥미를 느끼고 있던 Kepler에게 도움을 요청하게 되었다. Pasquale M. D'Elia, *Galileo in China: Relations through the Roman College between Galileo and the Jesuit Scientist Missionaries(1610~1640)* 참조. D'Elia의 주장에 따르면 저명한 예수회 과학자들은 실제로는 코페르니쿠스주의자였

(본문 21~23쪽)

지만, 1633년에 교황청이 Copernicus의 견해에 반대한다는 판결을 내려 중국에서 지동설을 가르칠 수 없었다고 한다. Needham은 이것이 중국 과학의 진전을 방해했다고 주장한다. 그는 예수회 신부들이 중국 천문학의 특유한 성격을 오해했기 때문에 역법 개혁이라는 훌륭한 성과를 이루어낸 것 이상으로 많은 해를 입혔다고 주장한다. J. Needham, *Science and Civilisation in China*, Vol. 3, pp. 443~445 참조.

17) 〔영〕 이슬람교도들이 이란을 정벌하기 전의 사산 왕조의 마지막 왕이었던 Yazdegerd 3세(재위 634~642년)가 공식적으로 인정한 이 도표는 이란의 조로아스터교도들이 계속하여 사용하였고 그들에 의해 서인도에까지 퍼져 나갔다. Yazdegerd라는 연대는 조로아스터교도들 사이에서 종교적 목적을 위해 사용되었다.

18) 루돌핀 도표는 Kepler가 1627년에 Tycho Brahe의 관찰을 기초로 행성의 위치를 계산하여 만든 것이다.

19) 〔영〕 「창세기」 6장 10절 참조.

20) 〔영〕 「창세기」 10장 2절 참조. Leibniz나 Kepler 모두 당시 중국을 지배하던 만주족을 '타타르족'으로 생각한다. Kepler, *opera omnia*, vol 7, pp. 671~672 참조.

21) 사로스는 3,600을 의미한다.

22) Leibniz는 왕이라 말했지만, 중국인들은 이 별자리를 황제를 뜻하는 '帝'라고 불렀다.

23) 〔영〕 중국인의 명명법과 극과 극성에 대한 이해에 관해서는 J. Needham, *Science and Civilisation in China*, vol. 3, p. 259 참조.

(본문 23~25쪽)

24) 그리스도의 부드러운 멍에란 기독교의 의무를 말하는 것으로, 중국인들이 기독교로 개종하기를 바란다는 뜻이다. 〔영〕 이 표현은 Kepler가 Terrenz 에게 보냈던 서신의 말미에 나온다. Kepler는 거기서 다음과 같은 희망을 피력하고 있다. "영원한 아버지께서 기독교도에게 상속으로 물려주신, 신 과 인간이시며 우리의 주이신 그리스도께서 그것〔중국인의 개종〕을 성취시 켜주시기를." Kepler, *opera omnia*, vol 7, p. 681.

25) Kepler의 제3법칙인 조화의 법칙(공전 주기의 제곱은 공전 궤도의 긴 반지름의 세제곱과 비례한다)을 말한다. Kepler는 천체가 제멋대로 도는 것이 아니라 이러한 조화를 이루며 돈다고 한다.

26) 〔영〕 Leibniz가 언급한 자신의 논문은 다음과 같다. "De legibus naturae et vera aestimatione virium motricium contra Cartesianos", pp. 439~447.

27) 신부의 의무가 없었던 때를 말한다. 다시 말해 신부가 되기 전을 말한다.

2. 창조의 비밀〔본문 25~32쪽〕

1) 「창조의 비밀」의 원본은 니더작센 주립 도서관의 Leibniz 문서 보관소에 있 는 다음의 문서이다. LBr II/15, Blatt 18~19. 창조의 비밀이라는 제목은 Heinrich Köhler가 1720년에 이 서신을 처음으로 간행하면서 붙인 것이다.

2) 〔영〕 독일어로 쓰여진 이 서신은 1720년 Heinrich Köhler에 의해 처음으로 간행되었다.(*Des Freiherrn von Leibniz kleinere philosophischen Schriften*) '창조의 비밀'이란 제목을 붙인 Köhler의 판본은 오류가 많다. 이보다 더 나은 판본은 다음과 같다. G. E. Guhrauer, *Leibniz' deutsche Schriften*, Berlin, 1838~1848, vol. 1, pp. 401~407.

3) 〔영〕 Rudolph August(1627~1704)는 볼펜뷔텔 도서관의 창설자인 August 대

주석 211

(본문 28~35쪽)

공의 아들이었다. 그의 동생은 소설가 Anton Ullrich였다. 이 신년 서신은 실
제로는 대공에게 보내지지 않았지만 Leibniz가 이진법 산술에 대해서 기술한
것 중 첫 번째 서술이자 '가장 아름다운 서술'로 꼽힌다. 이 서신을 기점으로
우리는 그의 사고가 폭넓게 진행되며, 또한 그의 관심이 바뀌는 것을 추적해
나갈 수 있을 것이다. 그러나 Leibniz가 언제부터 이진법 산술을 연구했는가
하는 정확한 시기와 (예컨대 Weigel 같은) 이전의 사람들로부터 어떤 영향을
받았는가는 아직 더욱 연구되어야 할 문제이다. Johann Christian Schulenburg,
Joachim Bouvet, Fontenelle, 그리고 다른 사람들과 주고받았던 수많은 서신을
통해 그가 1696~1697년경에 이진법 산술에 사로잡혀 있었다는 것을 알 수
있다. 그러나 1698년 5월에 쓰여진 그의 서신은 그가 20년 이상 그 문제에 대하
여 생각해왔다고 밝히고 있다. R. Loosen und F. Vonessen(ed.), *Zwei briefe
über das binäre Zahlensystem und die chinesische Philosophie*, pp. 11~18.

4) [영] 이 부분은 실제로는 서신의 마지막 언명과 모순된다.

5) [영] 「창세기」 1장 2~3절을 인용한 것이다.

3. 『최신 중국 소식』에 관하여 [본문 33~35쪽]

1) *Novissima Sinica*의 초판은 1697년에 출간되었다. 따라서 제2판이 출간된
   1699년을 기준으로 하자면 지난해가 아니라 2년 전이 된다.

2) Antoine Thomas는 예수회 회원으로 1682년 마카오에 도착, 광동 지방을
   거쳐 1686년 말에 북경에 입성했다. 그는 중국의 관리가 되어 강희제의 만주
   와 몽고 지역 순행에 동행하기도 했다. 그리고 Johann Adam Shall von Bell
   의 유지를 이어받아 심양과 길림에 조선 포교 기지를 구축하려고 노력하는
   한편, 북경을 왕래하는 조선 연행사와 자주 접촉했다. 1690년에는 조선 지도
   를 제작해 유럽에 보내기도 했다.

212

(본문 35~37쪽)

3) 이 보고서는 러시아 사절의 일행이 되어 1692년부터 1694년까지 중국을 방문한 독일인 Adam Brand가 자신의 보고서를 정식으로 출간하기 이전에 Leibniz에게 서신 형식으로 보낸 것이다. Brand는 1699년에 암스테르담에서 이 보고서를 출간했다.

4) Gerbillon은 프랑스 출신의 예수회 신부로 천문학자이자 지리학자였다. 그는 Bouvet와 함께 강희제의 수학 수업을 담당했다. 그는 강희제의 제8차 타타르 지방 순행(1689~1698년)에 동행하여 1692년에 타타르 지역의 새로운 지도를 작성했으며 네르친스크조약 체결 때는 통역자로서 중요한 역할을 하였다.

4. 『최신 중국 소식』의 서문〔본문 36~57쪽〕

1) 중국을 말한다. 〔영〕 유럽의 문헌을 보면 중국을 지칭하는 적절한 말에 대한 논쟁의 역사가 길다는 것을 알 수 있다. Leibniz는 여기서 그의 시대의 관심을 반영해 포르투갈인과 예수회의 자료에서 나온 용어를 표준화해서 사용하고 있다.

2) 〔독〕 Pyotr 대제(재위 1682~1725)를 말한다. *Novissima Sinica*가 출간될 때 Pyotr 대제는 유럽의 궁정들을 방문하기 위해 여행을 하고 있었다. Leibniz는 Pyotr 대제를 만나 러시아가 서양과 중국의 가교 역할을 할 것과, 문화적 국가 건설과 국가 교육의 조직, 시베리아 탐사, 시베리아의 동쪽 끝과 아메리카의 연관에 대한 지리적 탐사 등에 대해 여러 가지 제안을 했다는 것을 회고록에서 여러 차례 밝혔다. Leibniz는 후에 러시아 학술원을 발의하기도 했다. Leibniz는 Pyotr 대제와 몇 번 만났으며, 독일에서 Pyotr 대제를 안내하기도 했다. Pyotr 대제는 1712년 11월 1일 Leibniz를 '추밀 법률 고문'에 임명하였다. 이에 관한 자료로는 1873년 상트페테르부르크와 라이프치히에서 발간된 다음의 책이 있다. W. Guerrier, *Leibniz in seinen Beziehungen zu Rußland und Peter den Großen.* 이 밖에도 R. Wittram, *Peter der Große, Der*

주석 213

(본문 37쪽)

Eintritt Rußlands in die Neuzeit 참조.

3) 러시아 정교회 대주교인 Adrian을 말한다. 대주교가 Pyotr 대제를 지지해 러시아의 서구화를 위해 노력했다는 Leibniz의 언급은 옳지 않다. 왜냐하면 Adrian 대주교는 Pyotr 대제의 서양화 프로그램에 반대했기 때문이다. Pyotr 대제는 대주교의 영향력을 줄이기 위해 지속적인 노력을 했다. 1700년에 Pyotr 대제는 실질적으로 대주교를 국가에 복속시키고 1721년에는 대주교 제도를 시노드(러시아 정교회의 최고회의)로 대체해버렸다.

4) [독] Michel Cartier의 논문에 따르면("Bevölkerung", im *China-Handbuch*, pp. 133~138), 1300년경의 중국의 인구는 대략 1억에서 1억 2,000만 명 정도였다. 이 인구의 40퍼센트가 남쪽 지방에 거주했다. 1700년경에는 1억 4,000만 명 정도였고, 1830년경에는 4억 명 정도였다. 그리고 1953년에는 5억 8,200만 명가량 되었다. 오늘날[1974년] 중국의 인구는 9억 5,000만 명에서 10억 명 정도인 것으로 추정된다.[2003년 현재 13억 명으로 추정됨] [……] 당시 Leibniz도 중국의 높은 인구수에 주목했다. 벨기에 안트베르펜 출신의 학식이 뛰어난 예수회 신부 Daniel Papebroch가 1687년 11월 8일에 Leibniz에게 보낸 서신(Akademie-Ausgabe I, 4. S. 646 Nr. 542)을 인용해보자. "중국에는 기껏해야 30명의 신부가 있습니다. 이들은 200개의 교회뿐만 아니라 지금 그들이 세우고 있는 교회와 2만 4,000명의 교인들을 돌봐야 합니다. 그리고 이 교인들은 이 엄청나게 큰 나라 곳곳에 흩어져 살고 있습니다. 2만 4,000명이라는 기독교인의 숫자는 병력이 많지 않은 군대와 비교하면 많은 숫자라 할 수 있습니다. 그러나 이 나라에는 여자와 어린이들을 제외한 5,800만 명의 남자가 있다는 인구조사 결과로 볼 때, 앞에서 이야기한 기독교인의 수는 한탄이 나올 정도로 극히 작은 소수에 불과합니다." 여기서 주목할 것은 Papebroch가 인구수에 대한 '추정'이 아니라 [구체적인] '인구조사'를 언급한다는 점이다. Buchholz에 따르면 유럽의 인구수는 1650년경에 대략 1억 명 정도였으며, 이때 아시아 대륙에는 3억 명 정도가 살고 있었다고 한다. Buchholz, *Bevölkerung-Ploetz*, III, p. 15 참조.

(본문 37~40쪽)

5) 〔독〕 형식의 파악Erfassung der Formen. 이 말은 라틴어 contemplatione formarum을 번역한 것이다. Leibniz는 이 용어를 Aristoteles에게서 빌려왔다. Aristoteles는 형식은 질료적인 것의 반대로서 내적 본질이자 그 자체가 외적 형태의 원인이 된다고 보았다. Aristoteles는 Platon의 이데아와는 반대로 엔텔레케이아를 질료 속에서 자신을 실현해가는 형식이자 질료를 그것의 내부로부터 스스로 발전시켜 자기완성을 이루게 하는 유기체 속에 있는 힘인 에너지로 파악했다. 이러한 입장에 따라 Aristoteles는 영혼을 유기적인, 생명을 지닌 물체가 가진 제일의 엔텔레케이아라고 설명했다. Leibniz는 Aristoteles의 이러한 생각을 자신의 저술 *Nouveaux Essais de l'Entendement human*와 *Monadologie*에서 더욱 발전시켰다.

6) 라틴어 원문은 '기하학Geometria'으로 되어 있으나, 여기서는 독일어 번역자를 따라 '수학Mathematik'으로 번역했다. 〔독〕 Leibniz 당시에는 'Geometria'보다 상위개념이었던 'Mathematik'이 일반적으로 쓰이는 용어가 아니었고, 'Geometria'가 수학을 의미하고 있었다. 오늘날의 학문 분류에 의하면 기하학은 대수학, 수론, 분석, 유형학, 집합론과 더불어 순수 수학에 속해 있다. 선교사들이 가장 많이 사용했던 수학은 응용 수학이었기 때문에 'Geometria'를 순수 수학의 한 분야인 기하학이 아니라 최상 개념인 'Mathematik'으로 번역한 것이다.

7) 〔독〕 Homo homini lupus. 이미 격언처럼 되어버린 이 문장이 최초로 쓰인 것은 로마의 희극작가 Plautus(기원전 2~3세기)의 희극 〈Asinaria〉(V. 495)에서였다. 그러나 Plautus가 이 문장을 그리스 희극에서 빌려왔을 가능성도 크다.

8) Ko-lao Lao는 각로閣老를 뜻하는 것 같다.

9) 〔독〕 쾰른 대학 연극원 연극 박물관의 M. Boetzke의 정보에 따르면, 아마도 이 문장은 N. de Patouville의 즉흥 희극 〈Arlequin, Empereur dans la Lune〉에서 인용한 것 같다. 이 희극은 1684년 3월 5일 파리에서 초연되었

주석 215

(본문 41~42쪽)

다. 마지막 장에서 상대방에게 더 잘 보이기 위해 소위 달의 황제로 분한 어릿광대는 달에서의 생활의 나쁜 측면을 이야기한다. 그때 어릿광대의 연인 역을 맡은 배우는 그때마다 이렇게 짧게 외치곤 한다. "여기도 거기처럼 모든 게 똑같아요." Leibniz는 1690년 이후 [독일] 첼레에서 이 연극을 보았을 가능성이 있다. 그가 독자에게 이 연극에 대해 특별히 설명하지 않는 것으로 보아 이 연극은 당시에 널리 알려졌던 것일 수 있다.

10) Cam Hi는 만주족 출신의 청나라 황제 강희제康熙帝(1654~1722)를 말한다. 예수회 신부들은 강희제를 통해 그들의 목적인 기독교 선교를 달성하려고 했기 때문에 항상 그를 과장되게 묘사했다. 그러나 강희제는 실제로 중국에서 가장 뛰어난 황제 가운데 한 사람이었으며, Leibniz도 그를 중국에서 가장 중요한 인물로 여겼다. 강희제는 수학이나 천문학 같은 서양 학문에 대해 개방적 태도를 보였으며, 동양과 서양이 맺은 최초의 조약인 네르친스크조약을 맺기도 했다.

11) [독] 여기서 Leibniz가 언급한 상소, 즉 강희제가 고쳐서 모범을 보여주었던 상소는 1692년 1월 1일, 즉 관용 칙령이 나오기 몇 달 전 북경 예수회의 Soares 신부의 보고서에 게재되었다.

12) Adam Shall은 독일 예수회 출신의 신부로 중국에서 활약하였다. 그의 이름 von Bell은 오늘날까지도 쾰른에 존재하는 기사 소유의 영지 Horbell에서 기원한 것이다. 1619년 마카오에 도착한 그는 1627년부터 1630년까지 서안西安에 머물다가 1630년에 역서曆書 개정을 위해 북경으로 간다. Adam Shall은 명조 말년에 청조의 북경성 공격을 막기 위해 대포를 제조하고 명군의 포술 훈련을 도움으로써 명조를 적극 후원했으며 대포와 화약 제조법 및 화공법을 다룬 『화공격요火攻擊要』를 저술했다. 청군에 밀려 남방으로 도망한 명조를 적극 도왔지만, 끝내 명조는 청조에 의해 멸망하고 만다. 청조는 예수회 신부들이 가진 서양 과학, 특히 천문학과 역산曆算 기술을 이용하기 위해 그들을 포섭한다. 예수회 신부들은 순치제順治帝의 숙부로 섭정을 하고 있던 예친왕睿親王의 보호를 받았는데, 예친왕은 Adam

(본문 42쪽)

Shall을 상당히 신임했다. 예친왕이 명나라의 관례에 따라 흠천감에서 작성한 역서를 받아 Adam Shall에게 보여주자, Adam Shall은 그 역서에서 7가지 중대한 착오를 발견하고 그것을 지적하였다. 그리고 1644년 8월 1일의 일식을 추산했었는데 서양 역법을 따른 Adam Shall의 추산이 적중해서 서양 역법이 중국 전통의 역법보다 뛰어나다는 것을 입증해 보인다. 이 일로 인해 그는 1646년(순치 3년)에 정식으로 흠천감정欽天監正이 된다. 그는 북경의 남쪽 지역에 남당 교회를 건립했다. 이 교회는 여러 번 파괴되었으나 계속해서 재건되어 오늘날까지 남아 있는데, 지금은 라자로회가 운영하고 있다. 교회 부속 건물에는 Matteo Ricci 당시에 인쇄된 책을 비롯한 6,500권 이상의 장서가 문화혁명 때까지 보관되어 있었다. 문화혁명 기간 동안에는 장서들이 북경의 중국 국민도서관으로 이관되었다. 한편 순치제가 죽고 8세의 어린 나이에 강희제가 등극하자 황제를 돕기 위한 네 명의 보정대신輔政大臣이 임명되었는데, 이들은 서양 전도사들을 적대시했다. 양광선楊光先은 1664년에 「청주사교장請誅邪敎狀」을 상소해 서양 선교사들이 음모를 꾸미고 있다고 고발하고, 「적류십론摘謬十論」에서는 서양신법西洋新法에 10가지 오류가 있다고 지적하였다. 또한 「선택의選擇議」에서는 Adam Shall이 순치제의 네 번째 아들인 영친왕榮親王의 장례식 날을 잘못 택해 그의 어머니와 순치제가 화를 입었다고 하였다. 양광선의 음모로 Adam Shall은 1664년 73세의 나이에 Verbiest 등 다른 사람들과 함께 감옥에 갇히고 교수형을 선고받았다. 그러나 그들의 처형을 앞두고 북경에 갑자기 대지진이 일어나고 궁궐 내에 화재가 발생하는 등 기이한 일이 발생한 데다가 순치제의 모친인 태황태후도 선제가 신임하던 Adam Shall의 처형에 반대하여 감옥에 갇힌 지 2년 만에 다시 석방되었으나 1666년에 병사하고 만다. Adam Shall은 죽기 직전에 Verbiest에게 구술한 것을 기록하게 해서 고백록을 남겨놓았다. 이 글은 Adam Shall 전기에 실려 있다.(Alfons Väth, *Johann Adam Shall von Bell S. J. Missionar in China, kaiserlicher Astronom und Ratgeber am Hofe von Peking 1592~1666. Ein Lebens- und Zeitbild*) 이후 강희제가 친정親政하면서 Adam Shall에 대한 음모가 밝혀져 그는 완전히 복권되어 이전의 모든 지위를 되찾았다. 강희제는 Matteo Ricci의 묘를 치장한 것처럼 그의 묘도 치장하도록 했다. 이 두 사람의 묘는 1900년 의화단의 난 때 파괴되었다. Adam

주석 **217**

(본문 43~45쪽)

Shall은 신학, 수학, 천문학에 관한 저작들을 대부분 한문으로 저술해 남겨 놓았다.

13) [독] 프랑스 보르도 출신의 예수회 신부. 그는 천문학자, 자연 탐구가, 지리학자였다. 그는 Louis 14세가 중국으로 보낸 [5명의] 선교사 가운데 한 사람이었다. 그는 [파견 선교사들의 단장이었던] Jean de Fontaney 신부의 지도와 격려를 받으며 함께 중국으로 건너갔다. 그는 중국으로 배를 타고 가면서 목성의 위성과 목성과 화성의 공전 주기, 태양과 수성의 관계, 1687년 의 일식 등을 관찰하였다. 1688년 북경에 도착한 그는 강희제를 알현해 담화를 나누고, 1690년에 Fontaney와 함께 광동, 로마를 거쳐 프랑스로 귀환했다. 그는 부르군디 지역의 대공 부인의 고해 신부가 되었다. 그의 주저는 *Nouveaux Memoires sur l'etat present de la Chine*(2 Bände)이다. 그는 광동으로 여행하는 중에 남경과 광동을 잇는 운하 지도를 작성했다. 그리고 영파寧波에서 북경, 북경에서 광주廣州에 이르는 길에 대한 상세한 지리학적 정보를 담은 안내서를 썼다.

14) [독] 라틴어 원문에는 de la Chaise라는 이름 대신 그리스어로 Hedraeus 라고 기록되어 있다. 프랑스어 la Chaise는 의자를 뜻하는데 이 그리스어 역시 의자라는 의미로 de la Chaise 신부를 가리킨다. de la Chaise 신부는 1615년부터 Ludwig 14세의 고해 신부였고 중국 선교를 위해 프랑스에서 선교사 파견을 주도한 사람 가운데 하나였다.

15) [독] Verjus는 Leibniz와 자주 서신을 주고받았다. 그는 de la Chaise 신부의 비서였으며, de la Chaise를 통해 얻은 프랑스의 중국 선교에 대한 중요한 정보를 Leibniz에게 계속해서 전달해주었다.

16) [독] Leibniz는 '자연'신학을 신이나 초월자에 대한 다소 불명료하고 불완전한 인식으로 이해한다. 인간은 자신의 힘만으로는 완전한 신의 인식을 가능하게 해줄 수 있는 '이성에 따른' 합리적 신학에 온전히 도달할 수 없기 때문에 완전한 신학에 도달하기 위해서는 계시—물론 Leibniz에게는 기

(본문 45~46쪽)

독교의 계시를 뜻한다—가 필요하다. 그러므로 여기서 Leibniz가 표현하는
바와 같이 합리적 신학을 완전하게 실현하기 위해서는 분명히 두 요소[이성
과 계시]가 요구된다. Leibniz는 넓은 지반을 가지고 있는 중국의 유교에
'자연'신학이 실현되어 있다고 본다. 그렇기 때문에 자연신학은 기독교의
계시에 의해 완전하게 될 필요가 있다. 이에 반해 유럽은 '자연신학'이 부
족하므로 유럽은 중국을 필요로 한다는 Leibniz의 견해는 주목할 만한 가치
가 있다.

17) 그리스 신화에 나오는 파리스의 심판을 말한다. 헤라, 아프로디테, 아테나
세 여신은 가장 아름다운 여신만이 가질 수 있는 황금 사과를 차지하기 위
해 트로이의 왕자 파리스의 심판을 받는다. 파리스가 가장 아름다운 여자를
선물하겠다는 아프로디테에게 황금 사과를 줌으로써 아프로디테는 미의 여
신이 된다. 파리스의 심판은 이후 트로이 전쟁의 발단이 된다.

18) [독] 프랑스의 유명한 법학자이자 얀센주의자. 그는 예수회의 선교 방식과
신학적 '현대주의'에 대해 격분해 그들과 투쟁을 벌이다가 프랑스를 떠나
야 했다. 그는 망명자로 [벨기에] 브뤼셀에 살면서 예수회, 칼빈주의자, 그
리고 이들과 관련이 있는 철학자와의 논쟁에 정력을 쏟았다.

19) [독] Leibniz가 언급한 구절은 바울이 고린도인에게 보낸 첫 번째 편지 9장
22절을 뜻한다. "그리고 내가 믿음이 약한 사람들을 대할 때에는 그들을 얻
으려고 약한 사람이 되었습니다. 이와 같이 내가 어떤 사람을 대하든지 그
들처럼 된 것은 어떻게 해서든지 그들 가운데 다만 몇 사람이라도 구원하기
위한 것입니다." 바울의 이 구절은 이방 선교의 정전처럼 간주되었으며 유
대인 선교에서 이방인 선교로 넘어가던 헬레니즘-로마 시대뿐만 아니라 근
대의 외국 선교에도 영향을 끼쳤다. Leibniz는 예수회의 중국 선교 방식을
옹호하기 위해 사도 바울의 말을 인용하고 있다.

20) Leibniz가 언급한 *Apologie*는 Arnauld가 1650년에 쓴 *Apologie pour les
saints Pères de l'Eglise*라는 책으로 얀센주의의 입장에서 Augustinus의 이

(본문 46~47쪽)

론을 옹호한 것이다.

21) 〔독〕 프랑스의 유명한 여행가. Tavernier는 프랑스의 동방 무역에 참여해 부자가 되었다. 그는 여행을 하면서도 프랑스의 동방 무역을 촉진하기 위해 애를 썼다. 이 때문에 인도와 일본에서의 독점 무역권의 상실을 우려한 네 덜란드인의 시기심을 불러일으켜 온갖 어려움을 겪어야 했다. 그의 책 *Vierzig-Jährige Reise-Beschreibung*은 브란덴부르크 궁정에 대단한 감동 을 주었다. 그는 브란덴부르크 동아시아 회사가 설립되자마자 최고 책임자 가 되었다. 그러나 브란덴부르크 동아시아 회사는 다른 식민지 지배 세력과 그들의 회사에 맞설 수 없었기 때문에 곧바로 활동을 멈출 수밖에 없었다. 그는 대선제후를 위해 극동 여행 계획을 세웠으나 실현시키지 못했다.

22) 〔독〕 "이제야 비로소 평화가 찾아들기 시작한 유럽"은 Louis 14세의 정복 전쟁이 끝난 유럽을 말한다. Louis 14세의 정복 전쟁으로 1693년에 하이델 베르크가 잿더미로 변했다. 그렇지만 프랑스는 1697년에 대동맹에 패하여 레이스베이크조약을 체결하게 되고 유럽은 평화 상태로 들어간다. 그리고 1699년에 카를로비츠조약을 통해 터키 전쟁도 끝이 났다. 평화 조약이 체 결되던 시기에 *Novissima Sinica*의 초판이 출간되었는데, Leibniz는 그런 점 때문에 유럽이 평화를 회복할 수 있을 것이라고 기대하는 것이다.

23) 〔독〕 그는 유명한 동방학자이자 라이덴 대학의 신학자였다. 1639년에 그의 작품 *Historia Christi et St. Petri Persice conscripta*가 출간되었다.

24) 아비시니아는 오늘날의 에티오피아이다. 16세기와 17세기에 가톨릭은 아 비시니아 교회를 로마의 재판권 아래에 두고자 시도했었다. 그렇지만 이러 한 시도는 오랫동안 지속된 내란의 원인이 되었고, 결국 1632년에 유럽 선 교사의 추방으로 끝이 났다.

25) 〔독〕 이 구절은 Verbiest가 쓴 천문학 책에 나온다. Leibniz가 거의 그대로 인용한 이 구절은 유럽에서 간행된 Verbiest의 책 *Astronomia Europaea*

220

(본문 48~51쪽)

*sub Imperator Tartaro-Sinico Cam Hy appellato ex umbra in lucem revocata, a R. P. Ferdinando Verbiest Flandro-Belga e Societate Jesu, Academiae Astronomicae in Regia Pekinensi Praefecto*에 들어 있다. 이 책의 pp. 56 이하에 들어 있는 "tum ut ostendam, quomodo Uranie Europaea Regales animos primum dignata sit movere"라는 구절이 그것이다. 우라니아는 아홉 명의 뮤즈 여신 중의 하나로 천문학의 여신이다.

26) 강희제가 섭정을 받던 1664년에 일어난 기독교 박해를 말한다. 박해의 대표자는 양광선이었다. 이 사건은 Leibniz가 *Novissima Sinica*에 함께 실어놓은 Soares 신부의 보고서에 간략히 언급되어 있다.

27) 소위 '명제구법설明帝求法說'로 알려져 있다. 동한東漢의 명제明帝는 신인이 나타난 꿈을 꾼 뒤 사람을 서역으로 보내 불법을 구하게 했다고 한다. Matteo Ricci는 이 전설을 기독교적으로 해석한 적이 있다. 그의 해석에 의하면 명제가 꾸었던 꿈은 하나님의 계시로서 그 당시 인도에까지 전해졌던 기독교 복음을 가져오라는 것이었다. 그러나 명제가 파견한 사절은 불교의 가르침을 기독교의 것으로 오인해 그것을 중국으로 가져갔다는 것이다.

28) Leibniz는 *Novissima Sinica*의 내용에 관한 설명을 하고 있다. 제1부의 「『최신 중국 소식』에 관하여」 참조.

29) [독] Grimaldi는 1690년에 로마에서 출발해 육로로 모스크바를 거쳐 중국으로 가려는 시도를 했다. 그 당시에 신성 로마 제국의 황제는 독일의 Leopold 1세(재위 1658~1705)였고, 폴란드의 왕은 1683년 빈의 해방에 참가했던 Johann Sobieski(재위 1674~1696)였다.

30) [독] 프랑스 출신의 예수회 신부. 그는 포르투갈인이 선점한 해상로에 대한 의존을 벗어나기 위해 알레포, 아스트라칸, 모스크바를 지나 중국으로 가는 육로를 개척하기 위해 파견되었다. 그러나 그는 모스크바에서 되돌아와야만 했다. 폴란드와 콘스탄티노플을 거쳐 중국으로 가려던 그의 두 번째

(본문 51쪽)

시도 역시 좌절되었다. 이 두 번의 시도는 모두 Pyotr 대제 때문에 무산되었다. 그는 세 번의 시도 끝에 고아까지 갈 수 있었다.

31) 〔독〕 루터교 신학자이자 동양학자. 그는 처음에 로스톡, 그라이프스발트, 비텐베르크에서 공부하다가 1658년에 네덜란드 라이덴으로 가서 아랍학을 연구했다. 그후 10년 동안 아랍 언어학 교수인 Bryan Walton과 함께 일하면서 7개의 동양 언어를 해설하는 언어 사전을 펴냈다. 이 사전의 원고는 1666년 런던의 대화재 때 소실되었다. 그는 1664년에 베르나우 교구의 감독이 되었다. 그리고 1667년에는 베를린의 니콜라이 교회로부터 부름을 받아 개혁 교회 목사 Elias Grebnitz와 공개적인 논쟁을 벌인다. 대선제후는 개혁 교회를 총애했다. Grebnitz는 Müller와 Haeresie를 비난했고, Müller가 추진하는 중국어 연구를 악마의 소행으로 규정했다. 항상 돈에 쪼들리던 대선제후는 〔이 일을 기회로 해서〕 Müller를 재정적으로 후원하겠다는 약속을 더 이상 이행하지 않았다. Müller는 논쟁과 그것으로 인한 대선제후의 약속 파기를 겪은 다음 1685년에 은퇴해 스테틴으로 갔다. Müller는 그 당시의 척도로 볼 때 아주 진지하게 자료를 다루어 연구의 정확성을 기하는 학자였다. 또한 그는 생산적으로 〔연구 결과를〕 발표하는 사람이어서 항상 자기가 발표한 연구 결과의 근거를 정확하게 제시하려고 노력했다. 1657년에 그는 Marco Polo의 『동방견문록』 라틴어판을 베를린에서 발견하고 그에 대한 〔해설〕 서론을 써서 출간했다. 그는 여러 중국 황제들의 연대기를 썼고 자신의 두 번째 책에서는 (출전과 함께) 중국의 『통감通鑑』에 근거해서 공자의 저서 가운데 『논어論語』를 라틴어로 번역했고 1672년에는 (Athanasius Kircher의 *China Illustrata*에 의거해서) 네스토리우스교의 비문을 공개했다. 그리고 1680년에는 Witsen이 1666년에 공개한 지도에 근거해서 1672년 당시의 중국 지명 및 경도와 위도를 공개했다. 이것은 오늘날 다시 검토해 보아도 매우 정확한 것이다. 1685년에는 성서에서 말하는 그리스도의 수난일에 있었던 일식과 중국의 『통감』에 기록된 일식을 비교하였다. 그는 대선제후를 위해 중국의 원전들을 수집해 보관했다. 처음에 그가 작성한 목록에는 책 제목이 20개 있었으나, 나중에는 300개로 늘어난다. 그 덕분에 베를린은 원전 수집에 있어 당시 최고의 명성을 자랑하고 있었다. Müller는 인

(본문 51~53쪽)

쇄를 하기 위해 한자를 커다란 나무 활판으로 제작하도록 했다. 그 활판은 지금도 베를린 국립 도서관에 보관되어 있다.

32) 〔독〕 Müller가 쓴 *Clavis Sinica*는 Leibniz가 언급함으로써 커다란 명성을 얻게 된다. Müller는 한자의 의미를 라틴어로 표시해서 한자를 습득할 수 있게 했지만, 발음은 따로 표시하지 않았다. '열쇠Clavis'라는 단어는 당시에 가장 즐겨 쓰이던 유행어였다. Kircher는 한자라는 비밀 문자를 해독하기 위해 Müller의 이 '열쇠'를 사용하였다. Müller는 1674년에 대선제후가 친절하게 일러준 대로 4페이지에 달하는 긴 제안서를 써서 책 출간을 위한 재정을 후원받으려고 했지만 별 소득이 없었다. Müller는 은퇴한 뒤 스테틴에 칩거하면서 자신의 〔연구 결과가 담긴〕 원고를 마무리하는 작업을 했지만, 나중에 이 원고를 모두 없애버렸다. 베를린〔대선제후〕의 버림을 받은 데다가 그가 주도적으로 만들었던 도서관조차 자유롭게 이용할 수 없었기 때문이다. 오늘날 Müller에 대한 평가는 엇갈린다. Leibniz는 *Novissima Sinica*에서 Müller를 복잡한 성격의 인물로 묘사하고 있다. 그렇지만 Müller가 행한 연구는 선구적인 것으로 평가되어야 하며, 오늘날의 척도로 재어서는 안 될 것이다. Donald F. Lach, "The Chinese studies of Andreas Müller", pp. 564~575 참조.

33) Ludolph는 당시 가장 위대한 동양학자 중의 하나였다. 그는 에티오피아어와 다른 근동의 언어들뿐만 아니라 중국어에도 능통했다. 그는 중국어와 다른 아시아 민족의 언어 그리고 아프리카어 사이의 친족 관계를 밝히려고 시도했으며 러시아와 아시아 국가들의 진기한 풍물에 대해서도 관심을 기울였다.

34) 대선제후 Friedrich Wilhelm von Brandenburg(재위 1640~1688)를 말한다.

35) 〔독〕 Leibniz가 언급한 계약은 무역 협정이 아니라 터키에 대한 방위 동맹이었을 것이다. 1683년 터키의 팽창 정책이 실패하자 무엇보다 합스부르크가의 오스트리아와 폴란드에 의한 대규모 반격이 시작되었다. 러시아는

주석   223

(본문 53~54쪽)

1686년에 독일 제국, 폴란드 왕국, 베네치아 공화국이 결성한 반터키 연맹에 가입했다. Pyotr 대제가 유럽 전역을 여행하기 직전인 1697년 2월 8일, 러시아 외교관들은 빈에서 (신성 로마 제국의) 황제와 베네치아 공화국 국왕과 함께 새로운 방어 및 공격 동맹을 맺는다.(G. Stökl, *Russische Geschichte*, p. 346 참조) 이 시기에 오스트리아는 터키에 맞서 전쟁을 치르고 있었다. 1697년 가을, 오스트리아는 젠타에서 벌어진 전투에서 거둔 승리의 결과로 헝가리의 대부분을 터키의 지배로부터 해방시켰다. Leibniz가 언급한 "최근에" 체결한 조약이 1697년 2월 8일의 이 조약을 의미한다면, 그는 (*Novissima Sinica*를 통해) 가장 최근의 정치적 사건들을 알려주고 있는 셈이다. *Novissima Sinica*는 이 시기보다 약간 뒤에 출판되었다. Leibniz는 (*Novissima Sinica*를 통해) 러시아와 유럽의 군사적 협력뿐만 아니라 상업적, 문화적 협력이 이루어질 수 있다는 희망을 피력한다. 물론 이 희망은 이루어지지 않는다.

36) 빈 대학의 신학 및 철학 교수. Leibniz는 1688년과 1689년에 빈을 방문했을 때, Leopold 1세 황제의 고해 신부가 된 그를 먼저 방문했다.

37) (독) 그는 Justinianus 황제 시절 이집트 알렉산드리아에서 태어난 상인으로 추정된다. Kosmas는 아라비아, 동아프리카, 그리고 아마도 실론까지 여행한 후에 '인도 여행자Indikopleustes'라는 이름을 얻었을 것이다. Kosmas는 그 여행 후에 상인의 삶을 포기하고 시나이 산에 있는 수도원의 수도사가 된다. 그는 6세기경에 *Topographia Christiana*를 쓴다. 이 책에서 되풀이해서 강조하는 것들은 이미 시대에 뒤떨어진 것이었다. Kosmas는 자신의 시대보다 몇 백 년 전에 있었던, 그렇지만 진보적이었던 Ptolemaeos의 지구원형론을 거부하고 그것과 대립되는 성서의 세계상을 주장하였다.

38) 아둘리스는 홍해 근처의 도시이다. 그리스어로 쓰여진 아둘리스의 비문은 이집트 Ptolemaios 3세의 아시아 원정을 다루고 있다.

39) 이 기념비는 1625년에 서안 근처에서 발견된 네스토리우스교(경교)의 비를

(본문 54~55쪽)

말한다. 1625년 10월에 Trigault 신부가 그 비문을 살핀 다음, 라틴어로 번역했다. Trigault 신부는 비문의 탁본을 그것에 대한 설명과 함께 로마로 보냈다. Kircher 신부는 자신의 유명한 책 *China Illustrata*에 그 비문을 실었다. 비문에 대한 Leibniz의 지식은 Kircher 신부로부터 얻은 것 같다. Kircher의 이 기념비 연구에 대해서는 다음의 책을 참조. D. E. Mungello, *Curious Land: Jesuit Accommodation and the Origins of Sinology*, pp. 164~172.

40) Leibniz는 1670년부터 Kircher 신부와 중국에 대한 의견을 주고받았다. 〔독〕 Kircher는 1629년부터 뷔츠부르크 대학에서 수학, 철학, 동양어를 가르쳤다. 그는 1634년에 로마 대학의 요청으로 아비뇽을 거쳐 로마로 간다. 로마 대학에서 그는 수학, 히브리어와 시리아어를 가르친다. 그는 말타에 있는 산 살바토레 수도원에서 핀다르의 송가를 발견해 편찬하기도 했다. 그가 쓴 *China Illustrata*는 유명하다. Leibniz는 이 책을 통해 중국에 관한 지식, 특히 서안西安에서 발굴된 네스토리우스교의 비문에 대한 지식을 얻었다. Trigault의 보고에 따르면, Kircher는 *China Illustrata*에 그 비문의 원문과 라틴어 번역문을 실어놓았다. Kircher는 이집트 상형문자도 해독하려고 시도했지만, 자료가 충분하지 않아 실패를 맛보아야 했다. Kircher의 책에는 Adam Shall의 목판화도 실려 있다. 아직 Kircher가 쓴 작품들을 모아놓은 전집은 나와 있지 않다. 그는 당시에 수많은 사람들과 서신을 주고받았다. 이 서신 교환으로 우리는 17세기의 정신사를 조망할 수 있을 것이다. 그렇지만 오늘날까지 이 서신들은 편찬되지 않고 있다. Kircher 연구를 위한 국제적 연구 단체가 있지만 아직까지 활발한 활동을 하지 않고 있다.

41) 이 기념비의 진위를 놓고 많은 논란이 있었다. 당시에 Voltaire는 이 기념비를 예수회 선교사의 작품이라고 여겼다.

42) 〔독〕 Thevenot는 수많은 육필 원고들을 수집해 그것들을 4부로 이루어진 2권의 책으로 발간했다. *Relations de divers voyages curieux*, Paris, 1663~1672. 이 책은 1696년에 재인쇄되었으나 〔기념비의 진실성을 입증하는 증거들이 실린〕 제5부는 그때까지도 간행되지 않았다. Leibniz가 이 구절에서 언급한

주석 225

(본문 55~56쪽)

것은 제5부와 관련이 있을 것이다.

43) [독] Herbelot는 열정적인 동양어 학자로 파리와 피렌체의 자료 박물관에서 연구했다. 1697년에 파리에서 발간된 그의 동양 문헌 총서Bibliothèque orientale에는 고대 중국에 기독교가 존재했다는 것을 알려주는 근동 지역의 자료들이 있다. 이 자료들은 표제어 "Kerit"와 "Nestorios" 아래에 분류되어 있다. 오랫동안 극동을 연구해왔던 Visdelou 신부가 1708년에 이 동양 문헌 총서의 개정판을 출간해냈다.

44) Magiabecchi는 피렌체 팔라틴 도서관의 사서이자 관리자였다. 훗날 이 도서관은 국민 도서관으로 명칭이 바뀌게 된다.

45) [독] 대선제후의 주치의로 식물학과 의학을 체계적으로 연구했다. 그는 연구를 하는 틈틈이 당시의 학자들과 서신을 주고받으면서 폭넓은 정보를 얻었다. 그리고 프랑크푸르트안데어오데르와 쾨니히스베르크에서 자연과학을 공부했으며 폴란드, 네덜란드, 이탈리아, 말타 등지를 여행했다. 1654년에는 파두아에서 박사 학위를 취득했고, *Catalogus plantarum circa Gedanum sponte nascentium und lexicon plantraum polyglottum universale*를 썼다. 대선제후는 그를 Müller의 후임으로 선발해 Müller가 했던 중국 연구를 계속하도록 했다. 그는 1685년 Couplet의 도움을 받아 [여백에] 한자를 새겨 넣은 대선제후의 초상을 제작했다. 이 초상은 강희제를 위한 선물이었을 것으로 짐작되지만 전해지지는 못한 것 같다.

46) [독] 포르투갈 출신의 예수회 신부였던 Amaral은 두 차례 중국에 건너갔다. 처음에 그는 마카오(1685년), 신안(1691년), 산동(1692년), 청도와 호북(1683년), 복건(1694년)에 머물렀다. 복건에 머무르던 그는 제례 논쟁을 벌이고 있던 포르투갈 사제들을 변호할 목적으로 다시 유럽으로 돌아갔다. 그리고 1711년에 중국의 복건으로 돌아와 머물다가 1714년에 고아를 거쳐 1722년에 리스본으로 되돌아갔다. 훗날 그는 중국에서의 경험을 토대로 설교함으로써 포르투갈에서 유명한 설교가가 된다. 제례 논쟁과 관련해서 쓴 15통의 서신

(본문 56~58쪽)

이 보존되어 있다.

47) 〔독〕Cochenheim은 1694년부터 1696년까지 뮌스터의 제후-주교인 Friedrich Christian von Plettenberg의 고문이었다. Cochenheim이 쓴 보고서는 뮌스터 국립 문고에 보존되어 있다. 〔*Novissima Sinica*의 영역자〕 Lach는 다음의 책에서 Cochenheim에 대한 정보를 얻고 있다. *Friedrich Scharlach, Fürstbischof Friedrich Christian von Plettenberg und die münsterische Politik im Koalitionskriege 1688~1697*, Westfällische Zeitschrift XCII(1937), p. 105.

48) 제1부의 「『최신 중국 소식』에 관하여」참조.

5. 공적인 공자 제사에 관하여〔본문 58~63쪽〕

1) 이 텍스트는 Leibniz가 파리의 예수회 신부 Verjus에게 서신과 함께 보낸 것이다. Leibniz는 이 텍스트를 통해 당시에 논란이 되고 있던 제례 논쟁 중의 하나인 공자 제사를 다루고 있다. 원본은 다음과 같다. Briefwechesel(LBr.) 954, fol. 32~33. 이 텍스트를 가장 잘 편집해서 싣고 있는 판본은 Rita Widmaier가 편집한 *Leibniz Korrespondiert mit China*, pp. 112~114다.

2) 〔영〕예수회의 입장을 옹호하는 le Comte의 대중적인 책은 '*Novissima Sinica*의 서문'이 나오기 전인 1696년에 출간되었다. 그리고 Charles le Gobien의 책은 1698년에 출간되었다. 예수회 신부들은 일련의 소식통들에 의해, 특히 파리의 외방 선교회의 회원들에 의해 비판을 받았다. Leibniz가 언급한 것은 그 회원들이 〔예수회 신부를〕 탄핵하기 위해 간행한 문헌 중의 하나일 것이다. 한편 "반대되는 주장"은 〔예수회의 입장에 반대하는〕 Arnauld가 Leibniz에게 보낸 한 서신에서 나왔을 것으로 추측된다. I. Klutstein-Rojtman and Z. Werblosky, "Leibniz: De cultu Confucii civili: Du culte civique de Confucius", p. 94.

(본문 60~62쪽)

3) 시칠리아의 귀족 집안의 아들로 태어난 Longobardi는 1582년 메시나에서 사제 수업을 받고, 1597년에 중국으로 건너간다. 1610년 Matteo Ricci가 서 거한 후 Matteo Ricci의 뒤를 이어 중국 선교의 총책임자가 된다. 그는 1612년 Trigault 신부를 로마로 보내 7,000여 권의 서양서를 가져오게 하고, Leibniz가 Grimaldi 신부에게 보낸 서신에서 언급한 Terrenz, Adam Shall을 중국으로 오 게 하기도 한다. Longobardi는 명나라 말기에 청의 공격을 막기 위한 대포를 제작해달라는 요청을 받고 포르투갈 출생의 Diaz 신부와 더불어 '홍의대장 포紅衣大將砲'를 주조하기도 하였다. 또한 그는 서광계徐光啓(1562~1633)와 더 불어 중국의 전통 역법인 '대통력大統曆'과 '회회력回回曆'의 일식 계산에 오 차가 있다는 것을 입증함으로써 자신들의 천문학적 지식이 더 뛰어나다는 것을 증명하였다.

4) Navarrete는 Longobardi의 글을 스페인어로 번역하였다.

5) 〔영〕 Leibniz는 사도 바울의 이 예를 여러 번 든다. 그는 이 예를 Couplet 신 부의 *Confucius Sinarum Philosophus sive Scientia Sinensis*에서 빌려왔을 가능성이 크다. Matteo Ricci도 사도 바울의 예를 모범으로 삼았다. 「사도행 전」 17장 22~34절 참조.

6) Leibniz는 이 '휴전 없는'이라는 말을 그리스어 $\overset{\circ}{\alpha}\sigma\pi o\nu\delta o\nu$〔aspondon〕(without truce)로 써놓았다.

7) 〔영〕 서안에서 발견된 네스토리우스교의 비문을 말하는 것 같다. *Novissima Sinica* §28 참조.

8) Leibniz는 Matteo Ricci의 견해에 상당히 의존하고 있는 것 같다. Matteo Ricci는 고대 중국의 문헌이 기독교적 진리를 담고 있었으나, 세월이 지나면 서 중국인들은 그 의미를 잊어버렸다고 보았다.

(본문 64~70쪽)

6. 0과 1만을 사용하는 이진법 산술에 대한 해설〔본문 64~71쪽〕

1) 원래의 프랑스어 텍스트의 제목은 다음과 같다. Explication de l'Arithmétique Binaire, qui se sert des seuls caractères 0 et 1, avec des remarques sur son utilité, et sur ce qu'lle donne le sens des anciennes figures chinoises de Fohy. 영역자가 참조한 문헌은 다음과 같다. G. W. Leibniz, *Mathematische Schriften*, vol 7, No. 21, pp. 223~227.

2) 〔영〕삼각형 수는 십진법의 수를 더함으로써 이루어지며, 피라미드 수는 삼각형의 수를 더함으로써 이루어진다. 예를 들자면 자연수는 1, 2, 3, 4······, 삼각형 수는 1, (+2)3, (+3)6, (+4)10······, 피라미드 수는 1, (+3)4, (+6)10, (+10)20······이 된다. 삼각형 수는 삼각형을 구성하는 점들의 형태로 나타나고, 피라미드 수는 삼각점의 연속되는 유형을 쌓아 올림으로써 피라미드 모양을 이룬다. 이 수학 용어들은 John Wallis의 *Arithmethica Infinitorum*(1655)에 나오는데 Leibniz가 지금 언급한 것과 유사하다.

3) 11월 14일이 아니라 11월 4일이다. D. E. Mungello, *Leibniz and Confucianism, The Search for Accord*, p. 60 참조. Bouvet는 Leibniz에게 1701년 11월 4일자 서신에 선천차서先天次序를 함께 보내주었는데, 복희의 괘상도는 그것을 말한다.

4) '우리의 해석'은 Bouvet와 Leibniz의 해석을 말한다.

5) 〔영〕프랑스 오베르뉴에서 태어났다. Gerbert는 로마로 가기 전 스페인에서 3년 동안 공부했다. 그는 다양한 분야의 폭넓은 학습으로 유럽에서 명성을 얻었다. (실제로 몇몇 모임에서는 그의 기술이 악마와의 거래로 얻어진 결과라고 생각하기까지 했었다.) Otto 3세의 친구인 Gerbert는 최초의 프랑스 출신 교황이 된다. 논란의 여지가 있음에도 불구하고 그는 아라비아 숫자를 스페인에서 도입해 유럽의 다른 국가에 보급한 인물로 거론된다.

주석 **229**

(본문 72쪽)

7. 중국인의 제례와 종교에 관한 소견〔본문 72~81쪽〕

1) 〔영〕 Leibniz는 이 텍스트를 1709년 8월 12일에 Bartholomew des Bosses
에게 짧은 서신과 함께 보냈다. 그는 그 서신에서 중국인의 제례와 종교에
대한 이 텍스트가 1년 전에 써놓은 것이라고 밝히고 있다. Leibniz와 des
Bosses 두 사람의 서신 교환은 1706년에 시작되었고, 1716년 Leibniz가 죽
기 바로 직전까지도 계속되었다. des Bosses는 중국에 가본 적은 없었지만
중국에 대한 다양한 관심을 가지고 있었다. 그리고 그는 Leibniz 작품의 숭
배자로, *Essai de Théodicée*를 라틴어로 옮기기도 했다. Leibniz가 그에게 보
낸 서신들은 L. Dutens, *G. G. Leibnitii: Opera Omnia*에 포함되어 있지만 이
텍스트는 빠져 있다. des Bosses에게 보낸 편지와 이 텍스트는 Carls
Gerhardt의 *Die philosophische Schriften von G. W. Leibniz*에 포함되어 있다.
라틴어 원본은 Lower Saxony State Library에 소장되어 있다.(Breifwechsel 95,
fol. 91~92)

2) Pasio는 1582년 Matteo Ricci와 함께 중국으로 건너갔다.

3) Sabatino와 함께 북경에 있었던 Ruiz는 Matteo Ricci와 Longobardi의 동료
였다.

4) Sabatino는 1606년부터 1620년까지 중국에 머물렀다. Matteo Ricci,
Longobardi와 함께 북경에서 활동하다가 마카오에서 죽었다. 그는 최초로
중국의 역법을 서구 언어로 번역했으며, 수리水利와 수력법水力法을 설명한
『태서수법泰西水法』을 저술하였다. 이 저서는 예수회 선교사의 다른 저서들
과 함께 조선에도 유입되었다.

5) Pantoja는 1599년에 마카오에 도착했고, 1600년에는 Matteo Ricci와 동행하
여 북경에 갔다. 그는 서양 윤리서인 『칠극七克』을 저술했다. 『천주실의天主
實義』와 더불어 『칠극』은 조선에도 유입되었다. 성호星湖 이익李瀷은 『칠극』
에 대해 그것은 "서양의 방적아의 저작이다. 이 책은 우리 유교가 말하는 극

230

(본문 72~74쪽)

기의 설을 담고 있다"라고 간략하게 논평한 적이 있다.(이익, 『성호사설星湖僿
說』권11, 「칠극」, '인사문人事門' 참조)

6) Vagnoni는 Matteo Ricci보다 뒤에 북경으로 갔다. 그는 Longobardi의 견해
에 이의를 제기하고 Matteo Ricci의 입장에 동조했다.

7) Leibniz는 '신'이나 '귀신'을 의미하는 dieu나 démon을 쓰지 않고, '정신
들'을 뜻하는 복수 용어인 Esprits를 쓴다. 그는 최상의 정신, 즉 하나님이나
근원적 모나드를 지칭할 때는 단수인 Esprit로 표현한다. 그는 동물적 영혼과
이성적 영혼, 즉 정신을 구분한다. 이에 대해서는 *Monadologie* §82 이하 참
조. Leibniz는 강신江神이나 산신山神도 모두 강이나 산의 정신이라고 하는
데, 이것은 강이나 산에도 최상의 정신이 품수되어 나타나고 있다는 점을 강
조한 것으로 보인다. Leibniz의 개념을 그대로 살리기 위해 어색하더라도
'신'이나 '귀신'이라는 말을 〔정〕신'으로 또는 '정신〔귀신〕'으로 옮기기로
했다.

8) Sarpetri는 Matteo Ricci의 보유론적 선교 방식을 찬성했던 몇 안 되는 도미
니크회 신부였다. Matteo Ricci의 보유론적 선교 방식에 대해서는 제2부 「중
국인의 자연신학론」 §1 참조.

9) 상제의 영문 표기가 다른 것은 선교사들이 통일된 용어를 쓰지 않고 소리 나
는 대로 표기하기 때문이다.

10) 〔영〕 Chum-ti가 누구인지는 확실하지 않다. 그렇지만 문맥상으로 볼 때,
Sarpetri가 송나라의 황제 휘종徽宗(재위 1101~1126)이 도가의 주요한 신
들 중 하나인 옥황玉皇에게 상제라는 이름을 부여했다는 사실을 언급했을
가능성이 매우 크다.

11) Longobardi는 Matteo Ricci처럼 중국 사상에 정통하지는 못했지만 그렇
다고 해서 문외한도 아니었다. 그가 Zoroaster와 복희를 혼동했는지는 분

(본문 74~75쪽)

명하지 않다. 그가 자신의 책 *Traité sur quelques points de la religion des chinois*에서 그 두 사람을 동일시한 것은 Ruiz라고 말하고 있기 때문이다.

12) 1602년 스페인의 발데나스에서 태어난 Sainte Marie는 1618년에 프란체스코회에 가입했고, 1628년에는 필리핀으로 여행을 한다. 그는 1633년에 도미니크회 신부 Juan Bautista de Morales와 프란체스코회 동료 Francisco Bermudez와 함께 마닐라에서 중국으로 건너갔다. Sainte Marie는 제례에 대해 호의적인 예수회의 입장과 그들의 선교 방식에 대해서 끝까지 비판적인 입장을 고수하다가 1669년 광동에서 세상을 떠났다. 그는 *Traité sur quelques points importants de la mission de la Chine*을 쓰기 이전에도 중국에서 종교와 관련한 주제를 담은 책을 몇 권 출간하였다. 그 책 중의 하나가 바로 기독교와 유교를 비교한, 한문으로 쓴 『천유인天儒印』(1664)이다. Sainte Marie는 『천유인』에서 보유론적 입장을 취하여 중국의 고전 《사서》가 말하는 것이 기독교의 진리와 일치한다는 주장을 펴기도 하였다.

13) 〔영〕 Gouvea는 포르투갈 출신의 예수회 신부로 오랫동안 중국에 거주했다. 그는 《사서》를 처음으로 〔라틴어로〕 번역한 그룹의 일원이었다. Sainte Marie는 *Traité sur quelques points importants de la mission de la Chine*에서 그의 견해를 자주 인용한다.

14) 포르투갈 태생인 Diaz는 Matteo Ricci의 후임으로 중국 선교 사업을 총괄하고 있었던 Longobardi와 주로 같이 활동하였다. 그는 1616년에 일어난 '남경교안南京教案'으로 인해 Longobardi와 함께 마카오로 유배되었다. 남경교안은 남경예부시랑南京禮部侍郎 심최心灌가 신종神宗에게 올린 상소가 계기가 되어 1616년에 일어난 반기독교 운동이었다. Diaz는 Longobardi와 함께 중국 사상과 제례 의식 등은 기독교 선교에 도움이 되지 않는다는 입장을 취했으며 Ptolemaeos의 천문학 개요를 한역漢譯한 『천문략天文略』을 써서 1615년에 북경에서 간행하였다.

（본문 75~86쪽）

15) 〔영〕 기원후 4세기경에 순교한 알렉산드리아의 Catharine를 기리기 위한 이 축제는 기독교 전통에 따라 11월 25일에 거행된다. 그녀는 대단한 학식을 지닌 것으로 널리 알려져 있다. 그녀는 신학자, 철학자, 법학자의 수호성인이었다. 중세에는 파리 대학의 수호 성인이기도 했다.

16) 이 구절에 대한 설명은 제2부 「중국인의 자연신학론」 §13 참조. Leibniz는 §13에서 그 당시의 신유가의 철학자들이 스토아적 유물론과 비슷한 생각을 지녔으며, 중국 고전의 진정한 의미를 모른다고 본다.

제2부 중국인의 자연신학론〔본문 85~165쪽〕

1) Leibniz의 글은 대부분이 초기 편집자들이 붙인 제목을 그대로 따르고 있다. 편역자가 따르고 있는 Christian Kortholt의 편집 방식에 대해서는 제3부의 「중국인의 자연신학론」의 구조와 그 내용' 참조.

2) Nicholas de Remond을 말한다.

3) 1715년 9월 4일의 서신에 따르면, Remond은 Leibniz에게 Longobardi의 저서와 Nicolas de Malebranche의 논문, 그리고 Sainte Marie의 저서 사본을 보내준 것으로 되어 있다.

4) 중국 고전의 저자들을 말한다.

5) 여기서 말하는 현대는 물론 Leibniz가 살고 있던 바로 그 시대를 뜻한다. 현대의 몇몇 중국인 저자들이란 Matteo Ricci의 중국 고전 해석에 반대했던 당시의 유학자들을 말한다.

6) 〔영〕 Leibniz가 말하는 중국의 군주는 강희제다. 강희제는 1662년부터 1722년까지 중국을 통치했다. Matteo Ricci와 Longobardi가 중국에 머무르고 있던

주석 233

(본문 86쪽)

때는 명말 청초의 혼란한 시기였다. 당시 중국은 대격전에 시달렸고, 그 대격
전은 명의 몰락과 더불어 청의 등장으로 끝이 났다. 만주 왕조인 청(1644~1911)
은 중국에 안정을 가져왔고, 이 정치적 안정은 강희제의 치세 때 가장 확고하
게 나타났다. 강희제는 조정을 자신의 손아귀에 넣은 권력자였지만, 뛰어난
학자였고 예술의 후원자이기도 했다. Leibniz는 강희제의 이런 면모에 대단한
감명을 받았다. Leibniz의 강희제 찬양은 *Discours sur la Théologie naturelle
des Chinois* 외에 '*Novissima Sinica*의 서문'에서도 분명하게 나타난다.

7) 이 말을 그대로 옮기면 '적응적 해석' 내지 '타협적 해석'이라고 할 수 있다.
'보유론적 해석'이라고 옮긴 것은 이 말이 Matteo Ricci가 기독교의 용어와
개념을 유교 경전에 나오는 말로 옮기고 풀이한 것을 뜻하기 때문이다.

8) Leibniz가 '고대의 저작들'이라고 한 것을 여기서는 '고전'으로 옮겼다. Leibniz가
언급한 중국의 중요한 고전들에 대해서는 제3부의 「중국인의 자연신학론」의
구조와 그 내용' 참조.

9) Matteo Ricci는 중국 고전을 기독교와 연관시켜 해석함으로써 당시에 많은
논란을 불러일으켰다. 그는 중국 고전에 기독교적 진리가 숨겨져 있다고 생
각하고, '상제', '귀신', '천신' 등의 용어를 기독교적 개념들로 해석했다. 이
에 대해서는 제3부의 '라이프니츠의 서신에 나타난 논쟁의 배경과 그 인물
들: 마테오 리치, 롱고바르디, 생트 마리' 참조.

10) 초창기 예수회 선교사들처럼 Leibniz도 중국인들의 기원은 Noa의 방주라
고 믿는다. 그는 기독교적 기원을 가진 중국인들이 오랜 세월이 흐르는 동
안 그 사실을 잊어버렸다고 본다.

11) *Discours sur la Théologie naturelle des Chinois*는 판본마다 약간씩 차이
가 있는데, 중국어본에는 이 부분이 빠져 있다. 중국어본은 1975년 중국 정
부 대표단의 프랑스 방문 때, 파리의 프랑스 대학이 우호 기념으로 선물한
것을 원본으로 했다. 이에 반해 영어본은 하노버의 니더작센 주립 도서관에

(본문 87~88쪽)

보관되어 있는 파일(Ms. XXXVII, 1810, no. 1)을 원본으로 했다.

12) Leibniz는 중국인들이 '신'과 같이 질료와는 완전히 독립된 정신적 존재는 인식하지 못했다고 보지만 '리理'와 같이 사물 속에 든 정신적 실체들은 인정하고 있다고 말한다. 이 절의 주제는 §40과 §41에서 계속 논의된다.

13) 창조주 하나님에 의해 창조된 정신적 실체들을 말한다. 즉 천사나 신령을 뜻한다.

14) 신을 세계의 혼(세계영혼)으로 보는 견해는 Platon의 *Timaios*에서 찾아볼 수 있다.

15) regle[règle]를 '질서'라 옮겼는데, regle는 '도道'의 번역어로 추정된다.

16) Leibniz는 '기氣'를 서양철학의 원소 개념인 '공기'로 이해하기 때문에 l'air 를 '기'라 옮기지 않고 원래의 의미를 따라 '공기'라 옮겼다.

17) 땅, 물, 불, 공기의 사원소를 말한다.

18) Leibniz는 '신神'을 뜻하는 말로 흔히 쓰이는 dieu나 démon을 쓰지 않고 정신을 뜻하는 Esprit를 즐겨 쓴다. dieu나 démon은 신유가에서 말하는 사물의 신적인 속성을 제대로 드러낼 수 없지만, Esprit는 그런 특성을 좀더 분명하게 드러낸다고 할 수 있다. Leibniz는 *Monadologie* §83에서 '정신'에 관해 다음과 같이 언급한다. "보통 말하는 혼과 정신의 구분에 대해서는 내가 이미 부분적으로 지적했던 차이들 외에도 다음과 같은 차이가 발견된다. 일반적으로 혼은 피조물에게 있어 우주의 살아 있는 거울이거나 모사이다. 이에 반해 정신은 신성 자체 혹은 자연의 창조자의 모사이다. 정신은 세계 구조의 체계를 인식하고, 〔신의〕 건축학적 설계도에 따라 어떤 것을 흉내 내어 만들 수 있다. 왜냐하면 정신은 자기의 구역에서는 흡사 작은 신성과 같기 때문이다." 이와 같이 Leibniz가 Esprit에 특별한 의미를 부여하기 때

주석   235

(본문 88~90쪽)

문에 Esprit를 '신'으로, 또는 '정신'으로 옮기기도 하였다.

19) 예를 들어 Leibniz가 다른 구절(§60)에서 언급한 Origenes는 신이 자연적 원소들을 관리 감독하는 천사들을 정해놓는다고 믿었다.

20) "부활한 다음에는 장가드는 일도, 시집가는 일도 없이 하늘에 있는 천사들 처럼 된다."(「마태복음」 22장 30절)

21) Leibniz의 이 생각은 '애니미즘'과 연관이 있으며, 고대 그리스 철학자들의 물활론物活論적 사고와도 연관이 있다.

22) Leibniz가 자연신학의 교설이 3,000년이나 되었다고 한 것은 『역경』을 염 두에 둔 것으로 보인다.

23) 괄호 안의 숫자 2는 Longobardi의 *Traité sur quelques points de la religion des chinois* 2장을 말하며, 13은 쪽수를 말한다.

24) Leibniz는 인간은 자연이 부여한 '자연적 이성'을 통해 '리' 혹은 '신'을 이해 할 수 있으며 그에 기초해 인류 공통의 도덕과 문화에 대해 이해하고 의사소 통을 할 수 있다고 본다. 이러한 관점에서 그는 자신의 본성을 따라 움직이는 '리'와 이미 프로그램화한 '모나드'의 유사성을 본다. 그리고 이와 관련해서 John Locke의 백지白紙tabula rasa 개념을 비판했는데, Mungello는 이에 대 해 '옥玉의 결' 혹은 '옷을 짜는 결'이라는 의미에서 전용된 '리'의 개념과 Leibniz가 1704년에 쓴 *Nouveaux Essais de l'Entendement human*에서 언 급한 "결을 가진 대리석 덩어리"를 비교하고 있다. Leibniz는 1700년에 John Locke의 *An Essay Concerning Human Understanding*의 프랑스어 번역 본을 읽고 나서, 그 책에 나오는 백지 개념을 다음과 같이 비판했다. "영혼 이 백지를 닮은 것이라 한다면, 진리는 대리석 속에 들어 있는 Heracles의 모습을 띤 무늬와 같이 우리 안에 들어 있는 것이다. 〔……〕 그러나 다른 어 떤 모습이 아닌 Heracles의 모습을 띤 대리석 덩어리의 결이 있다고 한다면,

236

(본문 91쪽)

이 대리석 덩어리는 Heracles의 모습으로 결정된 것이다. 그리고 Heracles의 모습이 대리석 안에 있는 것처럼 [우리의] 내적인 지각도 타고난 것이다. [……] [대리석으로 Heracles를 조각하려면 Heracles의 모습으로] 결을 깎아서 그 모습을 분명하게 드러내고, 그 결을 방해하는 것은 잘라내면 된다." 이 설명에서 드러나는 Leibniz의 입장은 신유가가 『맹자孟子』 「고자告子」편에 기초해 인간의 도덕적 계발은 인간의 타고난 본성에 따라 좌우된다고 하는 것과 상당히 유사하다. D. E. Mungello, *Leibniz and Confucianism, The Search for Accord*, pp. 76~78 참조.

25) Leibniz가 인용한 이 구절에서 Longobardi는 중국의 오상五常(仁 · 義 · 禮 · 智 · 信)을 기독교 세계관의 용어로 잘못 번역했는데, Longobardi의 용어를 그대로 사용했음을 밝힌다.

26) 괄호 안의 숫자는 Sainte Marie의 *Traité sur quelques points importants de la mission de la Chine*의 쪽수를 표시해놓은 것이다.

27) Sainte Marie가 어떤 개념을 vertu로 옮겼는지는 확실하지 않지만 '덕德'일 가능성이 크다. Leibniz는 vertu를 대개 '힘'의 개념으로 이해한다. 독일어 옮긴이는 이런 의미에서 vertu를 '덕Tugend'이 아닌 '힘Kraft'으로 옮겼다. Leibniz 철학에서 힘의 개념은 매우 중요한 것이다. Leibniz는 1694년에 쓴 짧은 논문 "De primae philosophiae emendatione, et de notione substantiae"에서 힘을, 실체를 보다 새롭고도 효과적으로 정의하는 것으로 제시하였다. 그에 의하면 정신적이거나 물질적인 모든 실체는 이 힘을 내재하고 있다. Leibniz는 de Volder에게 보낸 1703년의 서신에서 최초의 엔텔레케이아 혹은 영혼(최초의 적극적인 힘)이 제일질료(최초의 수동적인 힘)와 함께 모나드를 구성한다는 견해를 밝혔다. Carls Gerhardt(ed.), *Die philosophischen Schriften von G. W. Leibniz*, vol. 2, p. 252 참조.

28) [영] Sainte Marie의 책 71쪽에 나온다.

(본문 91~93쪽)

29) Lucena는 Francisco Xavier의 전기, *Historia do Padre Francisco de Xavier e do que fizerao na India os mais Religiosos da Campanhia de Jesu*를 썼다. 본문에서 언급하고 있는 Xavier의 일본 도착과 관련한 그의 글은 이 전기를 말한다. 괄호 속의 8권 2장은 Xavier 전기의 장과 절을 말한다.

30) 『성리대전性理大全』을 말한다.

31) 그리스어 Noũs나 라틴어 Mens 모두 '정신'을 뜻한다.

32) 이 괄호 부분은 Leibniz가 줄을 그어 지운 것이다.

33) 〔영〕 Leibniz에 따르면 '완전성'은 사물의 속성 혹은 본성과 관련되어 있다. 속성 혹은 본성은 그 사물이 '완전하게' 존재하는 모범을 보여준다. 어떤 것이 완벽하게 그 자신이라면, 다시 말해 자신의 본질적 존재를 위해 필요한 속성들을 모두 갖추고 있다면 그것은 그 자체로 완전한 존재라고 할 수 있다. 신은 그 자체로 완전하며, 최상의 완전성을 모두 담고 있다. 따라서 신은 다른 모든 존재들의 원인이다.

34) 〔영〕 이 프랑스어 표현은 Longobardi가 자주 언급하는 것으로 '위대한 하나'인 태일太一을 뜻한다.

35) "새싹처럼"이라는 표현은 Longobardi가 한 것이다.

36) Leibniz는 Longobardi가 '리'를 '공간'으로 파악하는 것과 관련해 '공간'의 의미를 분명히 하고자 한다. Leibniz는 Newton의 추종자인 Clarke에게 보낸 서신에서 공간을 실체가 아니라 질서로 정의한다. Carls Gerhardt(ed.), *Die philosophischen Schriften von G. W. Leibniz*, vol. 7, pp. 347~440.

37) 『중용』의 해당 구절에는 이와 관련한 언급이 보이지 않는다.

(본문 93~94쪽)

38) 〔영〕 Lessius는 플랑드르 출신의 예수회 신부로 교회 내의 교리 논쟁에 적극적이었다.

39) 독일 마그데부르크Magdeburg의 시장市長 Otto von Guericke를 말한다. Leibniz가 Guericke를 예로 든 것은 공간 논쟁 때문이다. 진공을 무와 동일시한 Descartes는 진공이 존재한다는 것을 거부한다. Descartes는 세계가 한계가 없는 무한한 연장이며, 연장을 물체와 동일한 의미를 지닌 것으로 보기 때문에 세계를 물체로 간주한다. 따라서 Descartes는 이 세계 밖에 상상적으로 존재하는 비어 있는 공간, 즉 우주 바깥의 공간을 상상했던 스콜라적 개념을 근거 없는 것으로 여겼다. 그러나 Guericke는 Descartes가 물체와 동일시되는 연장과 공간을 혼동했다고 본다. 그에 의하면 참된 공간은 비물체적이며 절대적으로 텅 빈 공간으로서 지구의 영역을 넘어서 확장해 나간다. 그는 공간을 무와 같은 것으로 여기며, Descartes가 공간과 연장을 동일시함으로써 공간의 개념을 훼손했다고 생각한다. 그는 무로서의 공간이 존재한다는 것을 입증하기 위한 실험을 했다. 진공은 절대로 있을 수 없다는 Aristoteles 시대 이래 지속되었던 견해에 대항하기 위해 Galilei는 진공을 입증할 수 있는 실험을 시작하였다. Galilei의 제자 Toricelli는 진공에 대한 실험을 계속하여 진공을 어느 정도 입증하는 데 성공하였다. Guericke는 Toricelli의 실험에 대해서는 전혀 알지 못했다. Guericke는 진공을 입증하기 위한 실험을 계속하던 끝에 진공 상태를 입증할 수 있는 배기 펌프를 고안해냈다.

40) Leibniz는 Guericke의 실험을 Clarke와 교환한 서신(1716년 8월 18일자)에서도 언급한다. 그는 이 서신에서 진공의 실재를 인정하지 않는 아리스토텔레스주의자와 데카르트주의자의 견해를 지지한다. 아리스토텔레스주의자나 데카르트주의자는 Guericke의 실험을 인정하지 않고 "관이나 용기 안의 텅 빔〔진공〕은 결코 있을 수 없다"고 주장한다. 그 유리관이나 용기에는 "미세한 구멍이 있어 그 구멍을 통해 빛이 들어가 자기磁氣가 발산되거나 다른 매우 작은 물질이 침투해 들어갈 수 있다"고 보기 때문이다. Clarke는 공간과 시간을 현실적 존재, 즉 실체라고 규정한 Newton의 추종자였다. 그는

주석   239

(본문 94쪽)

Newton의 입장을 변호해서 공간과 시간이 실체가 아니라면 실체의 규정, 즉 속성일 가능성을 시사한다. Newton은 물리학적 근거에서 공간의 절대적 실재성에 대해 다음과 같은 생각을 했다. 공간을 실체로 규정하는 것이 불가능하다면—그러면서도 공간의 절대적 실재성을 견지하려면—공간을 속성으로 확립해야 한다. 이런 점에서 Clarke는 공간과 시간은 영원하고 무한하기 때문에 그것들은 그 자체로 영원하고 무한한 실체의 속성일 수 있을 뿐이며, 따라서 공간과 시간은 하나님의 속성일 수 있을 뿐이라고 주장한다.

41) [영] Leibniz에 따르면 신은 모든 것을 창조했을 뿐만 아니라 '예정 조화'에 의해 이 모든 것을 유지하며 다스린다.

42) Leibniz는 음양을 상징하는 태극이라 불리는 구체를 염두에 두고 구 혹은 원이라고 이야기한 것 같다. [영] 다음과 같은 상징(☯)으로 음양을 나타내는데, 이것은 태극이라 불린다. 밝은 부분은 양을 나타내고, 어두운 부분은 음을 나타낸다. 중국인들은 이 상징이 보여주는 것처럼 음양의 두 힘이 대립적인 것이 아니라 상호 보완적인 것으로 본다. Longobardi는 태극과 음양의 관계를 상당히 상세하게 논의한다.(5:31, 32) Sainte Marie도 그에 대해 논의하고 있다. 그러나 Leibniz는 이 서신에서 음양에 대한 언급은 하지 않으며 태극에 대해서도 상세한 논의를 하지 않고 있다. Mugello는 구나 원에 대한 Leibniz의 언급이 주돈이周敦頤(1017~1073)의 태극도설과 관련이 있다는 설득력 있는 주장을 하고 있다. 태극도설에 대해서는 le Gobien 신부가 자신의 저작 *Historie de l'édit de l'empereur de la Chine en faveur de la religion chrétienne*(Paris, 1698)에서 자세히 다루었다. D. E. Mungello, *Curious Land: Jesuit Accomodation and the Origins of Sinology*, pp. 346~349. 그리고 Fung Yu-Lan, *History of Chinese Philosophy*, pp. 288~304 참조.

43) [영] Leibniz는 그의 저서 *Principes de la nature et de la grâce fondés en raison*(Paris, 1714) §13에서도 신을 설명하기 위해 이와 같은 이미지를 사용한다. Loemker는 "Leibniz가 이것을 Pascal 혹은 독일의 장미십자회원과 신지학자들로부터 배웠을 수도 있다"(*G. W. Leibniz: Philosophical Papers*

(본문 94~96쪽)

and Letters, p. 642)라고 한다. 보다 명확히 말하면 Leibniz가 내세운 이미지의 출처는 그 이미지를 설명하기 위해 많은 구절을 할애했던 Nicolaus Cusanus일 수도 있다. 아니면 Cusanus나 Leibniz 역시 신에 대한 이 이미지를 연금술적 전통을 통해 배웠을 수도 있다. E. Hoffman과 R. Klibansky는 그들이 편집한 Cusanus의 작품집 *Hermes Trismegistus*에서 한 구절을 인용하는데 이것은 Leibniz가 쓴 것과 같은 언어로 쓰여졌다. "Deus est sphaera infinita, cuius centrum est ubique; circumferentia nullibi"(Liber XXIV phiosophorum, prop. 2), Nicolaus Cusanus, *De Docte Ignorantia*, p. 104에서 인용. R. Wittkower, *Architectural Principles in the Age of Humanism*, p. 28, n. 2 참조. Leibniz는 자신의 글에서 종종 Cusanus의 개념과 이미지를 사용하였다. 다른 모든 피조물들을 거울처럼 반영하는 각각의 피조물들의 인식과 각각의 피조물들을 '반영하는' 존재로서의 신에 대한 Cusanus의 설명은 Leibniz가 사용한 대우주-소우주 모델의 훌륭한 예증이었다.

44) 라틴어 natura naturans로 널리 알려진 이 말은 스콜라철학의 용어였다. 이와 대비되는 용어인 natura naturata는 창조된 실체의 본성을 뜻한다. 이것은 세계와 자연의 적극적 · 창조적 힘, 즉 natura naturans인 신과 구분된다.

45) 공자가 언급했다는 18개의 구절이 어떤 것인지는 불분명하다.

46) 〔영〕 Leibniz는 이 '리'라는 단어 뒤에 나오는 "혹은 태극"이라는 말을 생략했다.

47) 〔영〕 Leibniz는 다음의 §12에서 제일질료는 순수하게 수동적이기 때문에 능동적 힘(형식 혹은 엔텔레케이아)에서 운동 혹은 형태만을 수용할 수 있는 능력이 있을 뿐이라고 말한다. Leibniz에 따르면 질료는 영혼이나 엔텔레케이아 혹은 일종의 활동성을 지닌 힘으로 채워지지 않으면 결코 완전하거나 진정한 실체가 될 수 없으며 제일질료는 추상화抽象化를 통해서만 알 수 있다.(Loemker, *Philosophical Papers and Letters*, I, 560, n. 79) 제이의 질료(§23 참조)는 다양한 물리적 법칙(관성, 저항 등등)에 종속되어 있는 개별

주석 241

(본문 96~98쪽)

적 물체의 질료를 가리킨다.

48) [영] 「전도서」 9장 2~5절.

49) 아베로이즘은 13세기 파리 문과 대학에서 생겨난 학파였다. 아베로이즘은
Averroës(1126~1198)의 견해와 주석을 통해 Aristoteles의 철학을 받아들인
것을 말한다. 아베로이즘은 기독교 신앙과 도덕의 범주에 Aristoteles의 철
학을 적용하여 발전하였다. 그 결과 그들은 신의 섭리의 부정, 세계와 운동
의 영속성, 만인의 영혼의 수량적 통일을 주장하는 심령일원설 등을 주장하
였다. 그리하여 개인 영혼의 불멸을 주장하고 인간 의지의 자유를 부정하는
등의 근본적인 오류를 범하였다.

50) [독] Leibniz는 어떠한 의미에서 신의 세계를 "과학"이라 부르는지 자신의
저작 여러 곳에서 밝히고 있다. *Discours de Métaphysique*, §§14, 32 참조.
그리고 이 주제에 관해서는 *Antaios* VIII, p. 113 참조.

51) [영] §16b의 결론 참조.

52) Aristoteles는 일반적으로 질료를 제일질료와 제이질료로 나누어 설명한다.
제이질료는 이미 형성되어 있는 것으로 집을 지을 때 쓰이는 목재 같은 것
이다. 그러나 Aristoteles가 형상과 관련해서 상관 개념으로 파악한 제일질
료는 존재를 규정하는 범주에 의해서는 실체라든가 분량이라든가 그 밖의
다른 무엇으로 이름 붙일 수 없는 그러한 질료이다. 그는 제일질료가 모든
존재와 생성의 바탕이 된다고 보았다. 따라서 제일질료는 제일원리와 같이
능동적인 것이 아니라 제일원리에 수반되는 수동적인 것이다.

53) Russell은 Leibniz가 수정한 질료 개념의 다섯 가지 의미를 검토한다. 1) 제
일질료는 순수하게 수동적이다. 2) 제이질료는 힘이 부여된 질료다. 3) 제
일질료는 창조된 모든 모나드의 본성 속에 존재하는 요소이다. 이런 의미에
서 그것은 수동성과 동일하며 또한 지각의 혼동 상태를 뜻한다. 4) 제이질

(본문 98~99쪽)

료는 모나드의 집합 혹은 덩어리다. 이것은 오로지 우발적 통일에 의한 단순한 집합이다. 5) 쌓여 있는 모나드들을 지배하며, 그것에 우연적 통일성 이상의 의미를 주는 하나의 유기적인 모나드가 있다. B. Russell, *A Critical Exposition of the Philosophy of Leibniz*, p. 76 참조.

54) 〔영〕 그가 어떤 인물인지에 대해서는 13세기 초에 파리에서 가르쳤다는 것 외에는 알려진 것이 없다. 그는 유물론에 경도된 교부라고 알려졌으나 그에 관한 정보는 대부분 다른 출전에서 나온 것이다. 그는 신, 정신, 질료가 본질적으로 구별되지 않는(다시 말해 본질적 형식이 없는) 일원론적 실재관을 견지하였다. Dinanto는 신과 질료가 어떤 형식을 가지고 있지 않다면 그들은 잠재성 안에 있거나 제일질료 안에 있을 것이라 한다. 그러므로 "궁극적 실재, 즉 신, 정신, 질료를 물질이라고 해야 〔그 특성을〕 가장 잘 묘사할 수 있다." "David of Dinant", *Encyclopedia of Philosophy*, vol. 1, p. 306.

55) 〔독〕 A. Kiessling은 자신의 *Ausgeben der Satiren*(Berlin, 1957)에서 이 구절을 설명하기 위해 스토아적 유물론에 주목한다. 스토아적 유물론은 인간 영혼을 신적인 프뉴마Pneuma의 한 부분으로 본다.

56) 〔영〕 그는 아리스토텔레스학파의 르네상스 학자 Pietro Pomponazzi의 학생이다. 그는 그리스어와 로마어 학자였던 자신의 아들 Joseph Justus Scaliger(1540~1609)와 종종 혼동되기도 한다.

57) 영혼유전설은 개인의 영혼은 그 신체와 더불어 어버이로부터 전해 받은 것이라는 신학 이론으로 영혼이 인류의 조상인 아담으로부터 나온 것이라고 주장하기 때문에 생출설generationism이라고도 불린다.

58) 〔영〕 Scaliger 부자와 영혼유전설 추종자들은 실체적 형식과 영혼들이 "질료의 잠재성으로부터 파생되어—이것을 eduction〔éduction〕이라고 부른다—나온다"(Leibniz, *Essai de Théodicée* I, §88)는 이론에 반대했다. 영혼유전설에 따르면 영혼은 육체와 비슷한 방식, 즉 그들의 부모로부터 자식에게로

주석   243

(본문 99~101쪽)

전이되는 방식으로 유전된다. Leibniz는 인간의 영혼과 유기적인 신체의 기원을 설명하기 위해 이와 비슷한 이론에 경도된 적이 있다. "이러한 [인간 영혼의] 생산은 일종의 영혼 유전이다. 그러나 [내가 말하는] 이 영혼 유전은 사람들이 일반적으로 가르치고 있는 것보다 더 설명하기 쉽다. 왜냐하면 그것은 영혼으로부터 다른 영혼을 이끌어내는 것이 아니라, 영혼을 지닌 것으로부터 영혼을 지닌 것을 이끌어내기 때문이다. 그래서 [내가 말하는] 영혼 유전은 매번 새롭고도 순수한 영혼을 육체—이 육체는 그 영혼을 부패시킨다—에 집어넣는 새로운 창조의 반복되는 기적을 피한다." (Leibniz, *Essai de Théodicée* III, §398)

59) Leibniz는 이 글에서 『성리대전』을 '중국철학', '성리철학', '대전', '대전성리', '위대한 철학', '철학대전' 등으로 부르고 있다.

60) 기氣의 작용을 뜻하는 말이다.

61) Leibniz는 사물들이 품수한 '리'는 모두 한 원리에서 나온 것이기 때문에 본질적으로는 차이가 없으며, 사물들이 가진 리가 차이 나는 것은 리가 사물들에 상응해 작용하기 때문이라고 본다. Leibniz와 마찬가지로 주자도 사물들의 다양성이나 차이가 사물들의 질료에서 비롯된 것으로 본다. 주자는 만인에게 똑같은 이치가 부여되었지만 기운에 의해 차이가 생긴다고 본다. 그에 대해 주자는 『주자어류朱子語類』에서 다음과 같이 말한다. "이치가 있고 난 다음에 기운이 있다. 기운이 있으면 이치는 반드시 있다. 맑은 기운을 품수한 사람은 성현이 된다. 성인의 본성은 맑은 물속에 있는 보물과 같다. 그러나 흐린 기운을 품수한 사람은 어리석고 못난 사람이 된다. 어리석고 못난 사람의 본성은 흐린 물속에 있는 보물과 같다."

62) [영] 최초의 공기는 기氣를 의미한다. 프랑스어 primogène는 '처음으로 생기거나 생산되는 것'을 뜻한다. Leibniz는 다른 곳에서는 protogène를 그러한 의미로 사용한다.

(본문 102~107쪽)

63) 〔영〕 출처는 『서경』 2부 2권 7절이다. Leibniz도 이 구절을 다시 인용한
다.(§17 참조) Legge의 번역은 Longobardi의 번역과는 아주 대조적이다.
"우리 백성이 듣고 보는 것처럼 하늘도 듣고 본다. 우리 백성이 두려워하는 것
처럼 하늘도 두려워한다."(James Legge, The Chinese Classic(1894), vol. III, p. 74) 이
구절에 대한 유가의 참뜻은 Karlgren의 번역에서 보다 더 잘 파악할 수 있다.
"하늘이 보고 듣는 것은 우리 백성이 보고 듣는 것에서 유래하며, 하늘의 식
별력과 엄격함은 우리 백성의 식별력과 엄격함에서 유래한다."(B. Karlgren,
The Book of Document, p. 9) 이것은 하늘의 의지가 인간의 행위에 의해 표현
되고 알려진다는 것을 말한다.

64) 〔영〕 여기서 언급하고 있는 구절은 『논어』 「위령공」 28장 "人能弘道, 非道弘人"
을 가리킨다. 이 구절의 '弘'은 '안다'는 의미가 아니다. 이 구절의 의미는
다음과 같다. "사람은 도를 넓힐 수 있지만, 도는 사람을 넓힐 수 없다."

65) 〔영〕 Leibniz는 (주로 신비적 신학과 관련이 있는) 부정적 방식을 언급하고
있다. 이 부정적 방식은 신이 무한하고 초월적이기 때문에, 유한하며 창조
된 존재들과 관련이 있는 술어들(생명, 지식, 힘)을 신에게는 부가할 수 없
다는 주장을 담고 있다. 그러므로 유한성을 내포하는 모든 성격을 부정하는
방식을 통해서만 신을 묘사할 수 있다. 실제로 '무한'이란 말의 사용은 그
러한 접근 방식을 보여주는 가장 좋은 예이다.

66) Longobardi의 인용절에 나오는 이 고명한 인사가 누구인지는 분명하지
않다.

67) §2 참조.

68) 〔영〕 Longobardi의 Traité sur quelques points de la religion des chinois
에 따르면, 중국인은 이 교설을 Zoroaster로부터 배웠다고 한다.(7:41)

69) 〔영〕 Sainte Marie는 72쪽에서 출처를 밝히지 않은 채 Van-vote-ie-ti-

(본문 108~110쪽)

Van-voe-ie-li, 즉 萬物—商 萬物—理라는 말을 옮겼다.

70) 〔영〕Leibniz가 이들 그리스 철학자들을 특별히 언급하는 이유는 Longobardi
또한 같은 구절(7:41)에서 그들을 인용하고 있기 때문이다. Aristoteles는
Parmenides를 해석하면서 동력인과 질료인을 고려해 모든 것은 하나이며
불변한다는 엘레아학파의 엄격한 해석을 희석시킨다.(*Metaphysics*, I, 3, 984b
2~4; 30~31) 이와 달리 Platon은 운동과 참다운 다수성의 존재를 부인한
Parmenides를 포함하여 엘레아학파의 일원론에 대해 보다 엄격한 해석을
고집한다.

71) 〔영〕스토아주의자들은 일반적으로 이성을 개인이나 세계에 내재하는 창
조적인 불〔火〕pneuma 혹은 영혼으로 생각하였다. 신(혹은 제우스)은 종종
생명을 가진 힘 혹은 세계의 영혼으로, 세계의 영혼은 합리성을 지닌 거대
한 생명체로 생각되었다. Leibniz는 Clarke와 주고받은 서신에서 공간이 신
의 수용성受容性이라는 생각을 비판하고 신에게 분할 가능한 부분들을 부
여한다. "부분들과 함께하는 이 신은 우주 전체를 뜻하는 스토아주의자의
신과 매우 유사할 것이며, 성스러운 생명체로 여겨질 것이다."(Parkinson,
Leibniz: Philosophical Writings, p. 230)

72) 〔영〕Vergilius(기원전 70~19)의 목가시에서 인용한 구절이다.(*Eclogues*, III, 60)

73) Leibniz는 "모든 것은 하나"라는 Spinoza의 범신론을 비판하고 있다.
Leibniz의 Spinoza에 대한 비판은 *Essai de Théodicée* I, §32와 III, §393 참조.

74) 〔영〕Leibniz는 제일질료 그 자체는 참된 실체가 아니라고 보았다.(§10 주
석 47 참조) 제일질료는 형태 혹은 영혼을 부여받을 때 개별적 실체로서의
자신의 존재와 동일성을 얻는다. 그렇기 때문에 Leibniz나 많은 스콜라 철
학자들이 개별적 동일성은 한 실체의 특별한 형식에 기초한 것이지, 제일
질료의 변형에 불과한 개별적 혹은 이차적 질료에 기초한 것이 아니라고
보았다.

246

(본문 111~112쪽)

75) Leibniz는 귀신鬼神이나 신神을 '정신Espirit'으로 옮겼다. 그러나 옮긴이는
Leibniz가 쓴 말을 살려 그대로 정신으로 옮기기로 했다. 귀신은 Leibniz가
말하려는 '정신'과 다르기 때문이다. Leibniz는 나중에 귀신에 대해 언급하
면서 그것이 어떠한 정신인가를 밝힌다.

76) 고대 자연철학은 에테르를 4원소에 이어 제5원소로 여겼다. Aristoteles에
의하면 에테르는 최초의 인간이 최상의 하늘의 신성을 나타낼 때 사용했던
표현이었다. 에테르는 다른 4원소와는 상이한 것으로 여겨진다. Platon과
Aristoteles에 의하면 에테르는 항상 존재하는 신적인 것으로서 시작도 없
고 끝도 없이 운동을 하는 물체이다. 르네상스 시기에는 에테르를 눈에 보
이지는 않지만 정신과 물체를 매개하는 천상의 물체로 보았다. Giordano
Bruno는 에테르를 측정할 수 없는 것이며 영혼을 갖춘 것이라고 보았다.
그는 에테르가 세계를 채우고 있으며, 또 모든 물체의 보편적 정신spritus
universi이라고 보았다. 이 스토아적이고 신플라톤적인 에테르에 대한 파악
은 Francis Bacon, Pierre Gassendi와 Robert Boyle의 견해 속에서 다시
나타난다. 그들은 에테르를 "물체적 정신", "물체적 영혼"으로 가정하였다.
이 에테르 개념은 17세기와 18세기에 기계적 자연과학이 중력과 빛의 파장
의 설명을 하는 데 있어서 중요한 의미를 지니게 된다. Newton은 이제까지
의 에테르에 관한 가설들을 물리학적 입장에서 재해석한다. 그에 의하면 에
테르는 가장 섬세한 질료이며 빛과 중력 현상들을 설명하는 데 필수적인 것
이었다. J. Ritter, *Historisches Wörterbuch der Philosophie*, Bd 1, Äther 항
목 참조.

77) 〔영〕 이런 믿음을 가진 사람들 가운데 대표적인 인물은 Bouvet 신부였다.
그는 1701년 11월 4일에 Leibniz에게 보낸 서신에서 이런 견해에 대해 상
세하게 언급했다. Bouvet는 복희를 "모든 철학자들의 왕"이라고 한다. 그
리고 복희를 그렇게 묘사했다고 해서 그것이 "유럽에 대한 지독한 공격"이
아니라고 덧붙여 말한다. 왜냐하면 그는 복희를 중국인이 아니라 Zoroaster
이거나 Hermes Trismegistus 혹은 Enoch으로 보기 때문이다. Leibniz는
§32와 §37에서 〔구약성서에 나오는〕 중국을 방문한 족장에 대해 거듭 언급

주석   247

(본문 112~119쪽)

한다. 그는 다른 서신에서도 이에 대해 언급하고 있다. Merkel, *G. W. Leibiniz und die China-Mission, Eine Untersuchung über die Anfänge der protestantischen Missionsbewegung*, pp. 84~85. Longobardi 역시 비슷한 견해를 갖고 있었고(§21 주석 68 참조), Sainte Marie도 자신의 논문 (21)에서 중국인을 노아의 후손으로 추정한다.

78) 〔영〕 Longobardi는 태극에 대해서는 그다지 자세하게 다루지 않았다. 그의 *Traité sur quelques points de la religion des chinois* 13장 참조.

79) 「창세기」 1장 2절.

80) 〔영〕 이 문장은 공자의 말이라기보다는 Leibniz의 해석으로 볼 수 있다. Sainte Marie는 중국인들이 『중용』에서 리-태극이라는 말을 "만들어냈다"고 하지 않았다. 다시 말해 철학적 리의 개념은 고전 텍스트에 나오지 않으며, 그보다는 오히려 철학적으로 더 중요한 용어인 도道가 나온다. 후기의 신유학 철학자들은 고전에 나오는 도가 '리'를 의미하는 것이라고 해석하였다. Sainte Marie는 〔도와 리〕 두 가지 표현은 동일한 의미를 갖는다고 말한다. 아마 Longobardi도 그렇게 생각했을 것이다. 『중용』에 대한 그의 주석 참조.(*Traité sur quelques points de la religion des chinois* 14:77)

81) 〔영〕 *The Divine Institutes*, Book I, Ch. 5.

82) Matteo Ricci의 중국 고전 해석 방식에 반대했던 몇몇 신유가 사람들을 의미한다.

83) Leibniz와 Longobardi가 『논어』의 어느 구절을 인용했는지 식별하기는 쉽지 않다. 『논어』 2권 5장을 2편 5장으로 해석해볼 수도 있지만, 2편(「위정爲政」) 5장에는 리에 관한 언급이 없다. 2편 5장은 리理와 비슷한 발음의 예禮를 다루고 있다. 영어본 옮긴이는 비슷한 발음이 Longobardi와 Sainte Marie 그리고 Leibniz에게 혼란을 주었을 것이라고 추정한다. 『논어』 「태

248

（본문 120〜123쪽）

「백泰伯」 19장에 하늘은 "비교할 수 없을" 정도로 크다는 의미로 해석될 수 있는 구절이 있지만 다른 곳에는 그와 비슷한 의미의 구절이 없다. Mungello는 2편 5장이 아니라, 5편(「공야장公冶長」) 12장을 인용한 것이라 추정했다. 5편 12장에 공자가 논의하기를 거부했던 것들 중 하나인 "하늘의 길", 즉 천도天道에 대한 언급이 나오기 때문이다. "자공이 말했다. 공자의 문장은 들을 수 있었지만, 공자가 본성과 천도에 대해 말하는 것은 듣지 못했다〔子貢 曰: 夫子之文章, 可得而聞也, 夫子之言性與天道, 不可得而聞也〕."(『논어』「공야장」 12장) D. E. Mungello, *Leibniz and Confucianism, The Search for Accord* 참조.

84) 〔영〕「마카베오서」에서는 하나님을 종종 '하늘'이라고 한다. 예를 들자면 「마카베오서」 상 3장 9절, 4장 10절, 24절, 40절, 55절, 9장 46절, 12장 15절, 16장 3절, 그리고 「마카베오서」 하 7장 11절, 9장 20절이 그렇다. 여기서 하나님은 "하늘에 계신 주권자" 혹은 "하늘의 주권"이라 불린다.

85) §24a 주석 77 참조.

86) 〔영〕 Longobardi의 음역은 일관성이 없기 때문에 이 인물이 누구인지에 대해서는 확인할 길이 없다. 이 인물은 이 부분 외에는 Longobardi의 저술에 더 이상 나오지 않는다. 이 인물은 아마도 신유가의 주석가이거나 중국 고대의 주석가 중 한 사람일 것이다.

87) 주周 왕조의 시조 문왕文王을 말한다. 〔영〕 Vuen-Wang은 문왕의 번역어 가운데 하나이다.

88) 〔영〕 Sainte Marie 신부는 자신의 책 57쪽에 나오는 "Hia Xi"의 출전을 밝히지 않고 있다. Loosen과 Vonessen의 번역에는 이 구절이 『서경』에 나오는 다음의 구절을 언급하는 것이 아닐까 하는 설득력 있는 가정이 제시되고 있다. 상商 왕조의 시조인 탕왕은 말한다. "하씨가 죄를 저질렀다. 나는 상제가 두려워서 그를 처벌하지 않을 수 없었다〔夏氏 有罪. 予畏上帝, 不敢不

(본문 124쪽)

正].〞(『서경』「상서商書」'탕서湯誓') 이 가정이 정확한 것이라면, Sainte Marie는 (그리고 Leibniz도) 엉뚱한 인물을 찬양한 셈이 된다. R. Loosen und F. Vonessen(ed.), *Zwei Briefe über das binäre Zahlensystem und die chinesische Philosophie* 참조.

89) 〔영〕 대부분의 학자들은 신학적 근거와 어원적 근거에 기초해서 Platon이 유일신론자가 아니라고 믿는다. 그럼에도 불구하고 Platon은 *Epistle XIII*에서, 필요에 따라 '신'과 '신들'을 구분할 수 있다고 말한다. Platon은 Dionysius에게 보낸 글에서 다음과 같이 말한다. "그대는 내가 쓴 서신에서 무엇이 진지한 것이고 무엇이 진지하지 않은가를 구별하게 해주는 기호를 분명히 기억할 것이오. 진지함을 의미하는 것들은 '신'과 함께 시작하고 그렇지 못한 것들은 '신들'로 시작하오."(*Epistle XIII* 363b) Leibniz는 분명히 Platon의 이 서신을 염두에 두고 말한 것이다. 더 자세한 것은 P. Riley, "An Unpublished Lecture by Leibniz on the Greeks as Founders of Rational Theology: Its Relation to His 'Universal Jurisprudence'", *The Journal of the History of Philosophy*, p. 209 참조.

90) Leibniz는 이 용어를 Longobardi 신부를 따라 그대로 옮겨 적었으나 그에 대한 설명이 없어 이해 불가능한 것으로 생각했다. 〔영〕 이 용어는 '원기元氣'를 가리키는 것으로 추정된다. '원기'라는 용어는 기원전 130년경에 쓰여진 『회남자淮南子』에 처음으로 나온다.

91) 영어본 옮긴이는 Tien Xing과 발음이 비슷한 중국어 네 가지를 제시한다. 첫째는 하늘의 신인 천신天神Tian-shen, 둘째는 리와 태극과 동등한 존재인 천행天行Tian-xing, 셋째는 자연이 부여한 성질인 천성天性Tian-xing, 넷째는 도가의 용어인 천선天仙Tian-xian이다.

92) 〔영〕 이 용어가 무엇을 지칭하는지는 분명하지 않다. 이것은 일반적으로 쓰이는 복합어가 아니다. Longobardi가 "땅의 신랑le Mari de la Terre"이라 옮긴 것을 Leibniz는 "땅의 덕vertu de la terre"으로 바꾸어놓았다. Nan은

(본문 125~128쪽)

남男을 뜻하는 것이 분명하다.

93) 〔영〕 Longobardi가 고전을 인용하지 않은 까닭은 고대 중국인들이 그러한 주제를 다루지 않았기 때문이다. Longobardi는 그 당시에 자신과 교류하던 중국인의 견해를 인용하고 있다.

94) 이 구절은 『중용』 16장에 나오는 다음 구절의 번역문이다. "공자가 말했다. 귀신의 덕은 지극하구나〔子曰 : 鬼神之爲德, 其盛矣乎〕." Legge는 이 구절을 다음과 같이 번역했다. "정신적 존재들은 그들이 지닌 힘을 얼마나 풍부하게 드러내는가〔How abundantly do spritual beings display the powers that belong to them〕!"(James Legge, *The Chinese Classics*(1960), vol. 1, p. 397)

95) 이 구절은 『중용』 16장에 나오는 다음의 구절을 인용한 것이다. "그것〔귀신〕을 보려 하나 보이지 않고 그것〔귀신〕을 들으려 하나 들리지 않는다. 그것은 사물에 체현되어 있기 때문에 그것이 없는 사물은 있을 수 없다〔視之而弗見, 聽之而弗聞, 體物而不可遺〕." Legge의 번역은 이렇다. "우리가 그것들을 찾지만 보이지 않고, 우리가 그것들에 귀기울이지만 들을 수 없다. 그렇지만 그것들은 모든 사물 안에 들어가 있기 때문에 그들이 없다면 아무것도 없다〔We look for them, but do not see them; We listen to, but do not hear them; yet they enter into all things, and there is nothing without them〕."(위와 같음)

96) Sainte Marie는 이들이 누구인지 분명하게 밝혀놓지 않았다.

97) Sainte Marie는 Augustinus의 *Confessions* 7권 5절을 한 페이지 분량 정도로 인용했다. 영역본에는 7권 7절로 출처가 잘못되어 있다.

98) 『성리대전』을 뜻한다.

99) 〔영〕 Leibniz의 이 인용은 Sainte Marie와 관련이 있는 것이 아니라 Longobardi와

주석 251

(본문 128~132쪽)

관련이 있는 것이다. Longobardi가 인용구의 출처(1:11~12)를 분명하게 표
시하지 않았기 때문에 Leibniz는 성리性理Singli와 대전大全Ta-Ziven을 서
로 다른 책으로 오해하고 있는 것 같다. Sainte Marie는 그 제목을 대전성리
大全性理Taciven Singli라고도 한다.

100) 『성리대전』을 뜻한다.

101) 〔영〕 법령Edictum―고대 로마의 황제가 사법권을 가진 행정 장관을 임명
할 때 공표하는 법률 소송 절차―은 Hadrianus 황제의 명령에 따라 기원
후 130년경 법률가 Salvius Julianus가 최종적으로 확정하였다. 황제만이
변경할 수 있었던 이 영속적 법령은 원본이 분실되어 주석서를 통해서만
그 내용이 알려졌지만 중세의 법률 연구의 대상이었다. 볼로냐의 법률학
파의 최후의 태두인 Franciscus Accurius와 페루자의 법률 선생이자 이른
바 '주석가들' 또는 '후대 주해가들'로 불리던 사람들 중 가장 유명한 사람
인 Bartolus de Saxoferrato가 그들의 글 속에서 영속적 법령을 다루었다.
이후 세대는 이 두 사람을 중세 법학의 모범으로 여겼다. 그러나 Leibniz는
이 두 사람이 로마법의 이해를 진전시켰지만, 중세 법률을 충분하게 연구
했다고는 생각하지 않았다.

102) 괄호 안의 문장은 Leibniz가 지워버린 것이다.

103) 중세 스콜라학파를 말한다.

104) 〔영〕 Leibniz는 종종 자신의 시대의 의학과 법률이 내세우는 과학적 요구
들을 공격한다. 그는 의학을 경험적·귀납적 학문으로 생각했다. 그럼에
도 불구하고 그는 지속적 관찰과 실험에 의해서 확고하게 확립된 확실한
사실들을 통해 의학에서도 합리적이고 연역적인 방법의 기초가 되는 확실
한 규칙과 법률을 발견할 가능성이 생기게 될 것이라고 희망했다.

105) 산신이나 강신을 말한다.

(본문 133~136쪽)

106) 〔영〕 Leibniz는 Longobardi의 텍스트를 따르고 있다. 이 두 사람은 『중용』 16장의 "그것〔귀신〕은 사물에 체현되어 있기 때문에 그것이 없는 사물은 없다〔體物而不可遺〕"는 구절을 언급하고 있다. Sainte Marie도 같은 구절을 언급하고 있는 것처럼 보인다.

107) 스콜라철학에서 우유적이란 말은 우연contingens과 구분되어 쓰인다. 우연은 일반적으로 필연적necessarius인 것과 상반된 개념으로 쓰이나, 우유적인 것은 필연과 대립적이지만 상반적이지는 않다. 본질이 어떤 존재를 이루는 것과 필연적으로 관련되어 있다면, 우유적인 것은 이 본질과 관련이 없는 것을 뜻한다. 즉 인간이 한 존재자로서의 인간으로 되기 위해서는 반드시 있어야 할 본질적인 것을 필연적인 것이라 한다면, 그런 필연에 속하지 않는 것을 우유적인 것이라 한다. 이런 의미에서 우유적 존재는 하나의 원인 외에 다른 원인이 부가accidit되어 일어나는 경우의 존재를 말한다. 〔영〕 여기서 말하는 우유적 존재ens per accidens는 〔자기 스스로 움직이며 운동하는〕 그 자체에 의한 존재ens per se와 대립된다. 그 자체에 의한 존재란 영혼과 유기적인 몸을 가진 동물과 같은 것을 말한다.

108) "肆類于上帝, 禋于六宗, 望于山川, 偏于群神."(『서경』 「우하서虞夏書」 '요전堯典')

109) 각각의 자연적 대상이 가진 힘을 뜻하는 개별적 사물의 힘은 사계절, 산이나 강 등으로 나타난다. Leibniz는 이 자연적 힘과 일체화되고 이 자연적 힘을 다스리는 정신, 즉 계절의 신, 강신이나 산신은 근본적으로 제일원리에서 나오는 것이라고 보기 때문에 이 자연적 힘에 나타난 정신들은 개별적이지만 하나의 정신을 나타내며 그것과 같은 원리를 지녔다고 생각한다.

110) §2를 말한다.

111) 〔영〕 "우리 시대의 진정한 철학"은 Leibniz 자신의 철학을 말한다.

주석　253

(본문 137~138쪽)

Leibniz는 생명을 가진 수많은 실체들, 즉 모나드들이 존재하며, 이들은 영혼 또는 엔텔레케이아로 가득 차 있기 때문에 느끼거나 지각할 수 있게 된다는 자신의 이론을 언급하고 있다.

112) Leibniz의 언급은 다음의 구절을 염두에 둔 것인 듯하다. "계로(자로)가 귀신을 섬기는 일에 대해 물었다. 공자가 말했다. 사람 섬길 줄도 모르는데 어찌 귀신을 섬길 수 있겠는가[季路問, 事鬼神. 子曰: 未能事人, 敢能事鬼]?"(『논어』「선진先進」11장)

113) Lunxin은 롱고바르디가 『논어』라는 뜻의 Lun Yu를 잘못 쓴 것을 라이프니츠가 그대로 인용한 것이다. 롱고바르디가 어떤 출전에 근거해 3권 3부라고 하는지 분명하지 않지만 내용으로 보아 『논어』 5편(「공야장」) 12장을 말하는 것일 것이다. §29 주석 83 참조.

114) 〔영〕 Leibniz가 Longobardi로부터 직접적으로 인용하고 있는 이 구절의 문맥으로 보아 Zuku는 자공子貢을 말한다. 자공(기원전 520~450)은 공자 제자들 가운데 가장 유명한 인물이다.

115) Longobardi는 다음 구절을 인용한 것 같다. "번지가 지혜를 물으니, 공자가 말했다. 백성의 뜻에 힘쓰고, 귀신을 공경하되 멀리하라[樊遲問知, 子曰: 務民之義, 敬鬼神而遠之]."(『논어』「옹야雍也」20장)

116) 이 괄호 속의 문장은 라이프니츠가 롱고바르디의 문장을 그대로 인용한 것이다. 롱고바르디는 앞에서 『논어』를 Lunxin으로 표기했다가 이 문장에서는 Lunçu로 표기했다. 롱고바르디가 다른 두 판본의 『논어』를 표기한 것인지, 아니면 같은 책을 달리 표기하고 있는지는 분명하지 않다. 『논어』 6장이라고 한 것은 『논어』 11편(「선진」)이 맞을 것이다. "[자로가 말했다.] 감히 죽음에 대해 묻습니다. 공자가 말했다. 삶도 알지 못하는데 어찌 죽음을 알겠는가[敢問死. 曰: 未知生, 焉知死]?"(『논어』「선진」11장)

(본문 138~141쪽)

117) 이 네 가지 것은 괴이함, 힘, 어지러움, 귀신을 뜻한다. "공자는 괴이함
과 힘과 어지러움과 귀신을 말하지 않았다〔子不語, 怪力亂神〕."(『논어』「술
이述而」20장)

118) 〔영〕 Longobardi는 Kailu가 무엇을 지칭하는지에 대한 정보를 전혀 제시
하지 않았다. Kailu는 아마도 한대 유가의 텍스트인 『가어家語』를 가리키
는 것일 것이다. 그러나 『가어』에는 뒤에 나오는 육합六合에 대한 언급이 없
다. 육합에 대한 언급을 제외하고 본다면, 앞에서 언급한 『논어』 11편〔「선진」〕
11장으로 볼 수 있다.

119) 『성리대전』을 말한다.

120) 『성리대전』 28권 「귀신鬼神」에 나오는 다음의 대목을 말하는 것 같다. "귀
신은 단지 기운에 불과한 것입니까? 그것은 기운 속에 있는 신령과 비슷
하다〔問: 鬼神便只是此氣否? 曰, 又是這氣裏面神靈相似〕."

121) 이 구절은 『성리대전』 28권 「귀신」의 다음과 같은 대목을 인용한 것으로
보인다. "바람, 비, 이슬, 천둥, 일, 월, 주, 야 이 모두는 귀신의 흔적이다.
이 귀신은 떳떳하고 공평하며 정직하다. 이른바 다리에서 울부짖고 가슴
에서 느껴진다고 하는 것은 올바르지 못하고 사악하고 어두우며, 있기도
하다가 없기도 하며, 가기도 하다가 오기도 하며, 모이기도 하다가 흩어지
기도 하는 것이다〔風雨露雷, 日月晝夜, 此鬼神迹也. 此是白日公平正直之鬼神.
若所謂 有嘯於梁 觸於胸, 此則所謂不正邪暗, 或有或無, 或去或來, 或聚或散
者〕." Longobardi 신부는 이 문장에 의거해 공정하지 못하고 사악한 귀신
을 말한 것 같다.

122) Leibniz가 말하는 세 번째 범주의 정신이란 『성리대전』 28권 「귀신」에 나
오는 귀신을 의미한다. "이른바 빌면 감응하고 기도하면 얻게 하는 것이
있으니 이것 또한 귀신이라고 하는 것과 같은 이치이다〔又有所謂 禱之而
應, 祈之而獲, 此亦所謂鬼神, 同一理也〕."

주석   255

(본문 141~142쪽)

123) 지금 이 구절은 『성리대전』 28권 「귀신」에서 인용하여 번역한 것이지만 원래 『예기禮記』 12권, 149 상 「왕제王制」에 나오는 것이다. "天子祭天地, 諸侯祭山川, 大夫祭五祀〔천자는 하늘과 땅에 제사를 지내고, 제후는 산천에 제사를 지내며, 대부는 오사에 제사를 지낸다〕." 하늘과 땅에 제사를 지내는 것은 천자만의 특권이었다. 천자는 동지에 하늘의 신에게 제사를 지냈고, 하지에 땅의 신에게 제사를 지냈다. 제후는 자기 봉토에 속한 산천에만 제사를 지낼 수 있었다. 대부는 오사에만 제사를 지냈는데, 봄에는 지게문〔戶〕, 여름에는 부엌〔竈〕, 늦여름에는 빈방〔中霤〕, 가을에는 대문〔門〕, 겨울에는 길〔行〕에 제사를 지냈다.

124) 『성리대전』 28권 「논제사신시論祭祀神示」에 나오는 다음의 구절을 인용한 것 같다. "천지와 산천에 제사 지낼 때, 소와 비단과 단술을 사용하는 것이 단지 나의 정성을 표현하는 것입니까? 아니면 정말로 〔제사를 받으려고〕 다가오는 기운이 있습니까? 〔주자가〕 말씀하셨다. 만약 다가와서 흠향받는 것이 없다고 말한다면, 나는 무엇에 제사를 지내는 것인가? 고요하고 엄숙하게 위에 있으면서 사람들로 하여금 받들어 모시게 하고 경외하도록 하는 이것은 무엇인가? 만약 〔그것이〕 정말로 수레를 타고서 다가온다고 말한다면, 역시 허망하고 거짓된 것이다〔問祭天地山川, 而用牲幣酒醴者, 只是表吾心之誠耶? 抑眞有氣來格也? 曰, 若道無物來亨時, 自家祭甚底? 肅然在上, 令人奉承敬畏, 是甚物? 若道眞有雲車擁從而來, 又妄誕〕."

125) 주자는 다음과 같은 물음에 이렇게 대답한다. "하늘의 신과 땅의 시의 의미는 무엇입니까? 〔『주례周禮』의〕 주석에서 말하기를, 하늘의 기운이 항상 펼쳐지니 그것을 일러 신神이라 한다. 땅의 도는 항상 조용히 사람에게 보이니 시示라 한다〔問: 天神地示之義? 曰: 注疏謂, 天氣常伸, 謂之神. 地道常默以示人, 謂之示〕."

126) 다섯 종류의 보호신은 오사五祀의 신을 말하는 것 같다. 오사는 왕자와 제후가 아니라 대부가 지내는 제사이다. 이에 대해서는 앞의 주석 123 참조.

256

(본문 143~144쪽)

127) 〔영〕 Ching Lu는 신유학의 대표적 인물인 정이(1033~1108년)를 말한다. 『중용』에 대한 정이의 설명이라 하지만 이 구절은 『중용』과는 관련이 없는 『성리대전』에 소개된 정이의 말이다. Longobardi는 이것을 번역하여 인용한 것이다.

128) 『성리대전』 28권 「논제사신시」 참조.

129) Su Lum Ju가 무엇을 가리키는지는 분명하지 않지만 『논어』를 가리키는 것 같다. 독일어본이나 영어본 모두 이것이 무엇을 가리키는지 밝히지 않았다. 독일어본 옮긴이는 『논어』 「위정」 24장을 언급한 것이라 보고 있다. 영어본 옮긴이도 이 견해를 따르고 있다. "공자가 말했다. 그것의 귀신이 아닌 것을 제사하는 것은 아첨하는 것이다〔子曰, 非其鬼而祭之, 諂也〕."

130) 〔영〕 Longobardi의 *Traité sur quelques points de la religion des chinois*에는 이 용어가 두 번 나온다. 한 번은 CHVM KO LAO로, 다른 한 번은 CHAM KO LAO로 나온다. 그러나 이 용어의 출처에 대한 설명은 찾아볼 수 없다. 『성리대전』에 단편적인 글이나 주석이 실려 있는 유명하지 않은 신유학자의 이름일 가능성이 크다.

131) 〔영〕 Sainte Marie는 이 인물들에 대해 Leibniz가 언급한 것 이상의 정보를 제공하지 않았다. 그러므로 이 인물들이 누구인지를 확인하는 것은 어려운 작업이다. 중국의 신전에는 작은 신들과 보호성인〔수호신〕이 대단히 많기 때문이다. "T'ai-Kung"은 아마도 관공關公 혹은 관제關帝로 널리 알려진 삼국시대의 전쟁 영웅 관우關羽일 가능성이 크다. 그는 중국에서 가장 유명한 영웅 중의 하나이다. 의술과 관련한 보호성인이나 신도 대단히 많다. "중국의 Asclépios"는 아마도 손사막孫思邈이라는 이름으로 알려진 약왕藥王(기원전 약 9세기)일 것이다. "Su Huang"은 아마도 기원전 2세기경의 마법사 동방삭東方朔일 것이다. 전설에 의하면 그는 금성의 화신이며, 금을 다루는 사람의 보호자라고 한다. Werner, *Dictionary of Chinese Mythology* 참조.

주석 257

(본문 146~147쪽)

132) 〔영〕 Sainte Marie는 출처를 밝히지 않았지만 『예기』(James Legge, *The Chinese Classics*(1894), vol. I, pp. 223~225)를 참조한 것 같다. 『예기』는 황제의 제사와 귀족의 제사에 대하여 상술하고 있다. 계절과 관련한 네 가지 주요한 제사 중 여름과 가을에 지내는 제사의 이름이 체상禘嘗이다. 이것은 후에 가서 가장 높은 조상에 지내는 제사를 의미하는 말로 쓰였다. 『논어』 「팔일八佾」 10장과 11장을 보면 그와 같은 의미로 쓰인 용례를 볼 수 있다. 〔'褅'는 '禘'의 오기이다〕

133) 〔영〕 Tunxin이란 용어가 무엇을 지칭하는지는 확실하지 않다. 〔영〕 "이 용어는 이 논문에서 처음으로 (그리고 오직 한 번) 언급된다. 이 용어는 Longobardi나 Sainte Marie의 글에는 나오지 않으며, 이것과 비슷한 용어도 나오지 않는다. 이 용어에 해당할 가능성이 가장 큰 것은 다음과 같다. (1) Sainte Marie가 (77쪽과 122쪽에서) "Tu Xin"으로 표기한 것은 토신土神 t'u-shen, (2) 군신群臣ch'ün-shen. 후자는 Leibniz가 §45에서 논의한 『서경Shu Ching』에 나온다.

134) 〔영〕 혼魂은 인간 영혼의 정신적 요소를 나타내고 백魄은 그것과 대립되는 것으로 인간 영혼의 물질적 요소를 나타낸다. 백은 죽은 육체를 떠나지 않는다. 예를 갖추어 죽은 사람을 매장하고 제사도 지내준다면, 죽은 사람의 물질적 영혼〔백〕은 육체와 함께 무덤 속에 평화스럽게 남아 있고자 한다. 그리고 혼은 신이 되어 후손을 도와준다. 그러나 죽은 후 시신이 적절하게 돌보아지지 않는다면, 백은 육체를 떠나 귀鬼ghost가 되어 해악의 원인이 된다. 영혼靈魂은 정신적 혼의 다른 이름이다. 그러나 이 영혼이란 말은 특히 망자의 후손들과 관련해서 정신적 혼이 갖고 있는 적극적 힘, 효험, 영향력이라는 의미를 내포하고 있다. 조상의 제사를 한 번이라도 지내지 못했을 경우, 그들의 영혼은 방랑하게 된다. 그리고 방랑하는 영혼은 유혼幽魂이라 불린다. 중국인의 혼 개념에 대해 다루고 있는 자세한 자료로는 다음의 번역본을 참조. De Groot, *The Religious System of China*, vols. 1과 3.

(본문 147~149쪽)

135) 신귀神鬼는 귀신鬼神을 거꾸로 적어놓은 것이다.

136) 『시경』 권16 「대아大雅」 '문왕文王' 참조.

137) 서광계를 말한다. 강소성 상해에서 태어난 그는 1597년 순천 향시에 수석으로 급제한 뛰어난 인물이다. 그는 1603년에 남경 교당에서 Jean de Rocca(중국명은 羅如望)로부터 세례를 받았다. 1628년에 예부우시랑禮部右侍郎과 첨사부첨사詹事府詹事를 겸임했고, 1629년에는 북경 선무문宣武門 내에 서양역국西洋曆局을 개설하여 숭정역서崇禎曆書 편찬 사업을 주관하였다. 그는 천문학, 수학, 농업에 관한 서양의 책을 Matteo Ricci 등의 예수회 신부들과 함께 번역하였고, 직접 저술하기도 하였다.

138) 『서경』 「순전舜典」에는 다음과 같은 구절이 있다. "28년 후에 〔요〕 황제가 돌아가시자 백성들이 자기 부모님이 돌아가신 것처럼 3년 동안 상을 치렀다. 사해 내의 팔음〔여덟 가지 악기, 즉 금, 돌, 비단, 대나무, 호리병, 흙, 가죽, 그리고 나무로 만든 악기에서 나는 소리〕이 막혔고 침묵했다〔二十有八載, 帝乃殂落, 百姓如喪考妣, 三載 四海 遏密八音〕." 주희朱熹는 이 구절에 대한 주석에서 다음과 같이 말한다. "혼은 하늘로 가고 백은 땅으로 갔다." 이 구절의 '殂'는 '올라가는 것'을 나타내는 것이 틀림없다. James Legge, *The Chinese Classics*, vol III(1960), pp 40~41 참조.

139) 정이程頤를 말한다. 여기서는 정이의 이름이 §54a와는 달리 "Chin-zu"라 되어 있는데 정자程子를 소리 나는 대로 옮겨놓은 것 같다.

140) Leibniz는 *Monadologie* §72와 §73에서 이렇게 말한다. "신만이 물체로부터 완전히 자유롭다. 이것을 근거로 해서 엄밀하게 말하자면, 완전히 새로운 생성도 없고, 육체로부터 영혼이 분리되는 완전한 죽음도 없다. 우리가 생성이라 부르는 것은 실제로는 발전과 성장이다. 그리고 우리가 죽음이라 부르는 것은 수축과 축소이다."

(본문 149~157쪽)

141) 『성리대전』 28권의 「논생사論生死」에서 정이가 한 다음과 같은 말을 인용한 것 같다. "합하여 생겨났지만 오지 않는다. 소진되어 죽지만 가지 않는다. 그러나 정기는 하늘로 되돌아간다. 형체와 백은 땅으로 되돌아간다[合而生非來也. 盡而死非往也. 然而精氣歸於天. 形魄歸於地]."

142) 양정균楊廷筠(1557~1627)의 세례명이 미카엘이다. 양정균은 서광계, 이지조와 더불어 명말 중국 천주교의 3대 인물이다.

143) 〔영〕 영혼의 전생에 대한 Platon의 믿음은 상기설Anamnesis의 논증에 기초하고 있다. Menon(81; 85D~86B)에서 처음으로 모습을 드러낸 그의 이런 믿음은 Phaidon(72E~77A)에서 계속 발전되어나갔다. 영혼 불멸 혹은 영혼의 영속성(Menon 86B; Phaidros 245C~246A)에 관한 구절은 Platon 저작 전반에 걸쳐 나오지만, 중요한 논증은 대부분 거의 모든 대화가 영혼의 불멸을 주제로 하는 Phaidon에 수록되어 있다. Basil, Gregory 같은 여러 교부 철학자들은 천사와 다른 정신들은 물질적 우주 이전에 창조된 것이라고 믿었다. 특히 Origenes(184/185~254)는 "플라톤주의의 경향에 강하게 이끌려 〔영혼의〕 전생설을 확신하고 영혼은 이전의 비육체적 상태에서 저지른 죄에 대한 처벌을 받아 몸 속에 갇히게 되었다"고 보았다. The Oxford Dictionary of the Christian Church, p. 1273 "Soul" 항목 참조. 그리고 Origenes, De Principiis, I, vi, 2; I, viii; I, ix 참조. 영혼의 영원불멸설에 대해서는 같은 책, IV, i, 36; II, iv, 7 참조.

144) 「시편」 104편 4절에 나오는 말이다.

145) Leibniz는 이 표기를 Sainte Marie의 책에서 그대로 인용하였다.

146) 〔영〕 이것은 Leibniz가 §58에서 Longobardi의 글을 통해 인용한 『시경』의 같은 구절을 Sainte Marie가 해석한 것이다.

147) "공자가 말했다. 순임금은 큰 효자이시다. 덕으로 보면 성인이고, 존귀한

（본문 157~159쪽）

것으로 보면 천자이시다. 부유하여 사해의 안〔중국〕을 차지하고, 종묘를 받들며, 자손을 보존하시었다〔子曰: 舜 其大孝也與, 德爲聖人, 尊爲天子. 富有四海之內, 宗廟饗之, 子孫保之〕."(『중용』17장)

148) 〔영〕『자치통감資治通鑑』을 말하는 것 같다. 『자치통감』은 사마광司馬光(1018~1086)이 기록한 중국의 주요한 역사서다. Longobardi가 이 작품을 인용했는지는 분명하지 않다. 『통감강목通鑑綱目』을 인용했을 가능성이 더 크다.

149) 〔영〕Sainte Marie와 Leibniz는 『중용』78장이라 하지만, 19장일 것이다.

150) §58과 §64a 참조.

151) 〔영〕*Scriptores Rerum Brunsvicensium,* Hanover: N. Foerster, v. II(1710), pp. 7~8.

152) 선진 시대의 고전 철학에 대해 주해를 붙이고 설명한 신유학의 대표적인 철학자들을 말한다.

153) 이 표기는 Bouvet의 방식을 따른 것이다.

154) 주공은 문왕의 아들이 아니라 문왕의 형제이다. 그는 공자가 선호했던 고대의 인물 가운데 한 사람이었다.

155) 이 괄호 안의 문장은 Leibniz가 썼다가 지운 것이다.

156) 실선, 즉 부러지지 않은 선은 양효陽爻를 나타내고 점선, 즉 부러진 선은 음효陰爻를 나타낸다.

157) 이 괄호 안의 문장 역시 Leibniz가 썼다가 지운 것이다. 이 문장이 무엇을

주석　261

(본문 159~161쪽)

의미하는지는 명확하지 않다. 이 부분에 대해서는 제1부의 「중국인의 제
례와 종교에 관한 소견」 §9의 도표 참조.

158) 〔영〕 Leibniz는 1714년 7월에 Remond에게 보내는 서신에서 다음과 같이
　　 썼다. "어린 학동이 쓴 것 같은 에세이 "Dissertatio de arte combinatoria"
　　 는 1666년에 간행되었고, 나중에 저의 허락 없이 재출판되었습니다."
　　 Carls Gerhardt(ed.), *Die philosophischen Schriften von G. W. Leibniz*,
　　 vol. Ⅲ, p. 620. 그리고 Loemker, *Philosophical Papers and Letters*, vol. Ⅱ,
　　 pp. 1067~1068 참조.

159) 〔영〕 *Miscellanea Berlinensia* I, 1701, pp. 336~376에 게재된 Dangicourt
　　 신부의 논문 "De periodis columnarum in serie numerorum progressionis
　　 Arithmeticae Dyadice expressorum." 이 논문과 Tenzel의 논문은 Leibniz
　　 의 권유에 의해 집필되었다.

160) 〔영〕 "Erklärung der Arithmeticae binariae, ……", in *Curieuse bibliothec
　　 oder Fortsetzung der Monatlichen Unterredungen einiger guten Freunde*,
　　 ed., W. E. Tenzel, pp. 81~112; Zacher, *Die Hauptschriften zur Dyadik von
　　 G. W. Leibniz, Ein Beitrag zur Geschichte des binären Zahlensystems*,
　　 p. 210 참조. Leibniz는 이진법 산술에 관해 다루었던 초기의 글과 1703년
　　 에 이진법 산술과 복희의 문자의 관계에 대해 쓴 글("Explication de
　　 l'Arithmétique Binaire, qui se sert des seuls caractères 0 et 1; avec des Remarques
　　 sur son utilité, et sur ce qu'elle donne le sens des anciennes figures Chinoises de
　　 Fohy," par M. Leibniz, *Historie de l'Academie Royale des Sciences*, Année 1703; avec
　　 les Mémoires……pour la même Année, pp. 85~89)에 대해서는 여기서 언급하
　　 지 않았다. 보다 읽을 만하고 유용한 이 책의 편집본은 Zacher, 같은 책,
　　 pp. 293~301 참조.

161) Müller에 대해서는 제1부의 「『최신 중국 소식』의 서문」 §18의 Müller에
　　 관한 주석 및 제3부 참조. 그리고 Müller의 중국 연구에 대한 것은 Lach,

(본문 161쪽)

"The Chinese Studies of Andreas Müller" 참조.

162) 〔영〕 64괘가 그런 목적으로 쓰였다는 증거는 없다. Leibniz는 이 말을 Tenzel의 글에서 직접 인용했다. Zacher, *Die Hauptschriften zur Dyadik von G. W. Leibniz, Ein Beitrag zur Geschichte des binären Zahlensystems*, p. 159 참조.

163) Archimedes는 세상의 모든 모래알 수를 계산하는 문제를 해결할 수 있는 수의 기호 체계를 당시 시칠리아를 통치하던 Hieron 왕에게 보여주었다. 당시에 Archimedes는 그리스 수의 체계가 가진 결함을 알고 있었다. 그는 8배수의 혹은 8의 8제곱의 배열을 통해 우리가 상상할 수 없는 수까지 표현할 수 있는 기호 체계를 생각해냈다. 오늘날의 수학적 지식으로 보자면, 그 체계로는 8경 개의 수를 헤아릴 수 있다. 그는 이 수에 hai myriakismyriostas periodou myriakismyrioston arithmon myriai myriades라는 이름을 붙였다. 그는 우주의 모래알의 수가 이 수의 기호 체계가 나타낼 수 있는 것보다 적다는 것과 더불어 이러한 수의 체계가 우주의 모래알의 수를 세는 데 적합하다는 것을 보여주었다.

164) 〔영〕 999년부터 1003년까지 교황으로 재위한 Gerbert는 아랍의 수를 기독교를 믿는 유럽에 도입한 인물로 여겨져왔다. 그는 아마도 스페인에서 공부할 당시에 아랍의 수를 배웠을 것이다. Leibniz는 Gerbert가 십진제 또는 십진법 체계를 도입했지만 1부터 9까지 아홉 개의 숫자만 도입했다고 잘못 생각하고 있다. "그는 아마도 영을 몰랐거나, 어쨌든 간에 그것의 진짜 중요성을 몰랐다." D. E. Smith, *History of Mathematics*, vol. 2, pp. 74~75; Smith, *History of Mathematics*, vol. 1, pp. 195~196.

165) 〔영〕 Leibniz는 12진법(그리고 16진법)을 장난하듯 간략하게 언급하는데, 그러한 생각이 Pascal로부터 온 것이란 사실은 잊고 있는 듯하다. H. Zacher, *Die Hauptschriften zur Dyadik von G. W. Leibniz, Ein Beitrag zur Geschichte des binären Zahlensystems*, pp. 17~21 참조.

(본문 161~164쪽)

166) 〔영〕Erhard Weigel(1625~1699)은 예나 대학의 수학 교수였다. Leibniz는 1663년에 예나 대학에서 한 학기 동안 그의 강의를 들었다. 피타고라스주의자와 다른 수학의 신비적 전통에 의해 강하게 영향을 받았던 Weigel은 4를 완전한 수로 보았고 기수 4에 근거한 수의 체계를 구성했다. 여러 방면에서(예를 들어 독일의 언어 개혁과 입법 개혁 등에 대한 필요성) Weigel이 Leibniz에게 영향을 끼쳤음에도 불구하고, Leibniz는 그러한 수의 체계를 필요 없는 것이라 보았다. 실제로 십진법 혹은 보다 높은 수의 체계(12 혹은 16진법)는 계산을 간단하게 만든다. 이론적으로는 가장 간단하며 가장 쉽게 분해할 수 있는 2를 기수로 한 수의 체계가 최상이라 할 수 있다. Louis Couturat, *La Logique de Leibniz*, pp. 473~474.

167) 65가 아니라 57이다. Leibniz는 아마도 $3 \times 4^2 + 2 \times 4^1 + 1$에서 2×4^1을 착오로 한 번 더 계산($3 \times 4^2 + 2 \times 4^1 + 2 \times 4^1 + 1$)했을 가능성이 크다. 그렇게 계산하면 65가 나온다.

168) 〔영〕Leibniz가 잘못 쓴 것이다. 4가 아니라 8이다.

169) 이진법에 의한 덧셈의 규칙은 다음과 같다. 0+0=0, 0+1=1, 1+0=1, 1+1=10. 이 규칙에 따라 27+10은 다음과 같이 계산한다.

```
    1 1 0 1 1 (27)
 +    1 0 1 0 (10)
  ·  ·   ·
 ──────────────────
   1 0 0 1 0 1 (37)
```

170) 뺄셈의 규칙은 다음과 같다. 0-0=0, 1-0=1, 1-1=0, 10-1=1. 이 규칙에 따라 37-27은 다음과 같이 계산한다.

```
   1 0 0 1 0 1 (37)
 -   1 1 0 1 0 (27)
 ──────────────────
     1 0 1 0 (10)
```

(본문 164~165쪽)

171) 곱셈의 규칙은 다음과 같다. $0 \times 0 = 0$, $0 \times 1 = 0$, $1 \times 0 = 0$, $1 \times 1 = 1$. 이 규칙에 따라 13×5는 다음과 같이 계산한다.

```
  1 1 0 1 (13)
×   1 0 1  (5)
─────────────
  1 1 0 1
  0 0 0 0
1 1 0 1
─────────────
1 0 0 0 0 0 1
```

172) 나눗셈은 다음과 같이 이루어진다.

```
           0 1 1 0 1 (13)
101│ 1 0 0 0 0 0 1 (65)
       1 0 1       (5)
     ─────────
       1 1 0
       1 0 1
       ─────────
         1 0 1
         1 0 1
         ─────────
             0
```

173) 〔영〕 Leibniz는 W. J. Pelican의 *Arithmeticus perfectus, Qui Tria numerare nescit, seu Arithmetic dualis*를 언급하고 있다. Pelican은 우리가 이진법 체계를 다른 계산, 즉 분수 계산, 근根과 비례 계산에도 쓸 수 있다는 것을 분명하게 보여주었다. Zacher, *Die Hauptschriften zur Dyadik von G. W. Leibniz, Ein Beitrag zur Geschichte des binären Zahlensystems*, p. 211 참조.

주석   **265**

(본문 171~173쪽)

제3부 「중국인의 자연신학론」을 중심으로 살펴본 라이프니츠의 중국관〔본문 169~206쪽〕

1) Kircher에 관한 자세한 정보는 제1부의 「『최신 중국 소식』 서문」 §21의 주석 40 참조.

2) 1660년대 말부터 1670년에 걸쳐 여러 언어로 번역되어 출간되었던 Kircher 의 이 책은 중국에 대한 유럽의 관념을 형성하게 한 가장 중요한 책 중의 하 나다. 이 책에 담긴 중국에 관한 다양한 주제와 많은 설명들은 이 책을 17세 기의 "중국 백과사전"으로 만들었다. 이 책은 1667년에 라틴어판이 암스테 르담에서 처음으로 간행되었고, 1668년에는 네덜란드어판이, 1669년에는 영국 편집판이 그리고 1670년에 프랑스어 증보판이 나왔다. 이 책의 주요 자 료는 보유론補儒論적 선교 전략을 펼쳤던 예수회 선교사들로부터 나온 것이 지만, 이 책은 근본 의도와 경향은 당시의 문자 해독설Hermeneutism에 의 해 지배되고 있었다. D. E. Mungello, *Curious Land: Jesuit Accomodation and the Origins of Sinology*, pp. 136~173 참조.

3) Leibniz의 이 원정 계획은 여러 가지 형식으로 표현되었다. G. W. Leibniz, *Sämtliche Schriften und Briefe*, ed. the Prussian Academy of Sciences, vol. 4(2), p. 215 참조. 1800년대 초까지는 나폴레옹의 이집트 원정이 실현되지 못한 Leibniz의 이집트 원정 계획을 수용해 이루어졌다는 믿음이 지배적이었는 데, 나폴레옹이 이집트 원정 후인 1803년에 Leibniz의 이집트 원정 계획의 사본을 요청해 받았다는 것으로 보아 나폴레옹은 Leibniz의 이집트 원정 계 획을 모르고 있었던 것으로 추정된다. G. E. Guhrauer, *Gottfried Wilhelm Freiherr von Leibniz: Eine Biographie*, 2 Vols., vol. 1, pp. 107~112 참조. 여 기서는 D. E. Mungello, *Leibniz and Confucianism, The Search for Accord*, Ch. 1의 주석 4에서 인용.

4) Franz. R. Merkel, *G. W. von Leibiniz und die China Mission, Eine Untersuchung über die Anfänge der protestantischen Missionsbewegung*, pp. 17, 25

(본문 175~178쪽)

참조.

5) 보다 자세한 것은 D. E. Mungello, *Leibniz and Confucianism, The Search for Accord*, pp. 208~246 참조.

6) 이 점에 대해서는 제1부의 「창조의 비밀」 참조. 그리고 강희제의 이런 면모는 나중에 Bouvet의 *Portrait historique de l'Empereur de la Chine*를 통해서도 확인된다.

7) Malebranche는 Descartes의 철학과 Augustinus의 신학을 종합하려 시도하였다. 그를 철학자로서 인정받게 한 책은 *Recherche de la vérité*(1674~1676)였다. 그는 기독교의 계시를 무기로 삼아 당시 쏟아져 나오기 시작한 유물론, 무신론, 그리고 윤리적 자연주의에 대항하였다.

8) Malebranche는 이 책을 1707년에 썼다. Malebranche가 이 책을 쓰게 된 것은 중국에서 20여 년을 보내고 프랑스로 돌아와 있던 de Lion 주교와 가깝게 지낸 것이 계기가 되었다. Lion 주교는 Malebranche와 중국에 관한 대화를 하면서 기독교 선교의 어려움을 털어놓고 그의 조언을 듣고자 했다. 주교에 의하면 중국 선교에 있어 가장 큰 어려움은 중국의 철학과 종교와는 전혀 다른 유럽의 철학과 종교를 중국 지식인들에게 설득시키는 것이었다. 그래서 주교는 중국 선교사들이 현지에서 도움을 받을 수 있는 간단한 책자를 Malebranche에게 써줄 것을 요청했다. Malebranche는 1707년 여름에 이 책을 선교의 무기로 사용하기 위해 급하게 써내려갔다. 그는 이 책에서 주로 신유가의 철학, 특히 명시적으로 언급하지는 않았지만 주희의 철학을 매우 편협한 시각으로 다루었다. 그는 이 책에서 '리理'를 '질료'와 본질적으로 동일한 것으로 취급함으로써 Longobardi와 Sainte Marie 신부의 입장에 동조하고 있다. 그렇지만 그는 중국철학에 대해 무지했고, 신유가의 철학을 스피노자적인 일원과 무신론으로 이해하고 있었다. 이 책은 우주의 최상의 법칙이자 진리이며 지혜인 '리'와 기독교의 인격신을 비교하는 것으로 시작한다. 그는 기독교적 신은 일반적으로 중국의 유가들이 생각하는 신인동형동성론

주석　267

(본문 179~180쪽)

神人同形同性論적 신들이 아니라 성서에 기록된 유일한 신이며 이 신은 계시
와 무한의 개념을 통해서 알려진다는 점을 강조한다. 이 책은 기독교의 무에
서의 창조 개념을 중국 철학자에게 납득시키는 것으로 끝을 맺는다.

9) 1716년 3월 27일 Remond에게 보낸 서신에 나온다. Carls Gerhardt(ed.),
Die philosophischen Schriften von G. W. Leibniz, p. 675 참조. 1716년 1월
13일 des Bosses에게 라틴어로 써서 보낸 서신에서 Leibniz는 이 서신을 두
고 "중국인의 자연신학론Dissertationem de Theologia Sinesium naturali"
이라고 한다. Calrs Gerhardt, 같은 책, p. 508 참조.

10) Leibniz가 1711년에 'Malebranche의 철학적 원리에 대한 비판'을 대화 형식
으로 쓴 것이 있다. G. W. Leibniz, *Hauptschriften zur Grundlegung der
Philosophie*, pp. 335~354 참조. 그리고 G. Stieler, *Leibniz und Malebranche
und das Theodiceeproblem* 참조.

11) Leibniz는 1709년에 이미 Longobardi와 Sainte Marie의 논문에 대해 알고
있었다. 그가 1709년에 des Bosses에게 보낸 편지를 보면, 두 글에 대한 논
평을 읽었다고 언급하는 부분이 나온다. D. E. Mungello, *Leibniz and
Confucianism, The Search for Accord*, p. 32, 주석 26 참조.

12) 예수회 선교사들이 번역, 저술한 유교 관계 문헌은 대략 다음과 같다. 1. P.
Intorcetta & Ignatius da Costa, *Sapientia Sinica*(『대학』의 번역), 2. P.
Intorcetta, *Sinarum Scienta Politico-moralis*(『중용』의 라틴어와 프랑스어 번
역), 3. P. Intorcetta, *La Science des Chinois, ou Le Livre de Cum-seeu*(『논어』
「향당鄕黨」편까지에 대한 라틴어 번역), 4. Philippe Couplet, *Confucius
Sinarum Philosophus, sive Scientia Sinensis latine exposita*(『논어』, 『대학』,
『중용』 등의 번역), 5. Charles le Gobien, *Historie de l'Edit de l'Empereur de
la Chine en faveur de la Religion Chrétienne*(기독교에 대한 호의를 보인 중
국 황제의 칙령에 대한 저술), 6. Louis le Comte, *Nouveaux Mémoires sur
l'Etat présent de la chine*(중국의 정황에 대한 보고서. le Comte 신부는 Bouvet

(본문 180~182쪽)

와 함께 중국에 파견된 프랑스 출신의 신부로 파리로 돌아온 후에 이 보고서를 발간하였다), 7. Franciscus Noel, *Sinensis impesi libri classici sex*(《사서》, 『효경』, 『소학小學』의 라틴어 번역. 가장 완성된 형태의 최초의 번역본), 8. Franciscus Noel, *Philosophia Sinica*, 9. Joachim Bouvet, *Idea generalis Doctrinae libri I-King*(『주역』에 관한 저술), 10. Claude de Visdelou(중국명은 劉應), *Notices du libre chinois nommé Y king, ou libre canonique des changements*(최초의 『주역』 프랑스어 번역. Claude de Visdelou는 이 밖에 『예기』의 「교특성郊特性」, 「제법祭法」, 「제의祭義」, 「제통祭統」편 등을 라틴어로 번역하였고 『서경』도 번역하였다. 이에 대해서는 금장태, 『동서교섭과 근대한국사상』, pp. 32~34 참조)

13) Matteo Ricci의 자세한 행적에 대해서는 송영배, 「『천주실의』의 내용과 토착화의 의미」, Matteo Ricci, 『천주실의』, 송영배 외 옮김, pp. 3~28 참조.

14) Matteo Ricci가 불교 승려의 복장과 불교식 이름을 버리고 유가의 복장과 유교식 이름을 쓰게 된 것은 광동성 소주에서 구태소瞿太素를 만난 것이 계기가 되었다. 구태소는 강소성 상숙 사람으로 그 부친 구경순瞿景淳이 예부상서禮部尚書까지 지낸 명문 대가 출신이다. Matteo Ricci는 부친이 죽은 후 연단술煉丹術 연구를 위해 방랑하던 구태소를 만났던 것이다.

15) 『천주실의』는 17세기 이래 이례적으로 일본어, 몽고어, 만주어, 월남어 및 우리말로 번역되었다.

16) "吾天主, 乃古經書所稱上帝也."(『천주실의』 상권, 제2편, 2~14)

17) Grimaldi 신부에게 보낸 서신에서 Leibniz는 다음과 같이 말하고 있다. "비범한 인물인 당신의 동료 Couplet는 우리에게 중국 역사에 대해 미리 맛을 보여주었습니다. 그러나 그가 보여준 중국 역사는 우리를 만족시켰다기보다는 더한 갈증을 일으켰습니다." 제1부의 「그리말디 신부에게 보낸 서신」 참조.

(본문 184~190쪽)

18) 이에 대해서는 제2부 「중국인의 자연신학론」 §9 참조.

19) 주회가 말하는 '리理' 개념을 간략히 요약하자면 (1) 사물의 존재론적 근거〔所以然之故〕, (2) 사물의 당연한 법칙〔所當然之則〕, (3) 개체의 자의적 임의성을 배제하는 객관적 필연성〔自不容已〕이라고 할 수 있을 것이다.

20) 주회의 『태극도설해太極圖說解』에는 다음과 같은 말이 나온다. '리'는 "하늘에 있는 것으로 소리도 없고 냄새도 없지만 실로 모든 변화의 핵심이요, 만류의 뿌리다〔上天之載, 無聲無臭, 而實造化之樞紐, 稟匯之根〕."

21) 강재언, 『조선의 서학사西學史』, p. 85.

22) Grimaldi 등이 연명한 글의 내용은 다음과 같은 것으로 강희제의 지지를 받았다. "공자를 숭배하는 것은 그분을 사표로서 공경하는 것이지 결코 복을 구하거나 총명작록聰明爵祿을 구하려고 숭배하는 것이 아니다. 조상을 제사하는 것은 애친의 뜻에서 나온 것이지 돌아가신 조상신에게 도움을 구하려고 하는 것이 아니다. 다만 효도의 마음을 다하는 것일 따름이다. 조상의 위패를 모시더라도 조상의 혼이 목패위木牌位 위에 있음을 말하는 것이 아니다. 자손이 보본報本하고 먼 뿌리를 찾아 실재하고 있는 것 같은 뜻을 펴는 것에 불과하다. 교천郊天의 예전禮典에 이르러서는 창창유형蒼蒼有形의 천天을 제사하는 것이 아니라 천지 만물의 근원에 대한 주재자를 제사하는 것이어서, 즉 공자가 말한 교사郊社의 예는 상제를 섬기는 것이다. 때로는 상제라 말하지 않고 천이라 칭하는 것은 주상을 주상이라 말하지 않고 폐하라 칭하거나 조정이라 칭하는 것과 같다. 명칭은 같지 않으나 그 실實은 하나다." 강재언, 같은 책, pp. 86~87, 주석 9에서 일부를 수정하여 재인용.

23) Leibniz는 『통감』을 Longobardi의 글에서 재인용했는데, Longobardi가 인용한 것이 『자치통감』인지 『통감강목』인지는 분명하지 않다.

(본문 194~197쪽)

24) Leibniz는 사물을 힘의 응집체로 본다. 따라서 힘이 응집하기 이전에 힘은 흩어져 있어야 할 것이다. 이러한 Leibniz의 설명은 사물을 부분을 갖는 연장으로서 설명하려는 시도와는 맞지 않는다. Leibniz는 사물을 구성하는 힘의 중심체들을 모나드로 보았다. 그는 Descartes나 Spinoza와 달리 사물을 '기계'의 관점에서가 아니라 '힘'의 관점에서 역학적으로 설명하고자 한다. Leibniz의 모나드는 "자연의 참된 원자"이고 연장이나 부분을 갖지 않기 때문에 분할할 수 없다. "1. 우리가 여기서 논하는 모나드는 복합체를 구성하는 단순한 실체 이상이 아니다. 단순하다는 것은 부분을 갖지 않는다는 것을 뜻한다. 2. 복합체가 있는 한, 〔그것을 구성하는〕 단순한 실체들이 있음에 틀림없다. 〔……〕 3. 부분들이 없을 경우 연장이나 모양도 있을 리 없으며, 분할도 가능하지 않다. 그러므로 내가 말하는 모나드는 자연의 참된 원자이며, 한마디로 말해 사물의 요소이다. 4. 따라서 〔모나드가〕 와해될 걱정은 없다. 그리고 단순한 실체〔모나드〕가 어떤 자연스런 방식으로 소멸될 수 있다는 것은 생각할 수도 없다." G. W. Leibniz, *Monadologie*, §1~4 참조.

25) '리'와 '모나드' 사이의 유사성에 대한 지적은 매우 많다. Leibniz의 모나드는 소우주적이고 통일적인 개체이며, 이 각각의 모나드는 그 자체로 전체 대우주를 반영하고 있으며 이를 통해 세계와의 지속적 연관을 형성하고 있다. 모나드는 원자이면서 동시에 정신적인 것이기 때문에 모나드에서 정신적인 것과 질료적인 것의 경직된 대립은 찾아보기 힘들다. 마치 근원적 모나드인 신이 개별적 모나드들 사이에서 예정된 조화의 질서가 생겨나게 하는 것처럼, '리' 역시 세계 내에 존재할 뿐만 아니라 세계의 원리로서 존재한다. 우주가 신에 의해서 형성된 조화로운 전체라 한다면, 그 전체의 부분들은 이 전체의 완전성을 자신 안에 표현하는 정도에 따라서 상이함을 지니게 된다. 이것은 '리'가 모든 유형과 유기체 속에 무수한 개별적 현현을 갖는 것과 비교될 수 있을 것이다.

26) 중국으로 건너간 선교사들에 의해 전해지기 시작한 한자는 17세기 유럽에서 보편 문자에 대한 추구를 더욱 촉진시켰다. Francis Bacon 같은 뛰어난 지식인들은 한자에 매료되었고, 한자를 지역적 변화와 방언의 변화를 초월

(본문 198~205쪽)

하는 문자로 인식하였다. 유럽의 지식인들은 성서의 아담이 최초로 사용했던 언어가 사라짐에 따라 함께 사라졌던 언어의 간결성과 명료함을 한자에서 다시 발견할 수 있을 것이라고 보고, 한자를 보편 문자의 가장 강력한 후보로 여겨 그것을 탐구하였다. Leibniz의 중국에 대한 초기의 관심은 이런 경향에 영향을 받았다. 그리고 그것은 나중에 Bouvet와의 공동 작업을 통해 이진법 산술에 기초한 『주역』 해석으로 나아갔다. D. E. Mungello, *Leibniz and Confucianism, The Search for Accord*, p. 16; Rita Widmaier, *Die Rolle der chinesischen Schrift in Leibniz' Zeichentheorie*; Louis Coutrat, *La Logique de Leibniz*; B. Russell, *A Critical Exposition of the Philosophy of Leibniz*, pp. 169~171 참조.

27) 단장은 Jean de Fontaney(중국명은 洪若翰)이었고 Bouvet를 제외한 나머지 세 사람은 Gerbillon, le Comte, Claude de Visdelou였다. 이후에도 Louis 14세는 계속해서 과학자인 예수회 선교사들을 중국으로 보냈다.

28) 강재언, 같은 책, p. 80에서 재인용.

29) Bouvet와 Leibniz가 주고받은 서신과 그 자세한 내용에 대해서는 D. E. Mungello, *Leibniz and Confucianism, The Search for Accord*, pp. 39~68; C. v. Collani, "Die Figursten in der Chinamisiion", pp. 14~26 참조.

30) C. v. Collani, 같은 글, p. 15.

31) 같은 글, p. 23.

32) G. W. Leibniz, *Neue Abhandlungen über den menschlichen Verstand(Ⅲ)*, p. LIII.

33) 제1부의 「『최신 중국 소식』 서문」 참조.

| 참고 문헌 |

번역에 사용한 기본 텍스트

「중국인의 자연신학론」은 프랑스어 원전 및 독일어 번역이 함께 실려 있는 R. Loosen und F. Vonesen, *Lettre sur La Philosophie chinoise à nicolas de Remond/Abhandlung über die Chinesische Philosophie*를 기본 텍스트로 하여 번역하였고, 영어본(Daniel J. Cook and Henry Rosemont, Jr., *Gottfried Wilhelm Leibniz Writings on China*)을 참조하였다. 「중국인의 제례와 종교에 관한 소견」과 「공자의 공적인 제사에 관하여」는 영어본(Daniel. J. Cook and Henry Rosemont, Jr., *Gottfried Wilhelm Leibniz Writings on China*)을 기본 텍스트로 하여 번역하였다.

「창조의 비밀」은 독일어 원전(R. Loosen und F. Vonessen, *Zwei briefe über das binäre Zahlensystem und die chinesische Philosophie*)을 기본 텍스트로 하여 번역하였고, 영어본(Julia Ching and Willard G. Oxtoby, *Moral Enlightenment, Leibniz and Wolff on China*)을 참조하였다. 「0과 1만을 사용하는 이진법 산술에 대한 해설」은 G. W. Leibniz, *Mathematische Schriften*, vol 7, No. 21(Explication de l'Arithmétique Binaire, qui se sert des seuls caractères 0 et 1, avec des remarques sur son utilité, et sur ce qu'elle donne le sens des anciennes figures chinoises de Fohy)을 기본 텍스트로 하여 번역하였고, 영어본(Julia Ching and Willard G. Oxtoby, *Moral Enlightenment, Leibniz and Wolff on China*)을 참조하였다.

「그리말디 신부에게 보낸 서신」과 「『최신 중국 소식』 서문」은 독일어본

(Nesselrath, Reinbothe, *Das Neueste von China: Novissima Sinica*)을 기본 텍스트로 하여 번역하였고, 영어본을 참조하였다. 영어본의 경우 「그리말디 신부에게 보낸 서신」은 앞의 Julia Ching and Willard G. Oxtoby본을 참조하였고, 「『최신 중국 소식』 서문」은 Donald F. Lach, *Novissima Sinica-The Preface to Leibniz*를 참조하였다.

라이프니츠의 저술

Abhandlung über die chinesische Philosophie, trans. R. Loosen und F. Vonesen, *Zwei Briefe über das Binäre Zahlensystem und die Chinesische Philosophie*, Antaios VIII Nr. 2 Juli, 1966.

"De legibus naturae et vera aestimatione virium motricium contra Cartesianos," *Acta Eruditorum*, September, 1691.

Des Freiherrn von Leibniz kleinere philosophischen Schriften, 2nd ed., Heinrich Köhler, ed. Jena, 1740.

Die philosophischen Schriften von G. W. Leibniz, ed. Carls Gerhardt, 7 vols., Berlin, 1875~1890.

Discourse on the Natural Theology of the Chinese, trans. Daniel J. Cook and Henry Rosemont Jr., Society for Asian and Comparative Philosophy monograph 4. Honolulu, 1977.

"Discours sur la théologie naturelle des Chinois"(Lettre sur la philosophie chinoise à M. de Remond), Hanover, Niedersächsische Landesbibliothek, MS 37, 1810, no. 1.

G. G. Leibnitii: Opera Omnia, 6 vols., ed. Dutens, Ludovici, Geneva: Fratres de Tournes, 1768.

Hauptschriften zur Grundlegung der Philosophie, Bd I~II, Buchenau übers., Hamburg, 1966.

Leibnitii Epistolae ad diversos, ed. Christian Kortholt, Leipzig: B.C. Breitkopf, 1735 vol. 2(이 편집본에 Longobardi와 Sainte Marie의 논문이 Leibniz의 주석과 함께 실려 있다. pp. 165~256 그리고 pp. 267~412)

Leibniz korrespondiert mit China, hrsg. Rita Widmaier, Frankfurt/M. 1990.

Leibniz: Theodicy, ed. D. Allen, Indianapolis: Bobbsmerrill, 1966.

Mathematische Schriften, ed. by Carls Gerhardt, vol 7, No. 21, Hildesheim, 1971.

Moral Enlightenment, Leibniz and Wolff on China, trans. Julia Ching and Willard G. Oxtoby, Steyler Verlag, Nettetal, 1992.

Novissima Sinica, Das Neueste von China, hrsg. von H. G. Nesselrath und H. Reinbothe, Köln, 1979.

Novissima Sinica-The Preface to Leibniz, eds. and trans. Donald F. Lach, Honolulu: University Press of Hawaii, 1957.

Philosophische Schriften, Bd 1~7, hrsg. u. übers. H. H. Holz, Darmstadt, 1985.

Writings on China, trans. Daniel J. Cook and Henry Rosemont Jr., Open Court, Chicago and LaSalle, Illinois, 1994.

그 외 참고 문헌

강재언, 『조선의 서학사西學史』, 민음사, 1990.

공자문화대전 편집부, 『성리대전性理大全』 1~6冊, 북경: 산동우의서사, 1989.

금장태, 『동서교섭과 근대한국사상』, 성균관대학교출판부, 1984.

김용정, 「라이프니츠의 보편적 기호법 사상과 역의 논리」, 『철학』 제3집, 1969, pp. 88~101.

尼古拉 · 馬勒伯 等著, 『有關神的存在和性質的對話』, 북경: 삼련서점, 1998.

마테오 리치, 『천주실의』, 송영배 외 옮김, 서울대학교출판부, 1999.

方豪, 『中西交通史』上 · 下, 대북: 중국문화대학출판부, 1954.

소현수, 『마테오 리치』, 서강대학교출판부, 1996.

安文鑄 外, 『萊布尼茨和中國』, 북경: 복건인민출판사, 1993.

後外廬 外, 『宋明理學史』, 북경: 인민출판사, 1984.

Beck, L. W., *Early German Philosophy*, Cambridge: Harvard University Press, 1969.

Bernard, Henri, "Chu Hsi's Philosophy and Its Interpretation by Leibniz", in *T'ien Hsia Monchly*, volume V. no. 1, 1937.

Bodde, Derk, "Harmony and Conflict in Chinese Philosophy", in: *Studies in Chinese Thought*, ed. Arthur F. Wright, Chicago: University of

Chicago Press, 1953.

Cartier, Michel, "Bevölkerung", im *China-Handbuch*, Düsseldorf, 1974.

Chan Wing-tsit, "The Evolution of the Neo-Confucian Concept of Li as Principle", in *The Tsing Hua Journal of Chinese Studies,* new series, volume IV, no. 2, 1964.

Ching, J., *Confucianism and Christianity,* Kodansha International Ltd, 1977.(임찬순 · 최효선 옮김, 『유교와 기독교』, 서광사, 1993)

Conze, W., *Leibniz als Historiker,* Berlin, 1951.

Collani, Claudia von, "Die Figursten in der Chinamission", *Würzburger Sino-japanica* 8, Frankfurt, 1981.

Collins, J., *The Thomistic Philosophy of the Angels,* Washington: Catholic University of America Press, 1947.

Couturat, Louis, *La Logique de Leibniz,* Hildesheim: Olms, 1961.

Cross, F. L.(ed.), *The Oxford Dictionary of the Christian Church,* London: Oxford University Press, 1954.

de Bery, Wm. T., "Some common Tendencies in Neo-Confucianism", in *Confucianism in Action,* ed. David S. Navison and Arthur F, Wright, Standford: Standford University Press, 1959.

De Groot, J. J. M., *The Religious System of China,* 6 vols. Taipei, Ch'eng wen Reprint Co., 1969.

D'Elia, Pasquale M., *Galileo in China: Relations through the Roman College between Galileo and the Jesuit Scientist Missionaries(1610~1640),* trans. by R. Sulter and M. Sciascia, Cambridge, MA: Havard University Press, 1960.

Eckert, H., *G. W. Leibniz' Scriptores Rerum Brunsvicensium, Entstehung und Historiographische Bedeutung,* Frankfurt, 1971.

Etienmle, Rene, *L'Europe chinoise, De l'Empire romain à Leibniz,* Paris: Gallimard, 1988.

Fingarette, Herbert, *Confucius-The Secular as Sacred,* New York: Harper and Row, 1972.(송영배 옮김, 『공자의 철학』, 서광사, 1991)

Fischer, K., *G. W. Leibniz, Leben, Werk und Lehre,* Heidelberg, 1920.

Franke, Otto., "Leibniz und China", in *Zeitschrift der Deutschen Morgenlädischen*

Gesellschaft 7(1928), pp. 155~178.

Fung Yu-Lan, *History of Chinese Philosophy*, 2 vols. trans. Derk Bodde. Princeton: Princeton University Press, 1952.(박성규 옮김,『중국철학사』상·하, 까치, 1999)

Guerrier, W., *Leibniz in seinen Beziehungen zu Rußland und Peter den Großen*, St. Petersburg/Leipzig, 1873.

Heer, F., *Gottfried Wilhelm Leibniz*, Frankfurt/M. 1958.

Hoffman, E., and Klibansky, R.(eds.), *Nicolaus Cusanus, De Docta Ignorantia*, Leipzig: F. Meiner, 1932.

Holz. H. H., *Leibniz*, Stuttgart, 1958.

_____, *Gottfried Wilhelm Leibniz, Einfüzhrungen*, Frankfrut/M. 1992.

Horn, J. C., *Monade und Begriff, Der Weg von Leibniz zu Hegel*, Wuppertal u. Kastellaun, 1970.

Huber, K., *Leibniz*, München, 1989.

Jolley, Nicolas(ed.), *The Cambridge Companion to Leibniz*, Cambridge: Cambridge University Press 1995.

Karlgren, Bernhard, *Grammata Serica*, Taipei: Ch'eng-wen Reprint Co., 1966.

_____, trans., *The Book of Documenta*, Stockholm: Museum of Far Eastern Antiquities, 1950.

_____, trans., *The Book of Odes*, Stockholm: Museum of Far Eastern Antiquities, 1950.

_____, "Leibniz and China", in *Journal of the History of Ideas*, vol. VI, 1945.

_____, "The Chinese Studies of Andreas Müller", in *The Journal of the American Oriental Society*, volume LX, 1940.

Kepler, Johannes, *opera omnia*, ed. C. H. Frisch. Frankfurt/M: Heyder & Zimmer, 7 vols., 1868~1871.

Klutstein-Rojtman, I., and Werblosky, Z., "Leibniz: De cultu Confucii civili: Du culte civique de Confucius", *Studia Leibnitiana*, XVI(1984).

Lach, Donald F., "The Chinese studies of Andreas Müller", *Journal of the American Oriental Society* 60, 1940.

Legge, James, trans., *The Chinese Classics*, 2nd rev. ed., 7 vols. Shanghai, 1894.

_____, trans., *The Chinese Classics*, 5 vols., Hong-kong: Hong-kong University Press, 1960.

Loemker, L., *Philosophical Papers and Letters*, 2 vols. Chicago: University of Chicago Press, 1956.

Longobardi, Nicholas, *De Confucio Ejusque Doctrina Tractatus*, Paris, 1701.(In Dutens and Kortholt)

_____, *Traité sur quelques points de la religion des chinois*, Paris, 1703.

Loosen, R./Vonessen, F.(ed.), *Zwei Briefe über das binäre Zahlensystem und die chinesische Philosophie*, Stuttgart, 1968.

Malebranche, *Entretien D'un Philosophe Chrétien et D'un Philosophe Chinois sur L'existence et la Nature de Dieu*, ed. A. Robinet, Paris, 1970.

_____, *Dialogue Between a Chirstian Philosopher and a Chinese Philosopher on the Existence and Nature of God*, ed. D. A. Iorio, University Press of America 1980.

Merkel, F. R., *G. W. von Leibiniz und die China Mission, Eine Untersuchung über die Anfänge der protestantischen Missionsbewegung*, Leipzig: Hinrichs, 1920.

Meyer, R. W., *Leibnitz and the Seventeenth-Century Revolution*, Cambridge, England: Bowes and Bowes, 1952.

Morrows, G., trans., *Plato's Epistles*, Indianapolis: Bobbs-Merrill, 1962.

Mungello D. E., *Leibniz and Confucianism, The Search for Accord*, Honolulu: University Press of Hawaii, 1977.

_____, *Curious Land: Jesuit Accomodation and the Origins of Sinology*, Stuttgart: Franz Steiner Verlag, 1985.

Needham, Joseph, *Science and Civilisation in China*, 7 vols, Cambridge: Cambridge University Press, 1954~(이석호 외 옮김, 『중국의 과학 과 문명』, I~III, 을유문화사, 1989, 1990, 1989)

Pelican, W. J., *Arithmeticus perfectus, Qui Tria numerare nescit, seu Arithmetic dualis*, Prague, 1712.

Parkinson, G. H.(ed.), *Leibniz: Philosophical Writings*(rev. ed.), London: J.

M. Dent, 1973.

Reichwein Adolf, *China und Europa, geistige und künstlerische Beziehungen im 18. Jahrhundert*, Berlin, 1923.

Reinhard Finster/Gerd van den Heuvel, *Gottfried Wilhelm Leibniz*, Hamburg: Rowohlt Verlag, 1993.

Richter, Liselotte, *Leibniz und sein Russlandbild*, Berlin, 1946.

Riley, P. "An Unpublished Lecture by Leibniz on the Greeks as Founders of Rational Theology: Its Relation to His 'Universal Jurisprudence'", *The Journal of the History of Philosophy*, XIV(1976).

Ritter, J., *Historisches Wörterbuch der Philosophie*, Bd 1, Basel/Stuttgart, 1971.

Russell, B., *A Critical Exposition the Philosophy of Leibniz*, London: Routledge, 1992.

Sainte Marie, A., *Traité sur quelques points importans de la mission de la Chine*, Paris, 1701.

Smith, D. E., *History of Mathematics*, 2 vols. Boston: Ginn and Co., 1925.

Stieler, G., *Leibniz und Malebranche und das Theodiceeproblem*, Darmstadt, 1930.

Stökl, G., *Russische Geschichte*, Stuttgart, 1973.

Tavernier, Jean-Baptiste, *Vierzig-Jährige Reise-Beschreibung*, Nürnberg, 1681.

Tilemann Grimm, "China und das Chinabild von Leibniz", In *Studia Leibnitiana*, Sonderheft 1, 1969.

Väth, Alfons, *Johann Adam Shall von Bell S. J. Missionar in China, kaiserlicher Astronom und Ratgeber am Hofe von Peking 1592~1666. Ein Lebens- und Zeitbild*, Köln, 1933.

Waley, Arthur, "Leibniz and Fu Hsi", in *the Bulletin of the London School of Oriental Studies*, volume II, 1921.

Werner, E. T. C.(ed.), *Dictionary of Chinese Mythology*, Shanghai: Kelly and Walsh, Ltd., 1932.

Wilhelm, Helmut, "Leibniz and the I Ching", in *Collectanea Commissiones Synodalis*, no. 16, 1943.

_____, *Change, Eight Lectures on the I Ching*, New York: Pantheon Books, 1960.

Wilhelm, Richard, *The I Ching or Book of Change*, trans. by Cary F. Baynes, New York: Pantheon Books, 1962.

Wittkower, R., *Architectural Principles in the Age of Humanism*, New York: Random House, 1965.

Wittram, R., *Peter der Große, Der Eintritt Rußlands in die Neuzeit*, Berlin, 1954.

Yanbing Zhu, "Leibniz und Zhu Xi", In *V. Internationaler Leibniz-Kongreß*, Hannover, 1988.

Zacher, H., *Die Hauptschriften zur Dyadik von G. W. Leibniz, Ein Beitrag zur Geschichte des binären Zahlensystems*, Frankfurt/M., 1973.

Zeller, E., *Outlines of the History of Greek Philosophy*(13th ed. rev), New York: Meridian Books, 1955.

_____, *The Stoics, Epicureans and Sceptics*(Rev. ed.), New York: Russell and Russell, 1962.

Zempliner, Arthur, "Gedanken über die erste deutsche Übersetzung von Leibniz' Abhandlung über die chinesische Philosophie", in *Studia Leibnitiana*, volume II, 1970.

| 찾아보기 |

〔인명〕

〈ㄱ〉

강희제康熙帝　41, 77, 175, 176, 187, 188,
　198, 199, 200, 202, 207, 208, 212, 213,
　215~218, 221, 226, 233, 234, 267, 270
공자孔子　45, 58, 59, 61, 74, 77, 93, 94,
　100, 102, 116, 118, 124, 126, 127,
　130~132, 137~140, 142~145, 149, 150,
　157, 158, 173, 182, 183, 186, 195, 222,
　227, 241, 248, 249, 251, 254, 255, 257,
　260, 261, 270
구베아Antoine de Gouvea　75, 232
그리말디Claudio Filippo Grimaldi　15,
　27, 34, 43, 49~53, 175, 201, 203, 208, 228,
　269, 270

〈ㄴ〉

나바레테Domingo Fernández Navarrete
　60, 183, 228

〈ㄹ〉

라 셰즈de la Chaize　18, 44, 50
라우레아티Giovanni Laureati　23
롱고바르디Nicholas Longobardi　60,
　72~74, 77, 78, 86, 89, 90, 92~96, 99~102,
　104, 106, 107, 109, 110, 111, 112, 114,
　117, 118, 122, 124~126, 129, 130,
　133~135, 137, 139, 142, 143, 147, 148,
　150~153, 176, 178, 179, 183~185,
　189~193, 195, 228, 230, 231, 232, 233,
　236, 237, 238, 240, 245, 246, 248~255,
　257, 258, 260, 261, 267, 268, 270
루베르Simon de Loubère　19, 20, 209
르 고비앙Charles le Gobien　200, 227,
　240, 268
르 콩트Louis Daniel le comte　43, 56,
　227, 268, 272
르몽Nicholas de Remond　177~179, 189,
　233, 262, 268

찾아보기　281

〈ㅁ〉

마테오 리치Matteo Ricci 48, 61, 62, 74,
    81, 86, 90, 102, 117, 118, 171, 180~186,
    189, 191, 197, 217, 221, 228, 230~234,
    248, 259, 268
메네가티Francesco Menegatti 53
뮐러Andreas Müller 51, 54, 56, 161, 174,
    175, 222, 223, 226, 262, 263

〈ㅂ〉

베르비스트Ferdinand Verbiest 27, 34,
    42~44, 47~50, 172, 175, 207, 217, 220,
    221
베르쥐스Antoine Verjus 18, 44, 50, 208,
    218, 227
복희伏羲 68~71, 74, 79, 128, 129,
    158~161, 190, 191, 198, 200, 201, 229,
    231, 247, 262
부베Joachim Bouvet 35, 44, 62, 69, 71,
    80, 128, 158, 159, 176, 187, 190, 197~199,
    200~203, 267~269, 272
비뇽Abbé Bignon 202

〈ㅅ〉

생트 마리Antoine de Sainte Marie 74, 75,
    86, 90, 91, 97, 102, 103, 107, 115~121,
    123, 126~132, 143, 144, 146, 147, 150,
    151, 153, 156, 157, 178, 179, 183~185,
    189, 190~193, 195, 232, 233, 237, 240,
    245, 248~253, 257, 258, 260, 261, 267,
    268
소아레스José Soares 34, 216, 221

순舜임금 74, 134, 149, 157, 260
스피노자Spinoza 99, 108, 109, 150, 173,
    184, 194, 246, 271

〈ㅇ〉

아담 샬Johann Adam Shall von Bell 42,
    48, 212, 216, 217, 225, 228
아마랄Miguel do Amaral 56, 228
아우구스트Rudolph August 25, 211
디아즈Emanuel Diaz 75, 86, 228, 232
요堯임금 22, 134, 149, 196

〈ㅈ〉

제르비용Jean-François Gerbillon 35, 44, 49,
    50, 198, 213, 272
주희朱熹(주자朱子) 140, 142, 195, 244,
    256, 259, 267, 270

〈ㅋ〉

코켄하임Ernst Cochenheim 56, 227
코한스키Adam Adamandus Kohanski 21,
    52, 53, 172, 208, 209
키르허Athanasius Kircher 54, 79, 129,
    159, 171, 172, 174, 222, 223, 225, 266

〈ㅌ〉

테렌츠Johann Terenz 21~23, 209
토마Antoine Thomas 35, 50, 212

〈ㅍ〉

포타Charles Maurice Vota 21, 52, 209
프로바나Antonio Provana 188, 202

〔사항〕

〈ㄱ〉

경천敬天 62, 63, 186

계시 45, 112, 122, 205, 218, 219, 221, 267, 268

괘卦 68, 69, 159, 173, 200, 201

괘상卦象 68, 69, 159, 173, 200, 201

귀신鬼神 99, 100, 126, 127, 131, 134, 135, 137, 138, 140~142, 144, 145, 147, 182, 189, 231, 234, 247, 251, 253~256, 259

기하학 22, 37, 68, 200, 208, 215

〈ㄴ〉

능동적 원리 192, 193

능산적 자연Nature Naturante 94

〈ㄷ〉

다섯 가지 원소(오행五行) 73

대세大歲 115

도덕적 원리 92, 193

동력인 111, 246

〈ㄹ〉

루돌핀 도표 22, 210

〈ㅁ〉

망望 134

명수법命數法 164

모나드 193~195, 230, 236, 237, 242, 243, 254, 271

무신론(자) 61, 73, 77, 96, 131, 139, 140, 141, 151, 173, 181, 185, 187, 195, 267

물리적 원리 92, 193

〈ㅂ〉

백魄 148, 196, 258, 260, 266

보유론補儒論 86, 183, 185, 186, 191, 231, 232, 234

〈ㅅ〉

사로스주기 22

상제上帝 62, 72, 73, 75, 76, 80, 97, 105, 114, 117~127, 131, 134, 136, 137, 140, 143, 144, 147~150, 152, 153, 155, 156, 182, 189, 193, 195~197, 203, 270

상형문자 129, 160, 175, 197, 225

선천차서先天次序 191, 201, 229

성 카타린느 축제 75

수표數表 65, 68, 89

십진법 67, 70, 71, 161, 162, 229, 263, 264

〈ㅇ〉

에테르 73, 78, 111, 152, 153, 196, 247

엔텔레케이아 100, 106, 108, 128, 192, 193, 194, 215, 237, 241, 254

역법曆法 21, 207, 210, 217, 228, 230

영혼 59, 60, 72, 73, 78, 80, 87, 89, 99~102, 107~110, 113, 114, 116, 119, 120, 122, 123, 125, 127, 132, 134, 136, 144~158, 179, 182, 184, 189, 190, 193~197, 215, 231, 237, 241~244, 246, 247, 253, 254,

258~260, 266

영혼유전설 99, 243

예수회 15, 27, 35, 42~45, 49, 50, 53, 60, 62, 63, 69, 74, 86, 91, 130, 171, 172, 173, 175, 179, 180, 182~189, 198, 202, 207~210, 212~214, 216, 218, 219, 221, 225~227, 230, 232, 234, 239, 259, 266, 268, 272

오사五祀 141, 256

우유적偶有的 성질 133, 134, 253

유類 134

유혼幽魂 148, 258

의인신론擬人神論 59

이분법 논리 129, 159

이진법 31, 67, 68, 70, 79, 80, 128, 159, 160, 162, 165, 190, 191, 197, 210, 203, 212, 262, 264, 265, 272

이집트 원정 계획 172

인禋 134

〈ㅈ〉

자연신학 45, 89, 121, 179, 204, 205, 219, 236

전례 논쟁 184, 186, 188, 189, 202, 203, 205

정령들Genies 88, 89, 124, 126, 127, 132, 135, 136, 152, 194

제례 75, 76, 87, 147, 183, 185

제사 58~61, 72~75, 77, 78, 80, 120, 126, 134, 139, 141~147, 156, 157, 186, 189, 195, 197, 227, 256~258, 270

제일원리 73, 78, 90, 92, 103, 111, 116, 118, 121, 131, 135, 136, 147, 191, 192, 194, 242, 253

제일질료 73, 78, 90, 92, 103, 111, 116, 118, 121, 131, 135, 136, 147, 191, 192, 194, 237, 241~243, 246

제일형식 73, 95, 96, 98, 99, 101, 102, 105, 108~111, 113, 151, 190, 191, 194

『중국 선교론Traié sur quelques points importants de la mission de la Chine』 91, 176, 178, 184, 185, 190, 231, 237

중국적 원리 192

『중국 종교론Traié sur quelques points de la religion des Chinois』 114, 139, 176, 178, 179, 183, 184, 190, 192, 232, 236, 245, 248, 257

〈ㅊ〉

천명天命 124

천신天神 114, 120, 123, 126, 134, 182, 250

천주天主 117, 124~126, 142, 182, 189, 197, 203

초세계적인 예지적 존재 87, 114

〈ㅌ〉

태극太極 73, 78, 97, 112~117, 120, 124~126, 131, 137, 147, 193, 147, 193, 203, 240, 241, 248, 250

태일太一 92, 238

태허太虛 93

〈ㅍ〉

페르시아 도표 21

편編 134

〈ㅎ〉

황예 공모 Acta Eruditorum 23, 175
훈계 87, 88, 89, 138, 147, 148, 153, 196, 235, 258, 270